EMPODERAMIENTO femenino con los arquetipos zodiacales

SANDRA P. OVIEDO ROJAS

EMPODERAMIENTO
femenino
con los
arquetipos zodiacales

UN VIAJE DE 13 LUNAS
PARA ACTIVAR TU PODER INTERIOR

Grijalbo

Título original: *Empoderamiento femenino con los arquetipos zodiacales*
Primera edición: febrero de 2024

© 2024, Sandra P. Oviedo Rojas
© 2024, Penguin Random House Grupo Editorial, S.A.S.
Carrera 7 # 75-51, piso 7, Bogotá
PBX: (571) 743-0700

Diseño de cubierta: Penguin Random House Grupo Editorial / Lorena Calderón Suárez
Ilustración de cubierta y entradas de capítulo: © Catalina Ruiz Serrano
Ilustraciones de constelaciones en los folios: © pch.vector / Freepik
Vectores fuego, aire y agua: © ilonagerba / Freepik
Ciclo de la luna: © Freepik
Aspectos o conversaciones entre planetas: www.carta-natal.es

Impreso en Colombia – *Printed in Colombia*

ISBN: 978-628-7649-29-3

Compuesto en caracteres FreightText Pro y TT Lakes Neue Compressed

Impreso por Editorial Nomos, S.A.

A mi pasado, a mis raíces, a mi madre y a mi hija,
mi más grande creación y mi legado.
A la mujer de la cual aprendí mis primeras palabras
y de quien me nutrí y a la mujer a la que heredé mi
lengua y alimenté con amor.
A la matriz de la que provengo
y a quien albergué en la mía.
Al alma femenina que nos mantiene unidas
y que nos guía hacia nuestra continua evolución
en un viaje infinito de aprendizajes.
A mis abuelas y ancestras, que me invitan
y me empujan a tomar el poder de mi voz
y quienes estuvieron forzadas a silenciar la suya.
A las generaciones futuras para que su voz sea elevada
como un canto inspirador para la humanidad.

"El cambio viene por la mujer".

Abuela Margarita

CONTENIDO

PRÓLOGO

Durante mucho tiempo, las mujeres hemos estado desconectadas de nuestra fuerza, de la naturaleza y de los ciclos naturales. Hemos perdido la capacidad real de manifestar, de crear y de estar en paz con quiénes somos y cómo somos.

Es crucial hacer este viaje, que ya inició hace algunos años, en el que las mujeres pueden reencontrarse con su verdadero ser. Nosotras somos las gestoras de la vida, pues el cuerpo femenino tiene la tecnología completa para traer al mundo a otro ser humano, y sabe perfectamente cómo hacer que una semilla se convierta en fruto, y ese, para mí, es nuestro gran milagro (tengamos hijos o no).

Y es que esta misma capacidad de manifestar vida es la que nos permite manifestar los sueños, lo que queremos, pero sobre todo caminar en paz y amor con nosotras mismas y en armonía con la naturaleza.

Es urgente reconectarnos y empoderarnos, una palabra que está de moda pero que pocos entienden, y que Sandra desarrolla muy bien en este libro. Es volver al poder de dirigir los pensamientos, palabras, acciones y emociones, y ponerlos al servicio de la propia realización y no en contra, como ya ha pasado.

Por ejemplo, en Colombia, el cáncer de cuello uterino es el segundo de mayor incidencia (después del cáncer de mama), con una tasa de 6,04 por cada 100.000 mujeres. El útero es lo que nos diferencia de los hombres. Por esto, desde todas las perspectivas y herramientas, es fundamental informarnos y volver al origen, al orden natural y reconciliarnos con nuestra naturaleza.

Por eso me alegra mucho que Sandra haya escrito este libro. También soy una apasionada de la astrología, aunque no soy experta, y creo que es clave no solo ir hacia adentro, sino volver a mirar a las estrellas, como lo hacían nuestros antepasados. Es clave conocer cómo los astros influencian los sistemas aquí en la Tierra y cómo con estos ciclos es que experimentamos la vida.

Muchas culturas y tradiciones antiguas ya lo hacían, llevaban sus siembras y cosechas alineadas con los ciclos. La vida estaba dispuesta en armonía con el cosmos, incluso con los cambios de estaciones, los solsticios y equinoccios. Todo lo astrológico tiene mucho que ver con el funcionamiento de la tecnología de la vida y cuando lo aprendas, tu expansión será mucho más concreta en todas las áreas de la vida.

Si has llegado hasta este libro es porque sabes que puedes empoderarte y encontrar tu medicina de mujer a través de esta forma poderosa que nos propone Sandra.

Es urgente que despertemos, dejar de lado toda la manipulación a la que nos hemos visto expuestas, el victimismo y todo lo que nos ha causado dolor hasta ahora. Pero para despertar necesitas conectar con tu verdadero poder. Y es justo eso de lo que trata el libro.

Esta tierra necesita mujeres despiertas, mujeres que reconozcan su gran capacidad creadora y que también puedan servir a los demás. Cuando una persona es feliz, cuando una mujer se ha despertado, puede acompañar a otras a hacer lo mismo y así, entre todas, cocrear una nueva tierra.

Esto es lo que se hacía antiguamente cuando se sostenían las carpas rojas y los círculos de mujeres. Son demasiado importantes para el crecimiento como hermanas.

Es un maravilloso viaje por los planetas, las estrellas y el cosmos. Y la mejor noticia es que no tienes que ir a ningún lado. Puedes descubrir la grandeza de tu ser desde la comodidad de tu hogar, con una taza de té, una copa de vino o un café, y adentrarte en este poderoso viaje que Sandra nos ha regalado con estas palabras. Espero que las disfrutes y encuentres las respuestas a tus preguntas.

Me siento muy contenta y orgullosa de leer este libro y saber que a través de estas páginas, miles de mujeres seguirán despertando y empoderándose. El chamanismo no es más que conectarte con tu propia naturaleza y con tu ley natural de origen y desde ahí vivir en armonía con la Madre Tierra y el cosmos.

Así que elige el arquetipo que más te guste, con el que más te sientas identificada, y lleva este libro a la práctica. Es una poderosa herramienta que te acompañará durante este viaje de 13 lunas.

Gracias, Sandra por dar a luz este conocimiento para el mundo.

Rezo para que haya más "Sandras" en este planeta.

Con amor,

LAURA MORENO
Creadora de la Red Mundial
Mujeres Que Despiertan

INTRODUCCIÓN

mpoderamiento femenino con los arquetipos zodiacales es una invitación a la mujer moderna —que se adaptó a las exigencias del mundo gobernado por los hombres y que no encuentra satisfacción y plenitud, a pesar de haber cumplido con todo lo que se supone conforma el éxito en la vida— a un reencuentro con su feminidad y su poder.

Desde el punto de vista astrológico, la mujer se ha identificado principalmente con la energía del Sol (o signo zodiacal) que define muy bien la energía y esencia masculina, pero que no refleja las cualidades femeninas, sus ciclos, ni las necesidades emocionales en constante cambio propias de la mujer. Todo esto tiene su base en las reglas que han gobernado la sociedad patriarcal, donde la mujer fue despojada de su poder y tuvo que, poco a poco, a través de los siglos, y con mucha sutileza e inteligencia (y a veces en rebelión total, como el movimiento feminista) adaptarse a roles y formas de operar masculinos para triunfar y recuperar un rol activo, participativo y de liderazgo en la sociedad, generando un vacío interno, insatisfacción, negación y, en últimas, la pérdida de su identidad, de la esencia femenina y la confusión de los roles de género.

Por muchos siglos la astrología fue una práctica solo accesible a los hombres. Eso explica que el Sol, que representa la esencia masculina, se haya usado también para representar a la mujer. Para amplificar este hecho, en la astrología tradicional se reconocen diez planetas y solo dos de ellos representan los arquetipos[1] femeninos: la madre, la dadora de vida (Luna) y la amante, la dadora de placer (Venus). Los dos principales roles de la mujer en la sociedad patriarcal. A inicios del siglo XIX, y asociado a la identificación del cinturón de asteroides entre las órbitas de Marte y Júpiter, la astrología logró activar en el inconsciente colectivo arquetipos femeninos más allá de los dos roles tradicionalmente aceptados y a los cuales se les otorgó el nombre de personajes mitológicos femeninos o diosas.

Alineado con este fenómeno, la mujer comenzó a reclamar cada vez más un papel más participativo en la sociedad, en medio de una confusión generada por la ejecución de roles netamente masculinos. En el siglo XXI, desde la entrada a la era de Acuario —un período de gran transformación para la humanidad— se vienen experimentando cambios profundos de conciencia y, en general, en la sociedad que están llevando a la mujer a cuestionarse sobre la contribución de su rol. Además, la mujer ha empezado a integrar su feminidad en las relaciones, en

---

1 Arquetipo: El concepto de arquetipo y su relación con el inconsciente colectivo está dentro de las teorías desarrolladas por C. G. Jung. El arquetipo es un contenido de la psique inconsciente universal o colectiva que ha sido represado u olvidado y que no deriva de la experiencia personal, sino que se nace con él y está presente en cada uno de nosotros. Las imágenes arquetípicas están de por sí cargadas de tanto significado en sí mismas que nunca nos preguntamos realmente qué significan. Para propósitos de este libro, he llamado Arquetipos, con mayúscula, a las representaciones colectivas que conocemos como signos astrológicos, aunque las representaciones de los dioses y planetas en astrología también constituyen arquetipos o representaciones colectivas.

el trabajo y en todos los roles que desempeña buscando llenar ese vacío existencial que siente al negar o llevar a la sombra su esencia femenina.

Podemos hablar metafóricamente del Sol y de la Luna como representantes de las energías masculinas y femeninas en el universo y como gestores de la vida en la Tierra. El Sol siempre brilla en el universo, su luz nunca se apaga y al igual que la energía de un día soleado de verano, nos invita a estar afuera, activos, vitales. Los rayos del Sol están siempre disponibles para fertilizar la tierra y permitir que la vida aflore, al igual que el hombre está siempre listo para sembrar su semilla en la mujer y dar paso a la vida. La Luna es por naturaleza oscura (solo refleja los rayos del Sol) misteriosa, cambiante y es quien rige, a través de su interacción con los rayos del Sol, los ciclos reproductivos en la Tierra, tanto de la naturaleza, como de la mujer. El ciclo fértil de la mujer está regido por el ciclo lunar, así como los procesos hormonales y emocionales. Es así como, a pesar de la disponibilidad permanente del hombre, es únicamente la mujer quien estando en su período fértil puede dar paso a la creación de la vida, conteniéndola y nutriéndola en su útero. Desde el punto de vista de los arquetipos, la Luna y, por ende, el signo lunar, son una representación más fidedigna de la esencia femenina y el Sol es una representación más exacta de la esencia masculina.

Este libro propone a la mujer la conexión y exploración de su Luna, los arquetipos femeninos representados por Vesta y Juno como corregentes de las Casas 6 y 7 respectivamente, y resignificar las historias que nos contó la sociedad patriarcal para reescribir nuestra historia y retomar el poder de crear la vida de nuestros sueños.

Empoderamiento femenino con los arquetipos zodiacales es un viaje a lo largo del año zodiacal en el que la mujer reconoce que la posición de la Luna en su carta natal es una representación más acertada de su esencia cíclica y de sus necesidades emocionales y del alma, a su vez que entiende la influencia de los ciclos lunares e integra estas energías para potencializar la creatividad, la plenitud, el poder y, en últimas, crear y materializar la vida que desea.

Mes a mes la lectora conectará con la energía del cielo, comprendiendo la luz y la sombra de los planetas y arquetipos zodiacales, releyendo historias mitológicas que fueron narradas para apoyar una sociedad arcaica y desmitificando creencias implantadas en la psique humana que han sido generadoras de paradigmas y creencias que limitan el poder de la mujer.

Este libro introduce conceptos y prácticas básicas de la sabiduría ancestral o chamánica, en los que la mujer jugó un papel fundamental desde la prehistoria, para conectar con la intuición y los mundos más sutiles que no son fácilmente accesibles a través de la mente lógica, pero que tienen un gran poder para llegar al inconsciente, a nuestra sombra y a las historias olvidadas, con la intención de introducir cambios significativos en la vida.

Estos conceptos y prácticas provienen de mi interés personal y de mis experiencias, de mis estudios astrológicos y aprendizajes vividos en mi propósito de integrar las culturas que hicieron parte de la colonización de las Américas. Es allí donde he encontrado una base común en el papel que protagonizó la mujer en todas las culturas ancestrales, ya sean nativas siberianas (donde se reconoce la cuna del chamanismo), de las Américas o europeas.

Este libro es una invitación a la mujer a reconocer y reconectar con su esencia femenina, que es fundamentalmente creadora y contenedora de la vida, cíclica, misteriosa, intuitiva, oscura y atrayente, volcada al interior del ser. Es una invitación a equilibrar su esencia con la polaridad masculina, que está dirigida a la acción, al logro, al objetivo y a la competitividad. De esta forma estaremos contribuyendo a crear una sociedad más equilibrada, armoniosa e igualitaria.

La lectora elaborará su mapa de ruta o carta natal, aprenderá conceptos de astrología básica e irá descubriendo a lo largo de cada capítulo y mes a mes, el poder y las cualidades que le otorgan los planetas y los arquetipos zodiacales con la finalidad de despojarse de lo que no da valor a su vida y de tomar aquello que necesita para afrontar los retos de los diferentes roles que asume en la sociedad.

8 FORMAS DE VIAJAR POR EL UNIVERSO Y DE APROVECHAR ESTE LIBRO

Cada una de nosotras tiene una forma especial y única de viajar. Algunas solo buscamos un lugar para descansar y alejarnos de las responsabilidades y exigencias de la vida diaria. Para otras, los viajes son una excusa para explorar con los sentidos, ya sea a través de la gastronomía, de la visita a un spa o del disfrute de los paisajes. Tal vez eres de quienes aprovechan los viajes para conectar con sus pasiones y hobbies. Quizás eres de las que viaja con el objetivo de asistir a un seminario con su guía espiritual con la idea de transformar su vida. Aquí te sugiero ocho formas de hacer este viaje de 13 lunas, tú decidirás la más valiosa para ti en este momento.

1. Puedes leer el libro y ampliar tu conciencia de la energía femenina, conectar con los mitos que aquí leerás y, desde la intuición, permitir que lo femenino no visto y reconocido en ti aflore para tener una vida más equilibrada, satisfactoria y plena.

2. Puedes viajar a través del libro con tu mapa natal, llevar una bitácora de las reflexiones que se encuentran al final de cada capítulo y así conectar aquello que has leído con tu vida y redescubrirte en un encuentro íntimo y profundo contigo misma.

3. Puedes elaborar tu mapa natal y explorar y conectar con tu Luna de nacimiento, con tus emociones y el llamado de tu alma, observar sus aspectos y ver qué de ello está presente en ti y tienes la oportunidad de usar para potencializar. Este será un gran paso para retomar tu poder como mujer.

4. Puedes conectar con la energía de la Luna nueva y sembrar tus semillas e intenciones cada mes y en cada Luna llena del mes conectar con tu brillo y celebrar los logros en el camino a alcanzar tus sueños.

5. Puedes ponerte audífonos, activar el código QR, descansar en el sofá y viajar ligera, sumergiéndote en las meditaciones. Conocerás algo nuevo de ti, comprenderás mejor los apren-

dizajes de tus vivencias y descubrirás tesoros de tu vida que no sabías que estaban esperándote.

6. Puedes dedicarte a contemplar la bella Luna cada noche, conectar con su ciclo y observar cómo esa energía se mueve dentro de ti. Recibirás mensajes del universo y podrás reacomodar tu agenda y actividades a su andar y empezar a experimentar cómo la vida y los proyectos se tornan más eficientes y satisfactorios a medida que reconectas con la intuición y el ciclo creativo.

7. Puedes conectar cada mes con la energía del arquetipo (o signo) en el que se encuentra el Sol y aprovecharla para aplicarla a tu diario vivir y a tus proyectos. Verás como todo fluye de una mejor manera.

8. Y, finalmente, tomar el poder que la Luna, Lilith y cada planeta te regalaron al nacer. Con seguridad conectarás con talentos y oportunidades que esperaban ser descubiertos y podrás transmutar dolores, creencias y limitaciones para empoderarte en todas las áreas de tu vida e ir tras tus sueños.

Estoy segura de que este viaje de 13 lunas por los arquetipos zodiacales, cualquiera que sea la forma que lo realices, traerá algo nuevo y gratificante a tu vida.

¡BIENVENIDA A BORDO!

Este viaje de empoderamiento femenino de 13 lunas que emprendes hoy es un recorrido largo, pero ligero de equipaje. No necesitarás mucho, solo tu mapa (carta natal), una brújula (tu intención y tu sentir) y estas cinco afirmaciones con las cuales te reconocerás como mujer poderosa:

1. ME CONOZCO A MÍ MISMA

La mujer poderosa se conoce a sí misma, recorre todos sus caminos internos, se explora y se pone a prueba en varios escenarios. En algunos se desenvuelve con soltura, mientras que en otros no se siente cómoda, sin embargo, continúa adelante. Experimenta en diferentes ambientes, se refleja y se reconoce en los seres que encuentra a su paso y con quienes establece su familia, sus amistades, sus relaciones, su tribu y su comunidad.

2. ME RENUEVO CONSTANTEMENTE

La mujer poderosa se renueva y transforma de manera constante; está en proceso continuo de desarrollo, de evolución, vive la sorprendente transformación de la mariposa o la desgarradora transmutación del ave fénix. Por eso emprende un viaje, un caminar consciente. Roma no se construyó en un día; de la misma manera, toma su tiempo vivir cada experiencia y explorar los misterios de la Luna, los mensajes del cielo, de los planetas, de las constelaciones y de cada arquetipo. El tiempo lo irán marcando las luminarias del firmamento en su danza continua: el poderoso Sol y la amada Luna. Este será un viaje cíclico y en espiral, como nos muestran la vida y el universo que experimentan el tiempo de manera diferente a como nos hemos acostumbrado a medirlo linealmente.

3. ME CUIDO Y CONOZCO MIS CICLOS

La mujer poderosa se cuida a sí misma. Entiende que, aunque viva en un mundo moderno que le exige mucho y en ocasiones adopte una energía masculina, su esencia es realmente femenina. Entiende las necesidades de su ser y de sus ciclos. Entiende que mantener y conservar su energía es primordial para su bienestar, volverse hacia su interior, refugiarse en su templo sagrado, nutrirse, crear, gozar, reír o simplemente permitirse ser amada son necesidades no negociables y temas prioritarios en su agenda. La mujer poderosa conoce que su vivir es cíclico, que sus emociones vienen y van como olas en el mar en una danza continua y rítmica con la Luna, con su alma y con su ser.

4. DISFRUTO LA VIDA

La mujer poderosa disfruta y ama la vida, entiende que la vida tiene altos y bajos, que el devenir natural es un eterno movimiento y constantes cambios; y se entrega a ella con fluidez. Su sabiduría la lleva a entender que la vida es impermanente y que todo en este mundo, como la hermosa leyenda del rey y su anillo, "algún día también pasará". Así que vive en un eterno presente, conectada con todo a su alrededor, ya sea visible o no visible. La mujer poderosa es sensual, disfruta de la vida con todos sus sentidos, se maravilla con los colores de un pájaro, el aroma de un chocolate caliente y la canela, las notas de una canción, el ritmo romántico de un poema, el calor de una sonrisa, el titilar de una estrella o el dulce sabor de un beso.

5. SOY PRÓSPERA

La vida de una mujer poderosa es abundante. Ella es próspera por naturaleza, siembra su propio jardín para cultivar sus rosas, trabaja la huerta con amor para llevar el alimento a su mesa. Su creatividad y el poder de la creación, característica básica de su feminidad, le proveen todo lo que necesita en un flujo continuo y sin agotar su energía. La mujer poderosa conoce la ley de "dar es como recibir" y, por ende, da y cuanto más da, más recibe. La mujer poderosa manifiesta la vida de sus sueños.

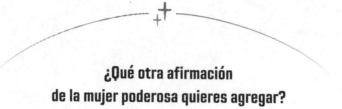

¿Qué otra afirmación
de la mujer poderosa quieres agregar?

....

....

....

....

....

....

....

....

....

....

....

....

....

....

....

....

....

....

EL VIAJE DE LA CHAMANA[2]

"Yo soy la diosa de la belleza
Nuestra lengua es nuestra vida
Yo soy la fruta silvestre
La verde selva me pertenece
Me pertenece mi canto
Las aves trinan y cantan
Las flores y las frutas
me fortalecen
La gran cigarra saluda al día
con su vigoroso canto.

La mujer selvática es fuerte,
su esencia es pura, su mirada
es luz tenue de Luna
Nuestro canto y nuestra danza
se nutren de nuestra lengua
La mujer fue hecha
de frutos y flores
Su voz es panal de miel sabrosa,
su sonrisa arrulla y con amor
engendra vida en el universo".

(POEMA GUARANÍ)

ALBA EIRAGI

---

2   La chamana es una mujer con poderes maravillosos en conexión profunda con la tierra y los mundos invisibles y conocedora de los misterios de la vida. Es la mujer sabia, visionaria, sanadora, que inspira y guía su propia vida y la de sus comunidades. En *La mujer en el cuerpo del chamán*, Barbara Tedlock comparte evidencias de excavaciones arqueológicas de tumbas de mujeres chamanas, figuras y pinturas en cuevas desde el período Neolítico, dejando en evidencia la importancia y activa participación de la mujer en sus comunidades desde la prehistoria. Estos descubrimientos han causado sorpresa porque se ha asumido popularmente que el chamanismo era una vocación primordialmente masculina.

ste es el viaje de tu espíritu para trascender la concepción normal y cotidiana de tu realidad y de tu conciencia. En este viaje no hay espacio para el juicio, no existe nada malo ni bueno, todo *es*. Lo realizas en compañía de otras mujeres que están en el mismo camino que tú, en la misma búsqueda. Este es el viaje de la mujer chamana y a través de este caminar consciente por el universo, tienes la capacidad de contactar con tu *orenda* o con tu verdadero ser, tu esencia. Podrás reconocer quién eres en realidad, comprender tus ciclos, tu poder de atracción, y así recuperar tu coherencia para vivir en armonía, sanar y transmutar todo aquello que le impide a tu poder manifestarse en toda su extensión, permitiéndote vivir la vida plena que mereces. Experimentarás los ciclos de mano de la amada Luna y podrás alinearte de una manera más efectiva para cosechar tus frutos.

Los chamanes trabajan en comunidades, en conexión sagrada con sus habitantes, los espíritus guardianes de la tierra y toda la naturaleza; se reúnen periódicamente alrededor del fuego, bajo la luz de la Luna y de las estrellas, acompañados del sonido ancestral de los tambores y las sonajas con el fin de aprender, evolucionar y sanar. Los chamanes, lejos de las prácticas y tecnologías modernas de la medicina, desarrollan su poder interior y sus capacidades curativas a límites inimaginables para sanarse a sí mismos y sanar a su comunidad.

La brújula de la chamana es el sentir, la conexión con su voz interior, con su corazón, con la naturaleza, con el universo, con su propia sabiduría; es la conexión con sus emociones, su oscuridad, su sombra, sus partes negadas y reprimidas, con sus sueños, con el simbolismo del universo, con el fluir de la vida, con el pensamiento simple y profundo.

En este viaje chamánico volverás tu mirada a la sabiduría lunar, conectarás con el cielo, navegarás por las estrellas. Seguirás ese legado de los hombres y mujeres visionarios que siempre miraron más allá, de esos reyes magos que se dejaron guiar por el cielo para ir a adorar a su Dios, de los navegantes que fueron a explorar nuevos mundos, de esos hombres y mujeres que levantaron su mirada y encontraron que, en el firmamento, al nacer, habían dejado dibujado, como un bello mandala de estrellas, su destino.

Este viaje de 13 lunas te conectará con tu historia personal, la de tus ancestros y ancestras cercanos y la de los más lejanos. Como chamana, descenderás a tu oscuridad, al inframundo, ese sitio donde reside tu sombra, para traer a la luz patrones que ya no te sirven y pedazos de alma que habías olvidado. Lo harás al ritmo de un tambor o una sonaja con tu animal de poder[3], tu nagual o espíritu protector que conocerás y con el cual conectarás en este viaje.

Bienvenida a este viaje chamánico-galáctico que te llevará a través del año zodiacal o de 13 Lunas, a experimentar las doce escuelas arquetípicas, o modelos de experiencia humana y a conectar con dioses y diosas, maestros y maestras representados por planetas, asteroides y puntos matemáticos en el cielo. Aprenderás cómo se manifiestan en su luz y en su sombra

---

3 En las culturas chamánicas se considera que los animales y el ser humano están relacionados biológicamente. El chamán conecta con el poder del mundo animal que se convierte en su guardián para realizar su trabajo y sus viajes chamánicos. El animal de poder actúa de alter ego, concediendo el poder de transformación. Muchas culturas consideran que tener un animal de poder se refleja en la energía, la buena salud y otras manifestaciones externas de poder. Conectarás con tu animal de poder que será tu guía acompañante de este viaje chamánico guiado en el capítulo de Lilith.

y cómo pueden ser una fuente de tremendo potencial o de limitación y estancamiento. En este viaje recordarás viejas historias que están implantadas en tu inconsciente y que han sido fuente de motivación o de incorporación de creencias limitantes en tu vida. Las experimentarás nuevamente pasándolas por tu cuerpo para que las aprecies y las vivas con un enfoque distinto, desde un lugar de poder femenino. Cada mes conectarás con las energías del universo y sentirás cómo mueven tu alma, tus emociones; y podrás utilizar ese flujo de energía en pro de las actividades que desarrollas y, así, alinearte a las fuerzas del universo para manifestar la vida de tus sueños.

Bajo esta mirada, "chamana" y "mujer poderosa" son sinónimos. Ambas hablan el mismo lenguaje de conexión con el ser y con el universo. Una usa un lenguaje ancestral y simbólico, la otra un lenguaje más moderno, pero ambas se unen al expresar el mismo lenguaje del alma.

Las experiencias son exclusivamente tuyas; puedes vivir este viaje desde el silencio de tu interior o experimentarlo más activamente desde el lugar que consideres necesario. Cualquiera que sea tu opción (callar, comunicar, actuar), siempre tendrá un impacto en ti y en tu entorno. En este viaje danzarás con la Luna y su orbitar al sonar el tambor de tu corazón, bailarás a tu propio ritmo, reconociendo la influencia de la sabia Luna sobre tus aguas, tus emociones y tu alma; encenderás el fuego que arderá en tu corazón.

Te invito a preparar un altar y encender una vela que simbolizará tu fuego interior. Te sugiero que cada vez que te sientes a leer este libro y a avanzar en tu camino, la prendas. Cada noche, al igual que nuestros ancestros, eleva tu mirada al cielo, conecta con el cosmos, deléitate observando la Luna, las estrellas y teje con ellas tu propio destino, la vida plena que mereces vivir.

Esta guía de viaje que tienes en tus manos está escrita para que la recorras mes a mes, de acuerdo con la posición del Sol en el cielo y que te vistas de ese arquetipo que señala el astro. Irás recogiendo mensajes para ti, profundizando en la casa donde tienes este arquetipo. Visitarás el planeta o asteroide que rige cada arquetipo; recordarás historias legendarias, asociadas a ese dios o diosa que le regaló el nombre, porque nada es casualidad y el nombre con que se bautizó el planeta fue dado para recordarnos una parte de nuestra humanidad.

Llevaremos el número 13 como estandarte de este viaje para simbolizar nuestra disponibilidad a dar un nuevo significado a nuestra historia, a nuestra vida y a desmitificar tabúes que tantos límites nos han impuesto. Con el número 13 honramos la Luna, compañera en este andar, la feminidad, el poder intuitivo, las cualidades femeninas, el caminar de la Luna con su recorrido de 13 grados por día en la rueda astrológica y a las 13 lunas presentes en un año.

PARA INICIAR, ELABORA TU MAPA DE VIAJE

Estoy segura de que antes de iniciar cualquier viaje, consultas un mapa en papel o en cualquiera de las aplicaciones disponibles para saber cuál es el mejor camino o para comprender mejor el lugar que vas a visitar. Eso es lo que te invito a hacer antes de iniciar este recorrido. Ponte manos a la obra y haz tu mapa natal. Aquí te muestro cómo hacerlo.

La carta natal o mandala de nacimiento será tu mapa en este viaje chamánico galáctico. La fuente de información para dibujarlo proviene del momento y lugar cuando llegaste a este mundo. Es muy importante que tengas los datos del lugar y la hora lo más precisos posibles, generalmente están en el registro de nacimiento. El signo o arquetipo zodiacal que estaba en el horizonte cuando salía el Sol el día que naciste marca el ascendente y la Casa 1 y con él se configura tu mapa natal, definiendo en qué Casas caerán cada planeta, asteroide o punto arábigo y las relaciones que tendrán entre sí, lo cual es información clave en el mapa. El signo o arquetipo de tu ascendente cambia cada dos horas, así que sin la hora exacta podrías dibujar una carta errada. El signo lunar o el llamado de tu alma cambia cada 2.5 días, si está muy pronto a cambiar de signo y tienes un error en tu hora de nacimiento, esto puede marcar un signo lunar equivocado. Si no conoces tu hora de nacimiento con exactitud te invito a que consultes a un astrólogo que pueda refinar tu hora a partir de información de eventos que hayan sucedido en tu vida. Trabajar con una carta errada puede causar mucha decepción, confusión y conflicto, así que no te lo recomiendo.

Para hacer tu mapa natal puedes acceder a muchas de las calculadoras astrológicas que encontrarás en internet y que son gratuitas. Para el ejemplo que vamos a tomar, usaremos www.carta-natal.es que incluye el mapeo de todos los asteroides de forma automática. También te recomiendo tener una cita con un astrólogo profesional, ya que con él o ella podrás hacer una primera exploración de tu mandala de nacimiento y traer claridad a los aspectos que necesites.

Pasos para construir tu mapa natal o mandala de nacimiento:

1. Entra a la calculadora a través del enlace www.carta-natal.es.

2. Selecciona "Calcular Carta Natal".

3. Llena la información que te solicita:

   ☾ Nombre (opcional, aunque es recomendable escribir el nombre completo para imprimirle tu energía).

   ☾ La hora de tu nacimiento en formato de 24 horas. Es decir, si naciste a las 2:00 p. m. Escribe 14:00 (deja activado el botón HL u Hora local).

   ☾ Escribe el país de nacimiento.

   ☾ Selecciona la provincia o estado donde naciste.

   ☾ Ingresa el nombre de tu ciudad de nacimiento (podrías insertar las coordenadas en caso de que no aparezca en la lista).

4. Presiona el botón "aceptar".

   Así aparecerá tu mandala dibujado. Tendremos que añadir algunos asteroides más para completar el mapa de viaje.

5. Desliza la pantalla hacia abajo hasta encontrar "seleccione los planetas de la carta natal".

6. Escoge en el listado de planetas: Lilith, Vesta y Juno.

7. Continúa deslizando la pantalla y revisa en "Partes arábigas" que esté seleccionada la opción de "Lilith Media" o "Lilith Verdadera", dependiendo de cual vas a analizar. Recuerda que Lilith Media es la Lilith empoderada. (Ver capítulo Lilith).

8. Presiona "aceptar".

9. La aplicación te permite generar un archivo en formato PDF que puedes imprimir. Te invito a colorearlo, a que lo embellezcas e interactúes antes de iniciar su interpretación.

10. Observa lo que llame tu atención, quizás tengas muchos planetas juntos en una zona, quizás alguno te dé curiosidad. Deja que tu intuición te hable. Anota cualquier inquietud que podrás estudiar más adelante.

11. Ubica dónde está tu Luna por Casa y arquetipo, en qué ciclo lunar naciste y dónde está Lilith media por Casa y arquetipo.

12. En las tablas 1 y 2 que encontrarás debajo del gráfico de la carta natal, está la información resumida.

Si no conoces los símbolos usados en astrología o glifos, puedes identificarlos en la tabla 1 que aparece a continuación. Para conocer el área de tu vida o Casa que está activando el arquetipo o signo zodiacal y/o el planeta, usa como primera aproximación la descripción de la tabla 1. Más adelante, en cada capítulo del viaje, vas a poder profundizar en cada una.

Ahora, continúa tu viaje.

Casa	Signo Regente	Planeta Regente	Área que representa
Casa 1	♈ Aries	♂ Marte	La Casa 1 representa el Yo. La identidad, la personalidad, la forma de presentarse al mundo, la apariencia personal, la primera impresión que se deja en otros, la manera como se llega al mundo y se aproxima a los nuevos comienzos.
Casa 2	♉ Tauro	♀ Venus	La Casa de los valores (materiales e intelectuales), las posesiones personales, los recursos, los talentos, las finanzas, el dinero, lo que se valora y provee seguridad, la actitud frente a la riqueza.
Casa 3	♊ Géminis	☿ Mercurio	La Casa de la mente, del pensamiento, el discernimiento y las creencias. La comunicación y el aprendizaje. Los viajes cortos y los estudios básicos. El medio ambiente cercano y las personas que acompañan los primeros años de vida, hermanos, primos, compañeros de colegio.
Casa 4	♋ Cáncer	☽ Luna	La Casa 4 representa el hogar de origen y el que se crea, la familia, las raíces, el alma, los ancestros, el árbol genealógico. Representa a la madre, la actitud frente a la maternidad. Lo que se necesita para sentirse nutrida y como se nutre y se cuida a los otros.
Casa 5	♌ Leo	☉ Sol	Es la Casa de la expresión personal, la creatividad, de los hijos tanto biológicos como no biológicos o creativos. Representa el amor y el romance, el amor hacia sí mismo. Los hobbies y las actividades de esparcimiento. La niña interior.

Casa	Signo Regente	Planeta Regente	Área que representa
Casa 6	♍ Virgo	☿ Mercurio ⚶ Vesta	La Casa del servicio que se presta al mundo, el trabajo y el medio ambiente laboral. Representa las rutinas diarias, la salud y la nutrición. También las personas o animales que están al servicio (mascotas).
Casa 7	♎ Libra	♀ Venus ⚵ y Juno	Es la Casa de la pareja, las relaciones más cercanas, los socios. La cooperación con otros. Representa también a los enemigos declarados. La ley y los compromisos: contratos, matrimonio, asociaciones.
Casa 8	♏ Escorpio	♇ Plutón	La Casa de la vida y la muerte, las crisis, las transformaciones, lo oculto, la sombra. Rige el poder, la intimidad, el sexo, lo que se comparte y une con los otros. Los valores y posesiones de la pareja o los otros. Rige la banca, los mercados financieros, las herencias. Al regir la muerte, está también asociada a los ancestros.
Casa 9	♐ Sagitario	♃ Júpiter	El significado, propósito y visión de vida. La búsqueda de la verdad. Es la Casa de la espiritualidad y la religión, de las filosofías de vida, de los estudios superiores. Rige los viajes largos y al extranjero.

Casa	Signo Regente	Planeta Regente	Área que representa
Casa 10	♑ Capricornio	♄ Saturno	Representa la reputación, el reconocimiento y la imagen pública, el estatus social, la autoridad, el gobierno y las instituciones. La naturaleza de la carrera y la profesión. Es el lugar en el mundo al cual se pertenece. Rige la contribución que se entrega a la sociedad y el legado que se deja a las futuras generaciones.
Casa 11	♒ Acuario	♅ Urano	La Casa de los amigos, de la socialización, de las comunidades o asociaciones a las que se pertenece, los ideales y las ideologías. Representa el paso de ir de la individualidad a ser parte de algo más grande y con mayor significado. La humanidad, la conciencia social.
Casa 12	♓ Piscis	♆ Neptuno	La Casa de los aprendizajes espirituales, los sueños, el inconsciente. La disolución del ego, la unidad, la conexión con el universo, la intuición, la metafísica. Los escapismos del mundo, los encierros. El karma y experiencias en el embarazo y vidas pasadas.

Tabla 1. Casas, el área que gobiernan, arquetipos y planetas regentes con sus símbolos[4].

---

4 Ten en cuenta que el presente libro no pretende ser un curso detallado de astrología. Aunque puede ser un recurso de referencia, la intención de este libro es enfocarse en aspectos importantes para el conocimiento básico de tu carta, haciendo énfasis en el empoderamiento femenino. Para profundizar en ella y tener una lectura detallada, te invito a consultar un astrólogo profesional o acceder a un curso profesional de astrología.

CARTA NATAL DE FRIDA KAHLO

Usaremos la carta natal de esta pintora mexicana, e icónico personaje femenino, para que te sirva de referencia y sepas cómo leer las posiciones de los planetas según la Casa y el arquetipo. Analizaremos la posición de su Luna, Lilith y Marte.

Como podrás comprobar, algunos aspectos sobresalientes de su vida están reflejados en su carta natal. Iniciamos con su Luna, que se encuentra en Tauro, en la Casa 10 y a 6 grados de la línea del Medio cielo sobre su Cruz Cósmica. Esta posición refuerza aún más la importancia de la Luna en la vida de Frida Kahlo: se ve reflejada en el arte, un talento que la llevó a ser una autoridad y se convirtió en su profesión y por lo que es reconocida. Fue con la pintura y con el arte como pudo expresar sus emociones. Sus obras son bastante dicientes de esto: se pintaba a sí misma sangrando, llorando y destrozada. Así transmutó su dolor. Frida logró sobreponerse a las dificultades, las limitaciones y el dolor plasmándolos a través del arte y haciendo de su vida una tierra fértil para cultivar su propio jardín de flores y compartirlo, y así dejar un legado artístico y cultural para la humanidad. Recibió burlas a causa de la poliomielitis que la afectó a los siete años. Sufrió dolor físico y emocional luego del accidente que tuvo a los 18 años y que fue la razón por la que no pudo ser madre.

FRIDA KAHLO

06/07/1907 08:30:00 [LMT]
06/07/1907 15:06:38 UT

Coyoacán (Distrito Federal), México
19:19:44N 99:09:37W

Tropical/geocéntrico
Carta eclíptica
Casas: Placidus

GENERALIDADES

Fuego	22.73%	
Tierra	36.36%	
Aire	13.64%	
Agua	27.27%	
Cardinal	36.36%	
Fijo	45.45%	
Mutable	18.18%	

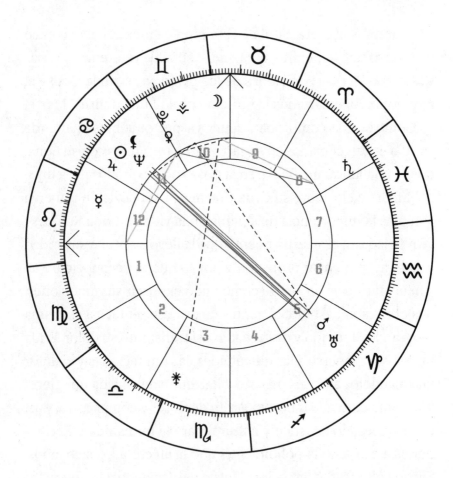

Fig 1. Mapa natal de Frida Kalho.

CASAS (PLACIDUS)

C 1 (AC)	♌	23°30'54"
C 2	♍	21°02'46"
C 3	♎	21°35'18"
C 4	♏	23°20'10"
C 5	♐	24°20'56"
C 6	♑	24°16'20"
C 7	♒	23°30'54"
C 8	♓	21°02'46"
C 9	♈	21°35'18"
C 10 (MC)	♉	23°20'10"
C 11	♊	24°20'56"
C 12	♋	24°16'20"

PLANETAS

☉	♋	13°22'33"	11
☽	♉	29°42'42"	10
☿	♌	06°20'07"	12
♀	♊	24°20'22"	10 » 11
♂	♑	13°23'40" R	5
♃	♋	20°26'08"	11 » 12
♄	♓	27°26'48"	8
♅	♑	10°36'48" R	5
♆	♋	12°23'49"	11
♇	♊	23°44'46"	10 » 11
☽	♋	09°58'30"	11
⚹	♏	00°41'26"	3
⚷	♊	13°00'49"	10

Fig 2. Cúspides de Casas y posicionamiento de planetas en los arquetipos.

Frida se casó con Diego Rivera, un artista exitoso. Algunos han calificado a Frida como víctima en esa relación. Un año después de divorciarse se volvió a casar con Rivera. Esto revela lo importante que era para ella la seguridad emocional y la estabilidad que representaba el matrimonio. Es evidente su apego, difícil de disolver, incluso habiendo infidelidades de parte del esposo. Prefería eso antes de poner en juego el estatus que como pareja habían alcanzado. La estabilidad también la encontraba en amistades de gran arraigo.

En la parte externa de la rueda están los arquetipos zodiacales. En el círculo interno están las Casas.

Los planetas son los símbolos que se encuentran entre los arquetipos zodiacales y las Casas.

Las líneas en el centro del mapa son los aspectos o las relaciones o conversaciones entre los planetas[5].

De la carta natal o de las tablas que están abajo puedes leer que Frida tiene:

La Luna en Tauro en la Casa 10.

Lilith (m) en Géminis en Casa 11.

Lilith (v) en Cáncer en Casa 11 (Debes seleccionar la opción Lilith verdadera).

Marte en Capricornio en Casa 5.

LUNA EN TAURO

Usando la información de la Luna en Tauro que encuentras en la página 67 puedes analizar en la carta natal de Frida Kalho:

☽ Su Luna está regida por Venus, que comanda las artes y, en general, la belleza.

☽ Refleja su gran necesidad de seguridad física y emocional que buscó llenar a través de la posesión material.

---

5   Aunque estos aspectos son muy importantes en el estudio astrológico, no serán estudiados en este libro. Sin embargo, en el apéndice 2 he incluido una descripción y una palabra clave de las diferentes relaciones y conversaciones entre los planetas por si tienes curiosidad o eres una estudiante avanzada de astrología.

☾ Poseía un alma bella, próspera y de una gran fuerza de voluntad y tenacidad.

☾ Esta Luna no desarrollada, o actuando desde aspectos de sombra, tiene la necesidad de ser valorada por su belleza física, por lo que posee y desarrolla apegos irracionales que pueden llevarla a mostrarse como un ser necesitado y a experimentar la avaricia, la envidia y los celos.

La influencia de esta Luna se desarrolla en la Casa 10 que es el ámbito de la profesión, de como es reconocida y el legado que viene a entregar al mundo (ver tabla 1).

LILITH (V) EN GÉMINIS Y LILITH (M) EN CÁNCER EN LA CASA 11

Puedes leer el significado de Lilith (v) y (m) en la tabla 2 de la página 100.

☾ Estas Lilith están muy activas en la vida de Frida, lo cual se sabe por la presencia de un cúmulo de planetas alrededor de ellas.

☾ El área donde se desarrollan es la Casa 11, que representa a los amigos, la socialización, las comunidades o asociaciones a las que pertenecen (tabla 1).

LILITH (V) EN GÉMINIS

Para leerla debes adicionar a Lilith en los planetas y escoger Lilith (v) en "partes arábigas" del programa de astrología.

Lilith (v) es la sombra que causa dolor y vergüenza. De la tabla 2, en la columna titulada "Así puedes experimentar tu sombra Lilith verdadera" puedes leer:

☪ Experiencias de rechazo de su entorno cercano en la niñez, en la escuela, haber vivido *bullying*: Frida sufrió matoneo por las consecuencias que le dejó la poliomielitis en su niñez.

LILITH (M) EN CÁNCER

En el programa de astrología Lilith (m) es calculada por *default*. Si necesitas cambiarla, ve a donde dice "adiciona los planetas" en la carta natal y presiona el botón que indica "media" y pulsa adicionar. Esta es la Lilith que ha procesado su dolor y retomado su poder.

En la tabla 2, en la columna "Así tomas tu poder femenino Lilith media", puedes leer como esta Lilith en Cáncer toma su poder:

☪ Observar las emociones y trabajar en expresarlas: Frida expresó todo su dolor y logró sanar al tomar su poder a través de las pinturas. El arte fue su terapia.

MARTE EN CAPRICORNIO

Lee el significado de Marte en Capricornio en la tabla 3 donde dice "Capricornio o Casa 10".

☪ La motivó al éxito y a alcanzar metas profesionales.

☪ Fue una guerrera diseñada para alcanzar la cima de la montaña sin ayuda.

☪ Le dio su carácter perseverante y su madurez.

MARTE EN CASA 5

Lee el significado de Marte en Casa 5 en la tabla 3 donde dice "Leo o Casa 5".

☪ Fue una reina guerrera.

☪ Lo que la llevaba a la acción era brillar, pararse en el escenario.

☪ Tenía la energía para avanzar y alcanzar los sueños.

Para hacer tu interpretación, combina tanto el arquetipo como la Casa, dado que los significados son correlacionados y aportan el uno al otro.

LA LUNA

"Hay una luna dentro de cada ser humano.
Aprende a ser su compañera".

RUMI

La Luna, este maravilloso satélite lleno de belleza y misterio, nos ha acompañado y maravillado desde los inicios y ha sido la guardiana que custodia nuestras memorias ancestrales. Ella, mujer como tú, será tu gran compañía y maestra en este viaje. Contemplar, conectar y meditar con la Luna y su orbitar alrededor de la Tierra será un aspecto importante en este caminar; igual que lo fue para nuestros ancestros y ancestras, como lo está siendo para las nuevas generaciones de mujeres que han sentido la necesidad de reconectar con la Madre Tierra, su ciclicidad, su creatividad y sus raíces para retomar todo el poder que embebe su feminidad.

Conectar con la Luna y sus diferentes ciclos es indispensable en este camino de reencuentro con nuestra esencia femenina más pura y el poder que ella trae. La Luna, en su caminar continuo alrededor de la Tierra y el cosmos, nos permite entender que el tiempo no es lineal y nos conecta con la verdadera naturaleza circular del tiempo y de la vida. La Luna nos conecta con las raíces, ella simboliza la madre, la abuela y todas las mujeres que conforman nuestro linaje femenino con sus vivencias, sus aprendizajes y su legado. Entender la Luna bajo la cual nacimos es revelador y muy relevante para nuestra naturaleza femenina, cíclica y emocional.

El Padre Sol en la carta natal o el signo con el cual muy seguramente hasta el día de hoy te has identificado, representa lo que te proporciona energía, lo que te motiva y te vigoriza, pero es la bella Luna la que te conecta con tu esencia como mujer, la que mueve tus emociones profundas y las trae a la luz y la que te conecta con la intuición y los sueños; la que te habla del legado del alma, de aquello que ya has experimentado y que continúas elaborando en tu camino de evolución. La Luna tiene una conexión directa con el útero y nos habla de las experiencias vividas en el vientre materno. La Luna representa el útero, de donde emana y se desarrolla la vida, nos conecta con la fuente del poder creativo.

La Luna representa el hogar donde nacimos, ese lugar donde crecimos y nos sentimos seguras, nutridas, cuidadas y que evocamos y añoramos cada vez que nos sentimos vulnerables. ¿Quién no ha sentido la necesidad imperativa de retornar a su cama, a su hogar, junto a su madre, sentir su aroma y permanecer en su regazo cuando se encuentra asustado, herido o derrotado?

El arquetipo donde estaba la Luna en el momento del nacimiento revela las necesidades más profundas del alma, lo que necesitas para sentirte segura, cuidada, alimentada, emocionalmente estable y coherente. Además, al ser la guardiana de todas las memorias ancestrales, el arquetipo donde está la Luna permite entender el camino sagrado del alma, ese propósito que muy íntimamente trabajamos en nuestro interior y que necesitamos develar, desarrollar y recorrer por este mundo dual para continuar nuestra evolución.

La Luna representa la fertilidad y, por ende, la posibilidad de la cosecha, de ser una mujer fértil, creadora, próspera y abundante.

Todos, hombres y mujeres, sin considerar diferencias de raza o de cultura, somos seres cíclicos; el universo es cíclico, la vida es cíclica. Todos experimentamos esta ciclicidad. Nacemos, vivimos la niñez, la adolescencia, la adultez, entramos a la vida laboral y productiva, establecemos una relación de pareja, tenemos hijos; ellos inician su ciclo mientras nosotros continuamos viviendo la adultez, cesamos nuestra vida laboral, nos convertimos en abuelos, en ancianos sabios y, así, un día retornamos a la tierra. Nuestros hijos y nietos continúan el ciclo.

La manera más sencilla y cotidiana para conectar con el momento presente y la ciclicidad de la vida y del universo es a través de la observación del cielo. La Luna que aparece cada noche y se despide en la mañana para dar paso al astro rey ha maravillado e inspirado a la humanidad. En la abuela Luna, como la llamaban nuestros ancestros, buscaban la sabiduría, la inspiración, la guía y los mensajes trascendentales. Alrededor de ella hemos realizado variedad de celebraciones y rituales en todos los confines del planeta y desde el origen de la humanidad.

La Luna ha sido el calendario para los campesinos y agricultores, los que cuidan la tierra y nos proveen de alimento. La amada Luna es la regente de las mareas, de los cuerpos de agua, del ciclo productivo y creativo de la mujer. La bella Luna rige al tiempo porque influye en la velocidad de rotación de la Tierra, por ende, en la duración de un día, y gracias a su luminosidad que equilibra la luz y la oscuridad, la humanidad ha crecido y se ha extendido.

Sol y Luna, en una danza constante, nos llevan a ver en el cielo ese paisaje nocturno maravilloso del cual la Luna es la reina y que nos conecta con quien realmente somos y de dónde venimos. El Sol y la Luna son paralelos o espejos de las dos polaridades de la energía humana. El Sol es la energía masculina que por naturaleza está dirigida hacia afuera, igual como lo están sus rayos luminosos. La energía masculina es movimiento y acción, invitación que nos hace cada mañana el Sol cuando aparece en el cielo. La energía masculina es competitiva: para fecundar la vida, el espermatozoide dirige su movimiento y lucha con otros para ir al encuentro del óvulo y fecundarlo; el Sol representa así las cualidades de la esencia masculina.

La Luna representa la energía femenina, influencia el ciclo reproductivo de la mujer. Las hormonas y las emociones se mueven al ritmo de sus ciclos, es oscura y atrayente. El óvulo no se mueve ni compite buscando engendrar la vida, sino que atrae y espera el momento oportuno para permitirse ser fecundado por el espermatozoide y el útero contiene y nutre la vida para que pueda desarrollarse.

En el mundo moderno está claro que la mujer puede desempeñarse con distinción en cualquier área que desee desde su energía masculina, pero en el fondo siempre tendrá la sensación de estar vendiendo su alma, su esencia y tarde o temprano necesitará regresar a ella. Es por eso que muchas mujeres que han alcanzado "el éxito" abandonan carreras muy lucrativas y altas posiciones ejecutivas para "cambiar radicalmente sus vidas" o por enfrentarse a enfermedades "que las hacen reconsiderar" sus estilos de vida. Entender y conectar con nuestra Luna es conectar con quién somos y con lo que estamos destinadas a ser y nos permitirá, sin duda, alcanzar la vida plena de nuestros sueños.

A partir de este momento, alza tu mirada y comienza a compenetrarte con el cielo: ¿En qué fase y Arquetipo está la Luna hoy? ¿Cómo te sientes? ¿Cuáles son las emociones que predominan en ti? ¿Qué astros, estrellas, planetas y cuerpos luminosos están presentes en el cielo nocturno? ¿Con cuál de ellos te conectas? ¿Qué mensaje secreto te envían? Existen herramientas y aplicaciones disponibles, muchas gratuitas, que te pueden apoyar en el camino de explorar el cielo e identificar la posición y fase de la Luna, así como a reconocer los planetas y constelaciones que hay en la bóveda celeste. Puedes usarlas con esa finalidad y también puedes solo regalarte el placer de la observación y la contemplación del maravilloso y misterioso cosmos y abrirte a los regalos mágicos que el universo tiene reservados para ti.

EL CICLO LUNAR

Contrario a lo que podríamos pensar, la Luna por sí misma no emite luz. La luminosidad que observamos se debe a la luz que el Sol le proyecta y a su capacidad de reflejarla. El ciclo lunar es el resultado de la danza rotatoria que se da entre la Luna, la Tierra y el Sol. La cara iluminada de la Luna se ve o se oculta haciendo que cada noche se presente distinta, es decir, reflejando más o menos la luz solar. Por ejemplo, durante la Luna nueva, la Luna se encuentra entre la Tierra y el Sol, lo que genera que la parte de la Luna que vemos desde la Tierra no esté iluminada. A medida que la Luna sigue su andar, comienza a recibir y reflejar la luz del Sol un poco más cada día hasta que se ubica detrás de la Tierra

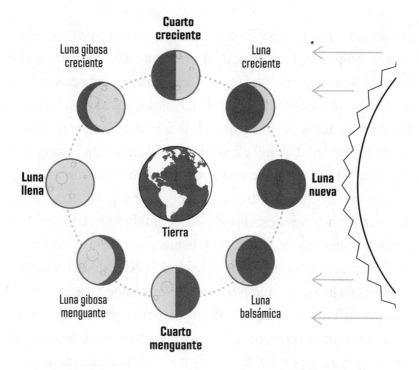

Fig. 3. Ciclo lunar.

con respecto al Sol y puede en esta posición recibir y reflejar los rayos solares, así es como la parte de la Luna que vemos desde la Tierra está totalmente iluminada y vestida de plata.

Un ciclo lunar promedio dura 29,5 días. Este es el ciclo sinódico o el tiempo que le toma a la Luna desde la fase de Luna nueva llegar a este mismo punto en la siguiente lunación. Debido a que nos regimos por un calendario solar y algunos meses del año tienen 30 o 31 días y otros 28 o 29 días, aproximadamente cada dos años y medio podemos presenciar no 12 sino 13 Lunas llenas en un año, es decir, hay meses en los que presenciamos dos Lunas llenas. La segunda Luna llena en el mismo mes es conocida como el fenómeno de Luna azul. La última Luna azul se presentó el 30 de agosto del 2023 y las siguientes se presentarán en mayo del 2026, diciembre del 2028 y septiembre del 2031, por nombrar algunas. La segunda Luna nueva en un mismo mes calendario, que se presenta 1 vez al año, es conocida como Luna negra o Luna oscura. El hecho de que tengamos años solares con 13 Lunas llenas o nuevas y que al dividir 365 días entre 28, que se considera los días del ciclo menstrual típico de la mujer, dé como resultado 13, añade una gota más de misticismo a la Luna y al número 13, que nuestra cultura popular asocia con aspectos oscuros, emociones desbordadas, desequilibradas, con hombres lobos, con hechicería y hasta con la mala suerte, cuando en realidad es una representación del sagrado poder de lo femenino.

Por otro lado, la Luna es el astro más rápido y cambiante de nuestro sistema solar y por ende de nuestra carta natal. La Luna recorre un arquetipo zodiacal en 2.5 días aproximadamente, a razón de 13 grados por día. Es así como la mística Luna nos conecta de nuevo con el número 13 y nos invita a resignificar historias que la humanidad fue entretejiendo a medida que se fortalecía el sistema patriarcal para mandar a la sombra aspectos sagrados de la energía femenina y minimizar el poder creativo de la mujer.

La fase que transita la Luna y la cantidad de luz de Sol que proyecta sobre la Tierra tienen una gran influencia en lo que sucede en la naturaleza y en el cuerpo, así como en la energía del ser humano. Dicha influencia es aún más importante para la mujer cuyos ciclos menstruales, emocionales y reproductivos están gobernados por ella. La capacidad de gestar y sostener la vida está ligada al ciclo lunar y guarda un paralelo con la capacidad de gestar y sostener otros procesos creativos como los sueños y los proyectos.

Entender cada fase de la Luna y la energía que lleva consigo es revelador: nos permite conocer los momentos en los cuales somos más fértiles y productivas para sembrar nuestras semillas e intenciones y los momentos en los que estamos en proceso de liberar y soltar, preparándonos para iniciar un nuevo ciclo productivo, igual como sucede en el útero, el centro energético de la creación. Entender los ciclos lunares y su influencia en nuestras vidas puede ser una experiencia transformadora y fuente de la vida próspera que buscamos.

Cada mes, la Luna nos muestra ocho caras o fases diferentes, cada una de ellas con una duración aproximada de tres días y medio. Por simplicidad, ahora profundizaremos en las cuatro fases principales de la Luna que tienen una duración de siete días: Luna nueva, Luna creciente, Luna llena y Luna menguante. Ahondaremos en la última fase de la Luna menguante, los 3,5 días antes de la Luna nueva: La Luna balsámica. Esta es una fase cuyo poder no podemos pasar por alto y que es indispensable para limpiar, soltar y prepararnos para el inicio del nuevo ciclo lunar; este es un tiempo de concretar los aprendizajes del ciclo, volcarnos hacia nosotras mismas, honrarnos a través del autocuidado y la autoexploración, de ritualizar y conectar con la intuición y los sueños. La energía de la Luna balsámica es la más baja de todo el ciclo lunar y nos provee las condiciones ideales para poner en juego la energía femenina, ir hacia nuestro interior, conectar con la intuición y la visión que nos moverá en el siguiente ciclo Lunar.

Estas cuatro fases guardan un misterio distinto cada mes: usan un vestido distinto, danzan al son de una canción diferente que es dirigida por el arquetipo (o signo zodiacal) que visita. Aunque la Luna repita su ciclo luminoso cada mes, no es la misma Luna y así nos muestra la diversidad de colores, matices, opciones y oportunidades y nos señala que la vida está en constante cambio y devenir. Si logramos alinearnos a esta bella danza traeremos luz, armonía y prosperidad.

LUNA NUEVA: MOMENTO DE SEMBRAR TU INTENCIÓN

En el novilunio, la Luna, el Sol y la Tierra se encuentran alineados, Luna y Sol se encuentran en el mismo signo solar o arquetipo. La Luna se encuentra ubicada entre el Sol y la Tierra. En este momento, el Sol proyecta toda su luminosidad en la cara de la Luna que no podemos apreciar, por lo que no aparece visible a los ojos y la noche exhibe su mayor grado de oscuridad. Un nuevo ciclo lunar inicia.

¿Cuál es la energía de la Luna nueva y cómo aprovecharla?

Los vientos frescos de un nuevo ciclo traen un mundo ilimitado de posibilidades y oportunidades, es el momento semilla de un mes lunar, es el tiempo de la concepción. Todas las condiciones están dadas para que la semilla que seleccionaste con conciencia durante los 3,5 días anteriores a la Luna nueva sea puesta en ese lugar oscuro del vientre de la Madre Tierra o de tu útero para que crezca y se desarrolle de manera adecuada. La Luna, al estar más cerca al Sol durante esta fase, potencializa la medicina, o lo que nos enseña y aprendemos con la constelación donde se encuentra el Sol, así que es importante contactar con esta energía, con lo que representa y observar cómo la vivimos en nuestra vida, si la energía está presente o está actuando de manera desbordante para que podamos llevarla a un equilibrio que funcione para sentirnos plenas. A su vez, la intención que siembres será más efectiva si está alineada con esta energía. En Luna nueva preparamos el altar con las intenciones para el nuevo ciclo, celebramos rituales para sembrar deseos, anhelos y proyectos, regamos la tierra e iniciamos las primeras acciones para ponerlos en movimiento. Visualizamos nuestro útero y el útero de la Madre Tierra donde pondremos la semilla. Realizamos rituales de renacimiento para entrar de nuevo al mundo de un modo más consciente. En esta etapa podemos visualizar el futuro, establecer afirmaciones que nos conecten con la intención. Todo lo que plantemos en este momento dará sus frutos seis meses después, en la Luna llena del arquetipo donde se produce el novilunio.

A medida que avancemos en este viaje descubrirás información para explorar y alinearte a la energía del arquetipo donde se produce el novilunio y los temas que se pueden potencializar.

CUARTO CRECIENTE: TIEMPO DE NUTRIR TU INTENCIÓN

La Luna continúa su recorrido en el cielo nocturno y va llenando de alegría, inspiración y motivación las almas al ver cómo va ganando luminosidad. En esta etapa, siete días después de la Luna nueva, la luz de Sol se proyecta sobre una mitad de la Luna, que es la mitad que vemos iluminada. Es el punto medio entre la Luna nueva y la Luna llena. En esta fase, a medida que la Luna camina hacia su pico de luminosidad en la Luna llena, nos sentimos más enérgicas y podemos avanzar más fácilmente en las actividades y proyectos.

¿Cuál es la energía del Cuarto creciente y cómo aprovecharla?

Es el tiempo de permanecer alineadas con nuestra visión y mantener un equilibrio entre el ser y el hacer. En este período cuidamos la semilla que sembramos en la Luna nueva, la regamos, le quitamos malezas, la nutrimos y continuamos tomando acciones para que las intenciones se desarrollen saludablemente, aprovechamos esta energía para trabajar en nuestros proyectos y cuidamos esa energía, observando las relaciones, actividades y emociones que nos roban o incrementan la energía y vamos haciendo los ajustes que sean necesarios. Es tiempo de desarrollar una profunda confianza en el universo y en la Tierra que nos proporcionará todo lo que necesita nuestra semilla para que germine, crezca y dé sus frutos. Sigue visualizando tu futuro, busca el apoyo que necesites y actúa con coraje y sin dudar.

LUNA LLENA: MOMENTO DEL MAYOR PODER DE ATRACCIÓN

Dos semanas después de la Luna nueva, observamos el plenilunio. La Luna está iluminada por los rayos del Sol, siendo este el punto de mayor energía del ciclo. Tu energía de atracción se encuentra en su máximo nivel, igual que la fuerza de atracción de la Luna actúa sobre las mareas con su máximo poder.

La bella Luna ha viajado por la rueda zodiacal a razón de 13 grados cada día y ahora se ubica a 180 grados del Sol. La Luna visita el arquetipo o signo opuesto y complementario al arquetipo donde se encuentra el Sol, lo que nos permite conectar, observar y balancear dos energías diferentes, dos puntos de vista opuestos. Por ejemplo: la Luna llena de septiembre se da en Aries, el Sol se encuentra ese mes en el arquetipo de Libra, esta Luna llena activa el eje del encuentro: Aries es el yo, mientras que Libra son los otros. Esta Luna llena permite ver estos dos aspectos y nos pide considerar la polaridad y complementariedad que hay entre mi yo, mi individualidad y el encuentro con los otros, el mundo exterior.

Este es el momento de un cierre de ciclo, el ciclo que comenzó 6 meses antes, cuando Sol y Luna se encontraban en el mismo arquetipo, es decir, la Luna nueva que aconteció 6 meses atrás, en el ejemplo anterior, cuando aconteció la Luna nueva de marzo en Aries.

La Luna llena es un punto de culminación, es el momento cuando celebras un logro, recoges una cosecha. La Luna llena es también un periodo donde puedes ver con claridad el lugar donde estás y el nuevo lugar adonde quieres llegar, su luz permite ver algo que antes no habías considerado. La Luna llena aparece en el horizonte hacia el Este, casi al mismo tiempo que el Sol despide el día por el Oeste. Esta oposición trae fuerzas contrarias y complementarias que necesitan ser miradas y balanceadas.

¿Cuál es la energía de la Luna llena y cómo aprovecharla?

Este es el punto de máxima energía Lunar, su poder de atracción se encuentra magnificado. Nuestras aguas y emociones son movidas por esta fuerza, sean cuales sean, bellas o turbulentas, tenemos toda la capacidad de brillar o de ver qué es lo que necesitamos para llenarnos de brillo, es una Luna que expande nuestro ser. Durante el plenilunio, lo que no veíamos se presenta con claridad ante nuestros ojos; es tiempo para estar atentas y observar aquello que permanecía oculto, o de ver el otro lado de la moneda. Nos abrimos a ver lo que la Luna llena nos muestra para recalibrar nuestras intenciones. Este es otro momento para celebrar y agradecer lo que te ha llevado hasta este punto. Las ceremonias de Luna llena son realizadas en todo el mundo y por todas las culturas, desde tiempos inmemoriales. Son ceremonias que involucran la alegría, el canto, el baile y el gozo de la celebración y a la vez son una ofrenda por los regalos recibidos. De nuevo, conectamos con nuestro altar o hacemos actividades bajo la Luna llena como danzar, caminar o cantar. Llenamos el corazón de gratitud, nos embellecemos y nos visualizamos realizadas, poderosas y en la plenitud de nuestra vida, igual que la Luna, la cual brilla plena y está en su momento de mayor poder.

CUARTO MENGUANTE Y LUNA BALSÁMICA: TIEMPO DE CONTEMPLACIÓN

El área iluminada de la Luna comienza a menguar hasta que, siete días después de la Luna llena, solo se observa la mitad iluminada. En esta etapa, la Luna se hace visible solo al amanecer. Desde este punto continuará hasta desaparecer completamente. Con esta Luna decrece la energía, es el momento indicado para comenzar a revisar lo que necesitas soltar, dejar atrás, o deshacerte de lo que no le sirve a tu energía, las intenciones, los proyectos o a nuestra vida.

La Luna balsámica es la que observamos 3,5 días antes de que se produzca la Luna nueva, es parte del proceso menguante de la Luna. La Luna continúa decreciendo hasta que sólo se observa una pequeña línea curva en el firmamento. Aparece misteriosa y se observa antes del amanecer, justo antes de la salida del astro rey. Estos últimos días de la fase menguante, llamada Luna balsámica o Luna negra, encierran un tremendo poder intuitivo y de introspección que debemos conocer y aprovechar. No es tiempo de hacer o actuar, es tiempo de quietud, recogimiento y contemplación. Es un período de ir a las zonas más profundas del inconsciente y de conectar con las emociones, nuestra sombra y con los sueños que nos proveen información importante de lo que necesitamos soltar y dejar ir.

¿Cómo aprovechar la energía del Cuarto menguante y de la Luna balsámica?

Este es el momento de contemplar y conectar con la intuición, de prestar atención a los mensajes de los sueños, los símbolos que iluminan esa parte que no podemos ver. Es el momento indicado para limpiar, soltar, elaborar duelos, dejar ir y cerrar ciclos; conectar con el sentir y la sabiduría interna. Es el tiempo propicio para los rituales de corte y de cierre de patrones, creencias, hábitos, de terminar proyectos y relaciones que nos drenaron la energía en las fases o lunaciones anteriores. En esta fase encendemos un fuego transformador para quemar todo aquello que queremos dejar ir. Prendemos un sahumerio o incienso, usamos el poder del sonido de un tambor, sonaja o cuenco para limpiar los espacios y el alma de esas energías. Cerramos, con amor y agradecimiento, los proyectos que ya dieron sus frutos o que no progresaron y los usamos como abono para los nuevos que sembraremos en la siguiente Luna nueva.

En la Luna balsámica conectamos con el alma, el cuerpo y nuestro sentir. Estamos en observación, escuchando lo que la intuición y el cuerpo nos revelan, conectamos con el dolor y las emociones y les permitimos aflorar y que nos cuenten su historia. Observamos los sueños, escribiéndolos y develando sus símbolos y mensajes. Todo lo que veamos en esta fase será material para la siembra que haremos en la siguiente Luna nueva.

El quehacer diario, los compromisos y el desenvolvimiento de la vida moderna nos dificultan el espacio para la introspección total durante este período. La invitación es para hacer una pausa en el día para estar a solas, deambular en un espacio de la naturaleza, visitar un lugar sagrado, elevar un rezo, un canto o una oración, conectar con la música, contemplar, observar pequeñas señales y mensajes del universo. Quizás descubras que estas pequeñas no-acciones te permiten vivir una experiencia mágica.

Te invito a que tengas a mano un calendario lunar que te apoye en la observación y conexión con la Luna. Hay disponibles aplicaciones gratuitas que te pueden llevar a navegar los ciclos lunares e iniciar a vivir una vida más fluida y conectada con los ciclos de la vida.

Más adelante, cada mes, conectaremos con los momentos semilla, es decir, con cada Luna nueva, para darle intención y enfocar lo que experimentaremos en cada estación de este maravilloso viaje chamánico y astrológico de 13 lunas.

LA LUNA: EL LLAMADO DE TU ALMA

La Luna, el agua y las emociones siempre han estado conectadas debido a la fuerza gravitacional que ejerce la Luna sobre la Tierra, sus aguas y los seres que la habitan. Somos entre 50% y 70% agua o incluso más, dependiendo de la etapa de vida en que nos encontremos. Nuestras aguas circulan por todo el cuerpo a través del torrente sanguíneo y el sistema linfático, se mueven durante el período fértil, la relación sexual y el momento del parto y las emociones se mueven con ellas. Conocemos muy bien el efecto que tiene la Luna sobre las mareas, pues el mismo efecto se presenta en los seres humanos y está especialmente ligado con las mujeres a través del movimiento de los fluidos del útero, la menstruación, el líquido amniótico, entre otros.

La Luna rige a Cáncer, el arquetipo donde aprendemos de las emociones, el hogar y el que nos conecta con la intuición. La Luna nos habla de la experiencia que el alma viene a transitar en esta vida y que se traduce en una necesidad emocional para poder fluir y avanzar hacia los más altos sueños y propósitos. Es muy probable que esta necesidad emocional se haya generado y haya sido experimentada a una muy temprana edad, que haya sido infundada por nuestros progenitores o por las personas que estuvieron a cargo de nosotros. Es posible que hayan sido los temas de los que se hablaba en casa y los cuales dejaron su impronta en la niñez temprana en nuestro inconsciente.

La astrología femenina considera que la Luna representa mejor nuestra esencia por su ciclicidad, su influencia emocional y la necesidad de seguridad. Mientras que el Sol es la energía que nos mueve a la acción y es un mejor reflejo de nuestra vitalidad y la esencia masculina.

La Luna no aparece en el cielo los 365 días del año, sino que nos enseña que hay un tiempo para ser y otro tiempo para hacer. El ciclo lunar nos muestra que hay un período para brillar, para la actividad y también un espacio para descansar, conectar con los sueños y preparar el inicio de un nuevo ciclo. Sin este período de descanso e introspección, no tendremos la energía ni la inspiración para lucir toda nuestra luz e irradiarla en la Luna llena. Si logramos entender y alinearnos con estos ciclos la energía y las actividades fluirán de manera adecuada, evitando el desgaste energético y emocional y haciéndonos más eficientes.

Desafortunadamente, la vida moderna y la forma como la sociedad ha estructurado los procesos y horarios hace que nos desconectemos de estos ciclos, lo que genera un vacío interno y la desconexión con la energía y el poder femenino. Con este entendimiento podemos comenzar a explorar el calendario lunar para programar mejor las actividades del día a día, saber lo que sucede con las emociones en el transcurso del ciclo y guardar espacios para ritualizar alineándonos y reconectando con la feminidad.

La Luna hace que las emociones salgan a la superficie para mostrarnos dónde debemos realizar ajustes y también dónde nos sentimos bien o dónde brillamos con toda nuestra luz. Por esta razón las emociones son una brújula y la Luna nos señala el norte y representa lo que el alma necesita suplir para evolucionar. El ser humano en general es bueno para ocultar las emociones que se le dificulta manejar. La sociedad promueve la capacidad de reservar o negar cómo nos sentimos. La emocionalidad, que ha sido culturalmente tan suprimida en los hombres, ha empezado a serlo también en las mujeres en la medida en que hemos empezado a interactuar en espacios que antes eran reservados exclusivamente a los hombres. Con la liberación femenina y la presión social por destacarse laboralmente, la mujer ha sido forzada a dejar a un lado su intuición y emocionalidad para apoyarse en las armas de la intelectualidad y la racionalidad, atributos que caracterizan la energía masculina.

Las lágrimas, la vulnerabilidad y los sentimientos a flor de piel han sido suprimidos para dar paso a mujeres "fuertes, enfocadas y exitosas". La frase "estoy muy bien" es la respuesta esperada a la pregunta "¿Cómo estás?" o "¿Cómo te sientes?". A veces llevamos esto a un punto donde ni nosotras mismas podemos identificar o nombrar adecuadamente con palabras la manera como nos sentimos o somos incapaces de expresar las emociones con asertividad. Para muchas, además, las ocupaciones del hogar y el trabajo no nos permiten pausar para evaluar cómo nos sentimos; cualquier incomodidad emocional la hemos encasillado en la palabra moderna "estrés".

Conocer el arquetipo bajo el cual estaba la Luna al momento del nacimiento nos permite saber cuál es el trabajo que el alma viene a realizar en esta vida. El lugar donde está posicionada nos muestra el área de vida donde se manifestará. La Luna nos revela un trabajo que el linaje femenino de nuestra familia (madre, abuela, ancestras en general) han venido realizando. En este sentido, el alma ya conoce ese camino: hemos venido a la Tierra a experimentarlo a través del cuerpo y las emociones para trascender y seguir la evolución del alma. Cuando no realizamos el trabajo de nuestra Luna, nos sentimos tristes, deprimidas, perdidas, algo nos falta, enfermamos física, emocional o mentalmente. Es por esta razón que los chamanes en sus viajes y rituales van en busca del alma perdida para sanar esas enfermedades. Cuando hay una distorsión en el cuerpo, en las emociones o la mente es porque hemos olvidado o no estamos honrando el trabajo que el alma vino a realizar en esta vida.

Conocer y conectar con tu Luna y la necesidad de tu alma es la base fundamental de este recorrido.

TU LUNA NATAL

Para conocer tu signo Lunar o el arquetipo por el cual transitaba la bella Luna al momento de tu entrada al mundo y donde se posiciona, deberás tener a mano el mapa de viaje. Establece tu altar, enciende una vela, abre tu espacio cósmico personal a través de la respiración pausada y consciente. Alista tu bitácora o diario de viajes. Registrar lo que descubras en este viaje te permitirá expandir la experiencia, acceder a partes ocultas de tu inconsciente y ser un referente del progreso en tu caminar. Usa la meditación o viaje chamánico que encontrarás al final de este capítulo y dedica unos minutos a apreciar el cielo que había al momento de tu nacimiento reflejado en tu carta, observándola, interactúa visualmente con las figuras que se forman, los lugares donde están ubicados, conecta con tu intuición y percibe sutilmente la historia que símbolos y líneas en la carta tienen para contarte. Quizás podrías notar que hay símbolos o figuras en la carta que llaman tu atención o grupos de planetas que se aglutinan en una zona específica de la carta. Anótalos y decide explorarlos mientras avanzas en este viaje.

Ahora centra tu atención en tu Luna. Busca el símbolo o glifo que la representa, observa el lugar donde está ubicada (la Casa) y su arquetipo (el signo). ¿Está sola? ¿Está acompañada? Te sugiero que escribas aquello que percibes. Ahora podrás continuar con la lectura de lo que significa y lo que necesita tu Luna de nacimiento. Leerás un breve resumen de las cualidades que exhibe tu Luna y las necesidades más profundas que deberás honrar. Lee la descripción asociada al signo. La Casa donde se encuentra es el área de tu vida donde muy seguramente experimentarás las cualidades de tu Luna. Revisa los temas que se estudian en esa Casa en la tabla 1. Ambas lecturas te proporcionan herramientas para conocer tu Luna y alquimizar o convertir en oro esas cualidades que sientas que aún no estás viviendo, pero que son importantes para tu evolución. Puede pasar que te sea difícil identificarte con tu necesidad del alma, o que aún no hayas logrado satisfacer esa necesidad; o que la estés experimentando desde el dolor o la dificultad, o que esa cualidad aún no se haya hecho visible; incluso, que niegues que esté presente en ti. Es muy común que suceda quizás por experiencias vividas en la niñez[6]. Al final encontrarás "el aprendizaje de mi Luna". Lee y permítete sentir en tu cuerpo vívidamente esta frase, repítela como si fuera un mantra. ¿Cómo la sientes? Escríbelo en tu bitácora.

---

[6] Para un conocimiento a profundidad de tu Luna natal y los contactos que establece, y de tu mapa en general, siempre recomiendo consultar un astrólogo profesional o realizar estudios profundos de astrología.

LUNA EN ARIES

Esta Luna está regida por el guerrero Marte. La mujer con la Luna en este signo tiene una necesidad del alma de sentirse independiente y autónoma. Está dispuesta a ir a la conquista, subir montañas, batallar con dragones, viajar a una aventura por el espacio e ir en contra de lo establecido para lograrlo. Es identificada como líder y pionera en las actividades que realiza y manifiesta de manera preponderante su energía masculina para sentirse segura. Cuando la Luna en Aries no ha concientizado estas necesidades básicas, emerge la rabia, a veces sin razón lógica o contra el mundo entero, se puede vivir desde el enojo y la frustración y verse envuelta en una guerra consigo misma y con otros que quizás carezca de sentido y que puede llevarla al agotamiento y a la frustración.

Aspectos para integrar y transmutar de la Luna en Aries:

☾ La energía del enojo y la rabia. Se puede canalizar a través de las actividades físicas y el deporte o ir al alcance de sus objetivos más retadores.

☾ La reactividad. Tomar tiempo para pensar antes de actuar sin dejarse avasallar por la pasión del momento.

☾ Desarrollar la empatía por los otros.

Balancear la energía femenina y masculina para ir a la conquista de lo que necesita.

 Comprometerse con alguna causa a largo plazo para darle un sentido a su lucha.

El aprendizaje de mi Luna

"Mi guerra no es conmigo ni contra los otros, mi causa es sagrada y construyo puentes para lograr el entendimiento de la humanidad".

LUNA EN TAURO

Esta Luna, regida por la bella y sensual Venus, tiene una gran necesidad de seguridad física y emocional que buscará llenar a través de la posesión material que garantice los recursos necesarios para satisfacer la vida estable que le gusta. La mujer con la luna en Tauro tiene un alma bella, próspera y de una gran fuerza de voluntad y tenacidad al momento de asegurar su estabilidad. Esta Luna no desarrollada o actuando desde aspectos de sombra tiene la necesidad de ser valorada por su belleza física o por lo que posee y desarrolla apegos irracionales con sus posesiones y relaciones que pueden llevarla a mostrarse como un ser necesitado y a experimentar la avaricia, la envidia y los celos.

Aspectos para integrar y transmutar de la Luna en Tauro

☾ Los apegos. Desarrollar la generosidad y el arte de dar y recibir. Recibir sin culpa y dar sin esperar ninguna retribución.

☾ Apreciar y conectar con la belleza de todo lo que existe a su alrededor.

☾ Desarrollar sus múltiples talentos para contribuir con el mundo y usar sus múltiples recursos para la solución de problemas.

☾ Contactar con la tierra y la naturaleza como medicina.

El aprendizaje de la Luna en Tauro:

"Hago de mi vida y del mundo un jardín con flores para compartirlo con la humanidad".

LUNA EN GÉMINIS

La Luna en Géminis está regida por el Dios mensajero Mercurio. Esta Luna otorga habilidades para la comunicación, inteligencia, agilidad y un aura carismática. En general, la mujer con la Luna en Géminis es hábil con la palabra y en los negocios. Esta Luna jovial e inquieta busca en el conocimiento y en la expresión lingüística una forma de sentirse segura. Está ávida de conocimiento y busca en su familia cercana y sus amigos de infancia la sensación de confort que requiere. Cuando no está desarrollada quizás tenga una tendencia al chisme y exhiba comportamientos infantiles, quizás use la palabra en su propio beneficio y de una manera no muy ética y puede tener tendencia a la mentira y el engaño.

Aspectos para integrar y transmutar de la Luna en Géminis

☾ Comunicación. Desarrollar su habilidad lingüística como forma de canalizar mensajes para sí misma y los demás.

☾ Sentido del humor. Conectar con la energía del humor y del mito del payaso sagrado o *Heyoka* (página 175) para sanar.

☾ Dualidad de la mente. Buscar alternativas para apaciguar la conversación interna, organizar los pensamientos y conectar con la propia inspiración.

☽ Escribir historias. Usar la comunicación para escribir o re-escribir su historia y apoyar a otros a expresar la suya.

El aprendizaje de la Luna en Géminis

"El aire apacible acalla mi mente y mis pensamientos para escuchar los mensajes que brotan de mi inspiración para mí y la humanidad".

LUNA EN CÁNCER

La Luna en el arquetipo de Cáncer se encuentra regida por nuestra bella y amada Luna, la cual potencializa las necesidades de seguridad y de sentir o proporcionar cuidado y nutrición. Es una Luna con gran sensibilidad y emocionalidad. Exhibe todas las cualidades que una madre tiene y gira en torno a su hogar, por lo que puede convertirse en una gran matrona. El hogar es ese espacio donde sacia sus necesidades básicas, manteniendo la familia unida alrededor de una nutrida y abundante mesa. Es amante y custodia de las tradiciones. A su vez, esta Luna puede magnificar los intentos por sentirse segura, llevándola a reafirmarse a través del rol de madre o a través del cuidado y protección de los otros, lo que con el tiempo puede desgastarla, robarle energía y agotarla, además de que puede llegar a sentirse abandonada, deprimida y amargada.

Aspectos para integrar y trasmutar de la Luna en Cáncer

☾ Crear conciencia de la emocionalidad y su impacto. Conectar con las emociones y explorar formas de gestionarlas.

☾ Cuidar de sí misma. Maternarse y nutrirse, desviar su atención de la necesidad de ser protegida y cuidada por otros.

☾ Vivir y honrar la feminidad, la maternidad y los diferentes tránsitos de la mujer como algo sagrado: menstruación, embarazo, parto, menopausia, etc.

☾ Honrar la tradición y a las ancestras.

El aprendizaje de la Luna en Cáncer:

"En el agua de mis emociones me arrullo y encuentro mi seguridad. Nado en mis emociones para nutrir al mundo".

LUNA EN LEO

La Luna en Leo está regida por el Padre Sol, quien la llena de luz, energía y vitalidad. Las personas que nacen con esta Luna tienen la necesidad del alma de brillar con luz propia y de ser el centro de atención en su entorno, como lo hace el Sol. La mujer con esta Luna es muy creativa y encuentra en todas las expresiones del arte una forma de presentarse ante el mundo. Esto puede no ser fácil dado que Luna y Sol exhiben cualidades y polaridades opuestas. La luna no emite luz solo refleja la del Sol, así que brillar con luz propia podrá constituir todo un aprendizaje de vida. Esta necesidad de ser vista y admirada la puede llevar a desarrollar un ego muy fuerte y malsano que desemboca en el egocentrismo y en la necesidad de la atención desmedida de los demás, causando daño a su autoestima.

Aspectos para integrar y trasmutar de la Luna en Leo

☾ Aceptar que pueden brillar sin necesidad de competir con otras personas.

☾ Construir un ego sano y fuerte y fortalecer su amor propio y autoestima.

☾ Cuidar que el ego y las ansias de brillar no cierren su noble corazón ni limiten su capacidad de amar y ser generosa.

☾ Utilizar el juego y las diferentes formas de arte para la expresión artística y para transmutar aspectos del ego insano y de la pobre autoestima.

☾ Cuidar y atender la niña interior.

El aprendizaje de la Luna en Leo

"Soy la reina de mi vida y el fuego de mi corazón generoso ilumina la humanidad".

LUNA EN VIRGO

La Luna en Virgo está regida por el planeta que representa el dios de la mitología griega, Mercurio, y regida en conjunto con Vesta, la diosa del hogar de los romanos, que cuida el fuego interior y lo sagrado femenino. Mercurio la dota de inteligencia, de audacia y rapidez mental. Vesta pone todas estas cualidades al servicio sagrado de la humanidad. Servir y trabajar es una necesidad imperiosa de su alma y allí halla la seguridad. Vesta dota a esta Luna del arquetipo de la Sacerdotisa y la Virgen, conectándola con la sacralidad y la necesidad de ser autosuficiente y de mantenerse pura y proveerse a sí misma.

Necesita mantener encendida su llama interior y conectar con lo sagrado de la vida a través de la entrega y la conexión con lo divino. Esta Luna tiene la capacidad de sanarse a sí misma y a los demás y requiere de rutinas y espacios estructurados, organizados y puros para mantener el equilibrio, sentirse sana y mantener encendida su llama interior. En su lado de sombra o lo que necesita transmutar, está la obsesión con la perfección y el orden. Puede tener la necesidad imperiosa de que todo esté bajo su control y de ser muy crítica o en la otra polaridad, sentir que vive el caos en su vida.

Aspectos para integrar o trasmutar de la Luna en Virgo:

☽ El orden. Transmutar la obsesión por la estructura y el orden, permitiéndose ser más flexible y tratar de encontrar el orden en lo que percibe como caótico.

☽ La necesidad de perfección. Reconocer lo sagrado que se encuentra en la imperfección.

☽ El control. Aligerarse y no tomarse las cosas tan en serio y soltar la necesidad de tener todo bajo control expresando su vulnerabilidad.

☽ Evitar la tendencia al trabajo excesivo y a servir de forma desmedida, encontrando espacios para estar consigo misma para estar en equilibrio.

☾ Cuidar la tendencia a ser hipocondríaca.

☾ Conectar con el verdadero significado de virginidad como aquella que cuida y se provee a sí misma.

El aprendizaje de la Luna en Virgo

"Soy lo sagrado que habita en todo, lo perfecto y lo imperfecto. Soy el orden que habita el caos. Estoy al servicio de la humanidad".

LUNA EN LIBRA

La Luna en Libra está regida por Venus, por lo que tiene toda la energía de esta diosa y comparte regencia con la hermosa Juno, esposa del máximo dios del Olimpo, Zeus. Ambas, Venus y Juno, dotan a esta Luna de belleza y amor por lo bello, el arte, la armonía y la justicia. La experiencia del amor de pareja, las relaciones y los vínculos son importantes para estas almas y representan el medio ambiente donde encuentran la seguridad y la nutrición. Juno, diosa del matrimonio, concede a esta Luna la capacidad de compromiso tan importante en las relaciones. Son encantadoras, conciliadoras y diplomáticas. Manejar el conflicto representa un reto. El vínculo con el otro es una experiencia a través del cual se ve, se inspira y se reconoce. La seguridad de su alma se manifiesta a través del servicio a la pareja y de un compromiso incluso a costa de sí misma. En su aspecto de sombra esta Luna puede perder su identidad al fundirse en la pareja o en los otros y al entregarse en exceso a los demás necesitará encontrar un equilibrio saludable en sus relaciones y en el dar y el recibir.

Aspectos para integrar o transmutar de la Luna en Libra

☾ Entender y experimentar el conflicto como una necesidad de reconocimiento de la verdad propia y del otro y como un medio para llegar a acuerdos que faciliten la evolución de la relación.

☾ Evitar la dependencia de la pareja y de otros y no verlos como la única fuente de felicidad y seguridad.

☾ Expresar su voz, su emocionalidad y sentimientos con asertividad y sin el temor de poner en riesgo la armonía de la relación.

☾ Evitar la necesidad de satisfacer a otros o a las normas sociales preestablecidas a costa de su propio bienestar. Conectar con la belleza interior y de su alma.

☾ Buscar medios alternos para manejar la sensación poco agradable que experimenta en la soledad, aprendiendo a apreciar y utilizar su tiempo a solas.

El aprendizaje de la Luna en Libra

"A través del otro me veo y reconozco la belleza y la armonía de mi ser".

LUNA EN ESCORPIO

Esta Luna es regida por Plutón quien representa al dios del inframundo. Es quizás una de las Lunas menos entendidas y más estigmatizadas de todas por su asociación con la oscuridad, la muerte, el sexo y, en general, con los tabúes sociales y las emociones más profundas y oscuras. Es la Luna de las chamanas. La necesidad de esta Luna se centra en profundizar en los misterios de la vida y la muerte. Es una Luna poderosa como su regente, poseedora de una gran intuición y de la capacidad de sumergirse en las profundidades de sí misma y de temas misteriosos, del inconsciente humano y que constituyen un tabú. Es gran investigadora y posee la inteligencia innata para descubrir secretos y misterios. Es una gran transmutadora y estará en constante cambio, experimentando el ciclo vida-muerte en sí misma. En su lado de sombra puede experimentar miedos irracionales a lo desconocido y a la exploración propia y podría afrontar la vida desde el lado más oscuro con emociones de baja vibración como miedos, celos, envidias, obsesión, deseos de venganza, traición y apegos. Es importante para esta Luna entender que no hay nada malo en ella y que en la oscuridad el ser humano encuentra un gran poder y grandes tesoros.

Aspectos para integrar o transmutar de la Luna en Escorpio

☾ Ser consciente de su poder interior innato, de su capacidad de ver en la oscuridad y dirigir este don para hacer el bien e impulsar la evolución de la humanidad.

☾ Ahondar y cambiar las experiencias amenazadoras de vida para no sentirse en permanente ataque.

☾ Evitar las emociones de baja vibración, los miedos y pensamientos nocivos que se convierten en veneno para el alma y transformarlos en su propia medicina para sanar.

☾ Explorar su inconsciente para dejar ir su piel vieja. Podría explorar los mitos del ave fénix, y los procesos de rejuvenecimiento del águila real. También trabajar con terapias donde se experimenta la propia muerte como mecanismo para eliminar sus miedos y trascender la oscuridad.

El aprendizaje de la Luna en Escorpio

**"Abrazo la medicina de mi poder interior
y el misterio que reside en la oscuridad para abrir
la ventana de la luz a la humanidad".**

LUNA EN SAGITARIO

La Luna en Sagitario está regida por Júpiter quien representa al máximo dios del Olimpo. Esta Luna experimenta su plenitud en ambientes expansivos, optimistas y que le proporcionen un sentido de vida; necesita estar en conexión con la verdad para lo cual debe acceder al conocimiento y explorar diferentes estilos de vida, culturas, líneas de pensamiento y, quizás, religiones. Esta constante búsqueda y exploración la lleva a convertirse en una maestra llena de sabiduría, impartir lo que conoce se torna también en una necesidad inminente. Esta Luna está siempre conectada con el lado más florecido y optimista de la vida y en sus aspectos de sombra puede dejarse abrumar por el negativismo, lo que la haría perder el norte de su existencia o no aceptar que la vida tiene altos y bajos. Existe la tendencia a convertirse en sabelotodo y a no ser muy flexible para aceptar filosofías y estilos de vida diferentes a los suyos.

Aspectos para integrar y transmutar de la Luna en Sagitario

☾ Es importante alimentar su mente ávida de verdad con aprendizaje sin que se vuelva una búsqueda sin fin y sin sentido, además de poder compartir lo aprendido con la humanidad.

☾ Entender la verdad como algo que puede ser subjetivo. Expresar su verdad con diplomacia para no devaluar la verdad de otros.

☾ Encontrar el sentido personal y el propósito de vida como un proceso constante y en evolución.

☾ Empatizar con las elecciones de vida de otras personas y apreciar su camino.

☾ Viajar para tener experiencias de aprendizaje y transformación.

☾ Utilizar técnicas para manejar el negativismo: meditación, música relajante, encender velas e incienso.

El aprendizaje de la Luna en Sagitario

"Soy la arquera que lanza su flecha apuntando a mi verdad personal. Con buen tino permito que la verdad universal sea derramada sobre mí y la humanidad".

LUNA EN CAPRICORNIO

Esta Luna regida por Saturno, que representa al dios del tiempo y padre de la generación de dioses y diosas del Olimpo, está matizada con connotaciones y características masculinas, por lo cual la conexión con los aspectos femeninos y emocionales podría constituir un reto. La Luna en Capricornio se siente cómoda en ambientes donde pueda mantener el control y que estén cimentados sobre estructuras firmes en las cuales encuentra la seguridad que necesita. Se apoya en las tradiciones sociales y culturales donde se siente contenida y a gusto. Tiene una profunda necesidad de ser reconocida y de escalar social y profesionalmente. Posee talento para el liderazgo. Su necesidad de seguridad puede llevarla a los extremos de establecer estructuras y límites demasiado rígidos que pueden convertirse en su propia camisa de fuerza y que no le permitirían transitar los procesos de cambios y los ciclos de la vida con fluidez. Su mente estructurada podría limitar la empatía emocional haciéndola parecer fría. Podría sentir dificultad para encontrar su lugar o lo que tiene para ofrecer al mundo.

Aspectos para integrar y transmutar de la Luna en Capricornio

☾ La energía femenina. Establecer conexión con su energía femenina, con sus ciclos y la emocionalidad en el hacer y el sentir.

☾ Flexibilidad. Construir estructuras flexibles que le permitan abrazar los cambios y ajustarse a nuevas realidades.

☾ Aprender a disfrutar su vida y el quehacer.

☾ Sobrepasar los propios límites y el tradicionalismo.

☾ Sostener a los otros desde el amor.

☾ Innovar en ideas y oportunidades de cambio para la sociedad.

El aprendizaje de la Luna en Capricornio

"Soy la vasija contenedora de la energía universal para construir desde el amor una realidad flexible, sostenible y perdurable para la humanidad".

LUNA EN ACUARIO

La Luna en Acuario está regida por el planeta Urano que representa al dios del cielo, del futuro, la innovación y el caos. Esta Luna tiene la necesidad de experimentarse en ambientes libres, creativos, que estén fuera de esquemas tradicionalistas y de sentirse diferente, original y auténtica. Requiere a su vez de una comunidad que la acoja y pertenecer a un grupo o congregación que esté alineado a sus propios valores y su visión del mundo para sentirse segura y nutrida. La colectividad es un tema importante en su vida y los grupos a los que se une o la acogen se convierten en su verdadera familia y a su vez esta Luna se convierte en el alma del grupo. La Luna en Acuario en su aspecto de sombra puede tener dificultad para vivir la intimidad y el compromiso; puede manifestarse como muy directa, rebelde sin causa, excéntrica y percibirse como caótica, resistiéndose a la autoridad y a las tradiciones, siendo en realidad la visionaria que está creando las tradiciones de las futuras generaciones.

Aspectos para integrar y transmutar de la Luna en Acuario

☽ Dificultad para comprometerse. Pertenecer o crear comunidades y abrazar causas altruistas donde puedan desarrollar la experiencia del compromiso.

☾ Rebeldía sin causa. Crear espacios de inclusión donde los otros puedan expresar su individualidad e invitar a otras perspectivas a participar.

☾ Arriesgarse a establecer relaciones íntimas donde pueda manifestar su individualidad y expresar su vulnerabilidad.

☾ Conectar con la visión del futuro y cómo decantarla en la práctica.

☾ Motivar el despertar de la espiritualidad en sí mismas sin ir hacia el extremo.

☾ Tomar distancia del grupo y pasar tiempo a solas para recargarse de energía.

El aprendizaje de la Luna en Acuario

"Soy un cántaro de luz que despierta la humanidad".

LUNA EN PISCIS

La Luna en Piscis está regida por Neptuno que representa al místico y romántico dios de los océanos. Esta Luna tiene una profunda necesidad de fundirse con los otros, igual que el río se funde con el mar. Hay una imperiosa necesidad de unicidad, de sentirse uno con el otro y de entregarse incondicionalmente. Esta necesidad de seguridad puede ser fuente de dolor, victimismo, frustración y desilusión para esta Luna al confundirla con un sacrificio que no es aceptado por los otros. Es muy común que esta Luna tenga dificultades para establecer límites sanos y cree relaciones codependientes donde necesite ayudar o salvar al otro o entre en relaciones kármicas o platónicas donde puede sentirse utilizada y herida.

Aspectos para integrar y transmutar de la Luna en Piscis

☾ Victimismo. Asumir la responsabilidad de su vida y de sus sueños.

☾ Tendencia al sacrificio desmedido. Vivir el sacrificio como una tarea sagrada, descubriendo el beneficio colectivo.

☾ Codependencia. Identificar los síntomas de la codependencia en las relaciones y sanarlas.

- ☾ Hacer uso de sus habilidades musicales, de la poesía y la escritura para trasmutar sus aspectos de sombra.

- ☾ Evitar el ausentismo, asumiendo el dolor como una parte de la vida que no es necesariamente sufrimiento.

- ☾ Establecer límites y definir su espacio sagrado.

- ☾ Expresar su vulnerabilidad.

El aprendizaje de la Luna en Piscis

"Soy la ola en el mar infinito del universo, expresando mi inspiración divina, mi individualidad y servicio con amor incondicional".

REFLEXIONES

¿Cuáles aspectos de la Luna llamaron mi atención? ¿Por qué?

....

....

....

....

Si no me encuentro identificada con mi Luna, debo pensar si hay una experiencia que viví, si existe una creencia o un miedo que me está impidiendo ver esa cualidad que tengo, pero que no he desarrollado.

....
....
....
....

¿Qué camino tomaría para derrumbar esa creencia o sobrepasar ese miedo y desarrollar ese potencial?

....
....
....

¿Creo que esa habilidad o talento podría aportarme algo positivo en este momento de mi vida?

....
....
....

¿Qué me resuena de la frase del aprendizaje?

....
....
....

VIAJE CHAMÁNICO AL MUNDO MEDIO CON TU LUNA

Ahora te invito a conectar con tu Luna a través de la siguiente meditación o viaje chamánico. Permítete ser guiada por tu sabiduría interna, por tu intuición y por el linaje de mujeres que han seguido el camino de tu misma Luna y que custodian la esencia de este conocimiento. Con este viaje recorrerás el mundo medio o intermedio, como se le conoce al aquí y al ahora en el mundo chamánico, pero en un estado elevado de tu conciencia. Realízalo cuando haya Luna nueva.

Este es el momento propicio para establecer tu altar o lugar sagrado de conexión con tu proceso e intención de retomar tu poder. Los altares son zonas energéticas que permiten la apertura de portales multidimensionales, atrayendo y condensando la energía de protección e información que necesitas recibir. Coloca un paño redondo del color de tu preferencia como base para tu altar, así demarcarás este lugar sagrado. Ubica en tu altar representaciones de los cuatro elementos (agua, tierra, fuego y aire) que están presentes en la naturaleza. Notarás que tanto las tradiciones chamánicas como la astrología hacen un uso claro del poder de estos elementos, pues son parte fundamental del hombre y de la vida. Los elementos deben seguir este orden:

Este: el elemento fuego, la primavera y la Luna creciente.

Sur: el elemento tierra, verano y la Luna llena.

Oeste: el elemento agua, otoño y la Luna menguante.

Norte: el elemento viento, invierno y la Luna nueva.

Centro: pon una vela y una varilla de sahumerio o un sahumador.

Algunas ideas de elementos que puedes usar para representar los elementos: fuentes de agua, cristales, piedras, caracoles, conchas marinas, flores, plumas, etc. No necesitas establecer el altar inmediatamente. Hazlo despacio y con conciencia. Permite que los elementos que conformarán tu altar vayan llegando a ti. Sorpréndete de cómo el universo confabula para que tengas todo lo necesario.

Incorpora al altar una foto tuya que represente la mujer de poder en la que te quieres convertir. Verte cada día como la mujer que quieres llegar a ser acelerará tu proceso. Coloca en ese altar tu mandala de nacimiento impreso. Observa con detenimiento dónde se encuentra tu Luna natal y medita con ella. Incorpora a tu altar un instrumento como un tambor, o una maraca, ya que los sonidos ayudan a lograr una mayor conexión. Toca los instrumentos antes de conectar con tu mandala o iniciar el viaje.

Cuando estés lista, enciende tu vela y tu sahumerio. Ahora escanea el código QR que aparece a continuación. Yo te guiaré en este camino.

PREGUNTAS SOBRE LA MEDITACIÓN

¿Cuál es el camino que vino a recorrer mi alma en esta vida?

....

....

....

....

¿Cómo me apoyan mis ancestras con su sabiduría?

....

....

....

....

¿Cuál es el aprendizaje más grande que viene a recordar mi Luna en esta existencia?

....

....

....

....

¿Cuáles son las necesidades emocionales y físicas que mi alma necesita asegurar?

....

....

....

....

¿Qué debo transmutar para retomar mi esencia femenina y mi poder?

....

....

....

....

REFLEXIONES

¿Cómo es mi conexión con la Luna y con los ciclos lunares? ¿Me siento conectada con el universo y su devenir o, por el contrario, siento que soy una persona aislada de las energías que son parte de algo más grande?

....

....

....

....

¿Qué aprendo sobre la necesidad de mi alma, representada por mi signo lunar? ¿Me identifico con ella? ¿O, desde la sombra, no la reconozco o la niego?

....

....

....

....

¿Puedo reconocer la diferencia entre lo que conocía sobre mi signo solar y lo que es mi signo o arquetipo lunar y lo que la Luna representa o ha representado en mi vida?

....

....

....

....

¿Cómo fue mi primera experiencia en el viaje chamánico? ¿Qué me dice eso sobre mi capacidad de conectar con la energía sutil, la intuición y mi sentir?

....

....

....

....

LILITH, EL PODER DE LO FEMENINO EN LA OSCURIDAD

Este no sería un libro de empoderamiento femenino si no nos adentráramos en la exploración de Lilith, una energía que quizás desconocemos o no deseamos ver, que se encuentra oculta en las profundidades del alma y que encierra un gran poder cuando nos permitimos adentrarnos en ella, reconocerla y rescatarla. Lilith es conocida en astrología también con el nombre de Luna negra y su glifo es una luna oscura que mira en dirección opuesta al glifo de la Luna sobre una cruz, símbolo que representa la Tierra, la humanidad. Este glifo nos habla de las características oscuras y mundanas de esta energía. Lilith es un punto en la órbita lunar, esta energía ejerce un gran poder sobre nuestras aguas y, por ende, en la Tierra y nuestras vidas. Esta influencia inmaterial y poderosa opera, igual que la Luna, desde un lugar en el inconsciente y las emociones, pero podríamos considerarla una influencia aún más profunda, dado que es un lugar oscuro que no podemos ver, del que no tenemos conciencia o al cual se nos dificulta acceder por ser fuente de vergüenza, temor o por el dolor profundo que ocasiona. Es un lugar que simplemente no podemos o no nos atrevemos a ver y/o negamos de manera absoluta.

En astronomía, Lilith es catalogada como un punto carente de materia en la órbita lunar, es decir, no es un cuerpo que podamos ver o dibujar. Como la órbita lunar no es una elipse perfecta, la luna gira alrededor de dos puntos focales: uno más cercano a la Tierra y otro más alejado de ella, no ocupado, sin materia o de antimateria, este punto es el que ha sido nombrado Lilith o Luna negra. Esta es una forma simplificada de describirla y de entender lo que es Lilith para el propósito de este viaje. El hecho de que la órbita de la Luna no sea una elipse perfecta da pie para que más adelante hablemos de la presencia de dos Lilith en nuestra carta natal. Lilith también se ha definido como el apogeo de la órbita lunar, es decir, el lugar más alejado de la órbita lunar visto desde la Tierra. Esto es un paralelo a lo que representa Lilith en la carta natal: un lugar difícil de ver desde la mirada cotidiana y racional. Y es también un paralelo con el hecho de que Lilith, como veremos más adelante en su mitología, fue expulsada al lugar más remoto del universo.

En la última mitad del siglo XX, Lilith ha despertado un gran interés y ha sido estudiada desde la religión, la mitología, el arte, la música, la literatura, la astrología y, por supuesto, por parte de los grupos y mujeres feministas que luchan por la igualdad de derechos para la mujer y que en ella han encontrado un ejemplo para continuar con su lucha y expresar su voz.

Con la entrada a la Era de Acuario ha habido un resurgir de la energía femenina y hemos visto surgir a mujeres que encarnan a Lilith y sus energías en el escenario público, que se han atrevido a nombrar lo que no se nombraba y a purgar su lado emocional más oscuro libremente, así como a enfrentar aquello que les causa dolor o las avergüenza.

En la mitología, Lilith representa a la primera mujer feminista que rechazó el mundo gobernando por el hombre y las reglas impuestas por el patriarcado porque iban en contra de su deseo de libertad, independencia y disfrute. Su acto valiente, rebelde y heroico causó graves consecuencias: fue enviada al exilio en un lugar lejano, de oscuridad y repudio, estigmatizada como símbolo del mal y puesta en un lugar de sombra y olvido. Lilith representa a la mujer que es rechazada, perseguida, exiliada y, en casos extremos, exterminada por buscar su independencia, por ser diferente, o por tener una visión nueva o distinta del mundo, la sexualidad, la maternidad y la sociedad. El rechazo y la expulsión generó al inicio una inconmensurable vergüenza y esta es la emoción predominante que debemos observar para conectar e identificar a Lilith.

Este es el caso de las mujeres que están en procesos de separación, que han sido violentadas, burladas, han experimentado matoneo, y a pesar de haber sufrido un daño y ser víctimas sienten vergüenza frente al mundo por lo que han vivido y prefieren ocultarlo. En las historias que nos cuentan, después de sufrir el exilio, Lilith entra en una fase de aceptación y trabajo interior, procesa su dolor, enfrenta sus miedos y transmuta sus heridas para salir de la oscuridad como una mujer que se valora y recobra su poder.

En el mapa natal, Lilith es un lugar en el inconsciente del linaje femenino, una energía irracional y primitiva, casi animal. Es una energía que se materializa en situaciones que nos avergüenzan, actitudes explosivas y salvajes que se salen del actuar normal y miedos irracionales que van más allá de la lógica. El lugar donde está Lilith Verdadera en el mapa natal, por Casa y por arquetipo, representa un punto de mucha sensibilidad y vulnerabilidad, encierra dolor, represión y heridas por falta de reconocimiento y exclusión de un sistema o del hogar donde nos sentíamos seguras. Independientemente de si es la carta astral de una mujer o un hombre, Lilith representa un aspecto del linaje femenino que fue exiliado del consciente humano por no seguir las reglas impuestas por la sociedad.

Lilith genera una energía disruptiva de la energía natural del signo o Casa donde se encuentra localizada. En astrología se considera que Lilith es una energía particularmente poderosa y que no debe tomarse como una simple conjetura. La energía de Lilith buscará manifestarse en la vida, como lo hace el vapor atrapado en una olla a presión: mientras más tiempo ha estado reprimida, más explosiva será la reacción, generando actuaciones que nunca pensamos que podríamos realizar y por las cuales seremos rechazadas, estigmatizadas, criticadas, excluidas, no reconocidas ni valoradas, lo cual generará dolor, ira y vergüenza. Lilith también se presenta como experiencias de autosabotaje: deseamos algo profundamente, pero no actuamos en consecuencia y los resultados son contrarios a los deseados.

LILITH EN LA MITOLOGÍA Y EN LA BIBLIA

La mitología de Lilith es arcaica, controvertida, compleja. Ha sido llamada con diferentes nombres en las distintas tradiciones y épocas. Ella nos conecta con los tiempos de la creación divina y entraña la más dolorosa y a su vez la más poderosa historia de visión y empoderamiento de la mujer.

Su origen se asocia con raíces sumerias y acadias. Lilith es mencionada en el poema sumerio Gilgamesh, tabla XII, que data del 2700 a.C., como una mujer desolada. Lilith hace parte también de la tradición hebrea y su nombre se traduce como "noche". En la religión sumeria, Lilith es representada como demonio o como una diosa negra y en las referencias históricas se observa su posición en dos polaridades: una de total oscuridad y otra de extrema luz. La leyenda donde Lilith es la primera mujer de Adán, antes de Eva, es tomada de una interpretación de la Biblia judía donde hay dos historias de la creación del hombre. En Génesis 1:27 y en Génesis 2:7 y 2:22.

Lilith también aparece en el folklor judío de los años 700 y 1.000 d.C. donde se le nombra primera esposa de Adán, quien abandona a su esposo y se va del paraíso. Esta parte de la historia no es reconocida en el Génesis de la Biblia cristiana al otorgársele ese papel exclusivamente a Eva. Lilith solo es mencionada en Isaías 34:14.

La historia más popular viene del Midrash[7]. Su historia ha sido contada de muchas formas, aunque todas las versiones giran alrededor de un tema: la rebelión de Lilith contra el hombre al desear ser su igual, tener sus mismos derechos y no aceptar la superioridad del hombre en el acto sexual por ser creada de la misma materia. Después de su exilio, Lilith es representada como una criatura maléfica, una bruja, un demonio de la noche capaz de seducir a los hombres, matarlos y destruir sus hogares. Todas las narraciones destacan la capacidad creativa de Lilith. De ella se decía que concebía hijos y luego los mataba

---

7 Textos que hacen parte de la Torá oral en la tradición judía, llamada El Alfabeto de Ben Sirah, escrito entre el 180-174 a.C.

como venganza al exilio y al descrédito que le habían impuesto. La humanidad desarrolló un gran miedo a su presencia y las casas, los hogares y los niños eran protegidos con amuletos para mantenerlos alejados de ella y evitar el daño. Lilith ha sido representada también como símbolo de la lujuria y con el arquetipo de la mujer fatal. En el mito sumerio, Lilith es una diosa con fuerza independiente asociada a la oscuridad y temida por los hombres. Representa todo lo contrario al arquetipo de Eva, que simboliza a la nacida del hombre, la esposa fiel, madre abnegada y obediente.

EL PODER FEMENINO, EL REGALO DE LILITH

En astrología nos referirnos a tres diferentes Lilith: Lilith Verdadera, Lilith Media, ambas son partes de la elipse lunar, y Lilith asteroide que es un cuerpo rocoso que gira alrededor del Sol. Son estas dos primeras Lilith las que nos acompañarán en este viaje. Estas dos Lilith representan dos aspectos. Muestran a la diosa mitológica en dos facetas de su vida y su experiencia y a su vez, son un reflejo de como se ha representado a Lilith en la historia: un punto de extrema oscuridad (Lilith Verdadera) y un punto de extremo poder (Lilith Media). Lilith es una palabra hebrea compuesta por cuatro letras y su significado sugiere que ella es quien nos lleva a Dios y a la unificación. Estos dos aspectos diferentes de su energía y como operan en la psique los podemos analizar en la carta natal. La Lilith Verdadera (v) simboliza la primera faceta que vivió Lilith cuando fue expulsada del paraíso. Esta energía es radical y representa a la mujer que se queda consumida en la pena al ser rechazada, expulsada y traicionada, que se sumerge en el dolor, la ira, la frustración y los deseos de vengarse del sistema que la excluyó. Representa los aspectos más discordantes y tóxicos de las emociones que vivió Lilith. La Lilith Media (m), en cambio, representa a la mujer que ha sanado su pena y su pasado, toma su independencia, amor propio y se presenta al mundo como mujer libre, creativa y unificada. Es entonces la mujer que con valentía y coraje procesa su pérdida, su dolor, la traición y su vergüenza, la que, a través de un viaje a su inconsciente, a su oscuridad y sus emociones más discordantes, conecta con su parte más instintiva y animal en busca de la liberación de su dolor y de las emociones irracionales para sanarlas y ascender de ese lugar renacida en total control de sí y empoderada.

En astrología, la posición de estas dos Lilith (Verdadera y Media) puede llegar a tener una diferencia de hasta 30 grados, razón por la cual podrían estar ubicadas en diferentes signos o arquetipos y en diferentes Casas, operando en áreas de la vida (Casa) o con energías (arquetipo) muy diferentes.

La Lilith Media representa el tesoro que nos regala Lilith, donde podemos ir, atendiendo ese lugar oscuro y negado, para tomar el más alto poder femenino. Es un punto que, una vez transitado, explorado y reconocido en el inconsciente personal y del linaje femenino, nos lleva a conectar con quien en realidad somos y retomar el poder, liberarnos de situaciones de inferioridad, del dolor, de emociones y reacciones irracionales e impulsivas y de sumisiones innecesarias para evolucionar. Lilith Media eleva nuestra energía y nos regala una fuerza interior capaz de superar cualquier obstáculo, de desapegarnos de lo que nos causa daño y nos limita, sin levantar un muro en forma de ego que la mantiene en la lucha y de alcanzar el tan merecido reconocimiento personal y social. Esta diosa nos regala una virtud que dista mucho de supersticiones, hechicerías y de asuntos de índole sexual y maligno.

Este es un punto en tu carta que te invito a mapear con las herramientas astrológicas y a conocer, observar, abrazar e integrar para reconectar con el mundo de posibilidades infinitas de tu poder como mujer completa, sabia y adulta que eres. Ahora conecta con Lilith Verdadera (v) y Lilith Media (m) en tu mapa natal por el arquetipo y la Casa donde se ubica para descubrir dónde radica ese poder.

LILITH EN LOS ARQUETIPOS

Lilith en los arquetipos	Así puedes experimentar tu sombra LILITH VERDADERA	Así tomas tu poder femenino LILITH MEDIA
♈ Aries	Muy determinada e independiente, demasiada energía masculina. La ira puede ser reprimida o mostrada de forma explosiva. Puede censurar su propia personalidad, forma de ser o alguna parte de su cuerpo.	Sentir en el cuerpo aquello que frustra o llena de ira. Observar qué es lo que no le gusta de sí misma o de su cuerpo. Trabajar el temor a depender o comprometerse con otros y la interdependencia en las relaciones.
♉ Tauro	Obsesión por las posesiones materiales o renuncia total a ellas. Abundancia y avaricia o total carencia de recursos.	Trabajar la carencia y la abundancia a nivel energético, practicar el agradecimiento, observar qué parte de sí misma

Lilith en los arquetipos	Así puedes experimentar tu sombra LILITH VERDADERA	Así tomas tu poder femenino LILITH MEDIA
♉ Tauro	Alta autoestima llegando al egoísmo o muy baja apreciación de sí misma y sus talentos. Obsesión o negación de la belleza y los placeres mundanos.	no acepta sus talentos y/o su belleza y hace que se subestime. Observar lo bello en todo.
♊ Géminis	Experiencias de rechazo de su entorno cercano en la niñez, en la escuela, haber vivido el *bullying* y/o vivir el rechazo de alguno de sus hermanos o quizás rechazo a sus hermanos. Afecta la manera de comunicarse y quizás no tiene acceso al conocimiento que desea. Puede vivir los negocios desde un lugar oscuro.	Trascender las experiencias de rechazo vividas en la niñez a través del humor y el chiste. Trabajar en la liberación del pensamiento, incorporación de nuevas creencias y la comunicación. La escritura u otras formas de expresión lingüística ayudan a transmutar las experiencias dolorosas y tomar el poder.
♋ Cáncer	Una niñez difícil, sin posibilidad de expresarse en el hogar o un padre o madre ausente. Se puede vivir el rechazo de la familia y ser exiliada. Puede existir bloqueo para expresar las emociones y tener enfermedades femeninas o de origen emocional. Dificultad para conectar con la madre o temor a desarrollar su propia maternidad. Exilios y destierros de la familia.	Revisar las censuras vividas a nivel familiar y perdonarlas, acceder a terapia de constelaciones familiares dado que estos hechos pueden venir del árbol familiar. Tomar a la madre y los ancestros y los dones que otorgan. Observar las emociones y trabajar en expresarlas. Experimentar y transmutar el miedo a las propias emociones quizás con el acompañamiento de un terapeuta.

Lilith en los arquetipos	Así puedes experimentar tu sombra LILITH VERDADERA	Así tomas tu poder femenino LILITH MEDIA
♌ Leo	Para esta posición podría ser más fácil traer a la conciencia la sombra. Puede haber temor a expresar el brillo, la creatividad y liderazgo o, por el contrario, experimentar tendencias narcisistas. Experiencias difíciles en la niñez. Tendencia a pérdida de hijos o rechazo a tenerlos. Bloqueo para expresar las habilidades artísticas.	Utilizar la expresión artística o cualquier tipo de arte para revivir sus experiencias de rechazo o miedo vividos en la niñez. Transmutar las experiencias dolorosas con terapia de niña interior. Conectar con el juego y lo que apasiona y mueve el corazón y aquello que se disfruta para aliviar el miedo o dolor al rechazo.
♍ Virgo	Una posición tensa para Lilith porque no le gusta el control y tiene miedo al caos. Puede vivirse como muy quisquillosa con el orden o muy desordenada, falta de armonía. Puede haber tendencia a enfermarse o ser hipocondríaca. Puede no sentirse valorada en el trabajo o rechazada por parte de los jefes o subordinados. También puede haber vivido experiencias traumáticas o dolorosas con animales domésticos.	Observar la necesidad de controlar, de orden y limpieza, permitirse flexibilidad en sus rutinas. Conectar con su cuerpo para experimentar el efecto que tiene en las emociones contenidas y el control. Utilizar rituales, conexión con el fuego interior y terapias corporales para procesar el control y la necesidad de perfección. Conectar con la tierra y la naturaleza, sus ciclos de orden y caos. Las mascotas o animales domésticos pueden ayudarle a superar dolores y traumas o ser una forma de servir al mundo.

Lilith en los arquetipos	Así puedes experimentar tu sombra LILITH VERDADERA	Así tomas tu poder femenino LILITH MEDIA
♎ Libra	Lilith, que es independiente, no se siente cómoda en esta posición donde el foco está puesto en el otro. Las relaciones hacen que la emoción instintiva se mueva creando un rechazo a la relación con otros y se dé la necesidad de escapar y sabotear la interacción o se cree una relación tóxica. Una pareja puede también exhibir las cualidades de Lilith actuando como espejo y causar experiencias traumáticas en la relación, similar a lo experimentado en la relación Adán-Lilith.	Hacer conciencia de situaciones donde se haya experimentado el rechazo, la evasión, el conflicto, los juicios a través de la pareja o relaciones muy cercanas. Reflexionar en la parte del ser que le teme a la relación. Si la pareja actúa como espejo, lo que está enseñando o mostrando. Buscar el equilibrio en las relaciones desarrollando una codependencia sana y aceptando el compromiso la negociación y el encuentro con la verdad propia en la relación.
♏ Escorpio	La energía de Lilith es afín con Escorpio. Esta Lilith experimenta la sombra a través de los celos, los deseos de venganza y un miedo irracional. Experimenta temor a conectar con la intuición y poder femenino, negándolo y rechazándolo. La energía sexual puede ser o muy intensa o negada y usarse como herramienta de poder y control desde un lugar de oscuridad.	La meditación, el psicoanálisis o las ciencias místicas pueden ser usadas para explorar el miedo y conectar con el poder de su intuición. Permitirse explorar temas que sean considerados tabú como los misterios de la sexualidad, la muerte, etc. Darse la opción de transmutar emociones y pensamientos que pueden ser estigmatizados socialmente, pero que hacen parte de la psique femenina como

Lilith en los arquetipos	Así puedes experimentar tu sombra LILITH VERDADERA	Así tomas tu poder femenino LILITH MEDIA
♏︎ Escorpio	La parte mística u oscura viene con más fuerza del árbol genealógico. El miedo será la emoción prevalente en esta posición.	el control, los celos, la envidia, permitiéndose fluir e integrarlos para conquistar la propia sombra donde yace el poder.
♐︎ Sagitario	Obsesión por las religiones o filosofías de vida y una necesidad irracional de libertad. Pueden existir historias de exilios, migraciones, cambios de país de origen, autoexilios. El extranjero motiva transformaciones, experiencias traumáticas o muy destacadas. Interés por el estudio que las lleva a ser autodidactas o limitación de acceso a la educación superior. Puede haber una desvalorización de la parte intelectual. Búsqueda incansable del maestro espiritual y la iluminación. Puede generar depresiones ante la imposibilidad de contactar con la alegría de la vida.	Buscar la conexión con una fuerza superior o su maestro interno y diluir los límites y la experiencia de ser un todo. Profundizar en áreas de estudio de forma no tradicional o generando nuevas áreas de conocimiento. Viajar como medio iniciático y de toma de poder personal. Conectar con la aventura y la naturaleza para mantenerse conectada con la alegría de vivir. Vivir la experiencia de ser ciudadana del mundo para diluir los límites territoriales y culturales. Evaluar donde las ansias de libertad pueden estar restringiendo un deseo a comprometerse con un camino de vida.
♑︎ Capricornio	Lilith podría sentir en esta posición una camisa de fuerza debido a las estructuras y valores patriarcales. Puede existir inhibición de la parte instintiva y represión de las emociones.	Es una posición muy visible. Existen muchos presidentes, autoridades y personas de alto estatus social con Lilith en esta posición. Es importante entender que se es distinto y que su

Lilith en los arquetipos	Así puedes experimentar tu sombra LILITH VERDADERA	Así tomas tu poder femenino LILITH MEDIA
♑ Capricornio	Puede haber miedo a expresar las emociones o a ser visible o exitosa. Puede experimentar dificultades para escalar posiciones o entender su propósito de vida. Por otro lado, podrá tener obsesión por el poder o por llegar a la cima laboral o social. Cuando alcanzan lo que desean pueden hacer renuncias a aquello que lograron por temores a continuar su éxito. Cambio de profesiones.	manera de liderar podría no ser tradicional y permitirse exhibir cualidades diferentes en su entorno profesional, laboral o social. Permitirse traer ideas innovadoras a las organizaciones donde participan y trabajar en crear su propio destino que no se identifica con los moldes sociales donde ha interactuado.
♒ Acuario	Lilith se debatirá entre las polaridades de la libertad y la opresión y la originalidad y el tradicionalismo. Le cuesta encajar en la sociedad, se siente excluida por el colectivo, exhibe una pasión por incluir personas o armar grupos al margen de los preceptos sociales o se involucra con grupos rebeldes, de extrema izquierda o al margen de la ley. Su visión del futuro puede ser rechazada por excéntrica o demasiado futurista.	Lilith poderosa será muy creativa, futurista e innovadora y participará activamente de colectivos que buscan crear un mundo mejor. Buscar descubrir qué es aquello a lo que se rebela y cuál es el impacto que quiere dejar en el mundo puede ayudar a conectar desde un espacio de aporte a la humanidad. Abrazar su originalidad y excentricidad sin autoexcluirse de la sociedad. Conectar o unir personas, instituciones y grupos que comparten su misma visión.

Lilith en los arquetipos	Así puedes experimentar tu sombra **LILITH VERDADERA**	Así tomas tu poder femenino **LILITH MEDIA**
♓ Piscis	Lilith aquí puede expresarse como exclusión por experiencias místicas, mágicas o religiosas o podría expresar miedo a la espiritualidad y a conectar con su intuición. Podría ser excesiva mostrando su vulnerabilidad o, por el contrario, bloquearla. Puede sentirse caótica o confusa y buscar medios de escapar a través del uso del alcohol o fármacos. Pueden vivir la enfermedad física o psíquica como medio de escape o de buscar la protección de otros. Puede moverse entre el rol de víctima y el de verdugo.	Lilith se expresa como un ser lleno de magia, misticismo y amor incondicional. Para ello debe atreverse a conectar con la intuición, la inspiración, la música y la poesía. Puede usarlas también como medio para comunicar su conexión con planos sutiles y su lado mágico. Es importante conectar con la sombra y el lado oscuro, entendiendo que la sombra y la luz coexisten. Podría pedir guía manifestada a través de meditaciones o sueños. Conectar con guías espirituales y plantas sagradas cuidando no caer en la dependencia que pueden generar.

Tabla 2. Lilith en los arquetipos y Casas.

VIAJE CHAMÁNICO AL MUNDO BAJO CON LILITH

En este momento vas a sumergirte en un sitio profundo y sagrado donde prevalece la oscuridad y donde reside un gran tesoro: tu poder como mujer y el de tu linaje femenino. En lo posible realiza esta meditación durante la Luna balsámica que ocurre los 3.5 días anteriores a la Luna nueva, pues esta fase tiene la energía propicia para amplificar el resultado de este viaje. Recuerda que la mujer chamana es una viajera de la oscuridad, el mundo bajo o inframundo, ve con los ojos de su corazón, así que la Luna balsámica será el tiempo perfecto para su trabajo. Selecciona un espacio privado, con disponibilidad de tiempo y sin interrupciones. Ritualiza este momento conectando con tu altar y encendiendo una vela. Usa salvia blanca para limpiar ese espacio y para sahumarte o usa un sahumerio de tu preferencia, puede ser una marca comercial o uno hecho por ti. También puedes usar hojas de laurel para quemarlas si sientes que hay emociones fuertes y se te hace difícil manejarlas. Observa cómo estas emociones se diluyen y se van con el humo en la medida que quemas las hojas. Puedes tener a la mano aceites esenciales de flores, en especial de rosa, nerolí o jazmín para oler o aplicarte en el pecho para aliviar el dolor o la pena que se presente. Estás a punto de entrar en un lugar profundo, oscuro y poderoso dentro de ti. Realiza el saludo a las 7 direcciones para abrir el espacio cuántico que aprendiste al inicio del viaje chamánico con tu Luna y define tu intención personal para este viaje.

PREGUNTAS SOBRE LA MEDITACIÓN

¿Cuál es mi animal de poder y qué representa?

....

....

....

....

¿Qué me causa dolor y vergüenza y cómo está unido a mi Lilith Verdadera de nacimiento?

....

....

....

....

¿Dónde reside mi mayor poder de acuerdo con mis ancestras y cómo se une con el poder que me regala Lilith Media en mi carta natal?

....

....

....

¿Qué otros mensajes recibí en la meditación que me permiten recuperar mi poder personal?

....

....

....

Si es posible, sahúmate de nuevo y toma un baño con sales.

REFLEXIONES

Lee cada pregunta, respira haciendo inhalaciones y exhalaciones profundas y luego responde sin pensar. Permite que tu mano y tu lápiz te guíen.

¿En qué situaciones de la vida, con qué personas y qué temas me generan vergüenza profunda?

....

....

....

¿He vivido experiencias en las que me he sentido traicionada, juzgada, desvalorada y rechazada y donde he reaccionado de manera irracional, donde me desconozco a mí misma? ¿Qué hechos han ocasionado esa experiencia? (Escribe por lo menos cinco causas e intenta acceder a una causa más profunda).

....

....

....

....

Vuelve a leer las causas que han ocasionado las situaciones de la segunda pregunta. ¿Qué emociones me generan?

(Intenta describirlas, quizás más que palabras necesites hacer un dibujo o utilizar otro tipo de expresión. Permite que la emoción fluya. Mientras escribes puedes quemar salvia o laurel y proporcionarte un pequeño y amoroso masaje en el pecho y en la zona donde se encuentra la glándula timo).

¿Cómo me conecto con las respuestas a las preguntas anteriores?

(Ve a tu carta natal e identifica a Lilith Media por Casa y arquetipo. Busca su significado en la tabla de Lilith).

¿Cuál es el regalo que intuyo trae Lilith a mi vida? ¿Cómo puedo usarlo para tomar todo mi poder femenino?

EL MANDALA ZODIACAL

Para continuar este viaje de empoderamiento femenino de 13 Lunas, hemos de encender motores y dirigirnos al cielo, recorrer toda la rueda astrológica visitando cada planeta, cada arquetipo y cada Casa. Con el entendimiento de lo que representa la Luna y Lilith, esos dos aspectos femeninos de luz y sombra o poder tan importantes en el mapa natal y en la psique, podremos recorrer todas las energías potenciales presentes en el mapa y que, en un gran conjunto celestial, apoyan el camino de evolución y la toma del poder interior.

En cada estación podrás descubrir el poder que te entregan los planetas, la luz o atributos y la sombra o potencialidad que te ofrecen los arquetipos zodiacales y así ir tomando o desarrollar todo eso que necesitas para abonar el terreno hacia el empoderamiento y la plenitud. En cada Luna nueva tomaremos la energía de la siembra y los nuevos comienzos para plantar las intenciones; y en la Luna llena verás algo nuevo aparecer, celebrarás tus logros y conectarás con tu brillo y poder de atracción. Al final de cada estación encontrarás una guía sobre los temas a trabajar de acuerdo con la energía de cada lunación.

El Sol recorre los doce arquetipos zodiacales que se encuentran en la elíptica en un período de un año. Esto es, el recorrido del Sol por cada signo es de un mes. El año astrológico inicia con el equinoccio, en el arquetipo de Aries, alrededor del 21 de marzo. En este momento, se presenta el fenómeno por el que, en ambos hemisferios, los días y las noches tienen la misma duración: equinoccio de primavera en el hemisferio norte y equinoccio de otoño en el hemisferio sur. Es el punto cero de Aries. Un nuevo año astrológico comienza. El viaje que te propongo comienza aquí. Este es el momento más potente del año para un comienzo y puedes aprovecharlo al máximo. Luego te invito a avanzar mes a mes, cuando el Sol ilumina un nuevo arquetipo o constelación en el cielo. Así podrás experimentar la energía del cielo y, de seguro, tu entendimiento será más claro y visible.

La rueda zodiacal está divida en 12 secciones (de 30 grados cada una), cada sección es conocida como Casa, cada Casa alberga un arquetipo y, a su vez, está regida por un planeta. La Casa representa una escuela, un área de aprendizaje humano y de nuestra vida, mientras que el signo zodiacal es el traje del cual se viste y los colores que usa para habitar esa área, y el planeta representa la energía que le imprime a esa área de vida y que está generalmente asociada a características astronómicas del planeta y del dios mitológico que representa. Puedes pensar en los planetas como personajes (mitológicos o dioses, por ejemplo) que tienen su propia personalidad, cualidades y características.

Usemos algunos ejemplos para entender: la Casa 7 es el área de las relaciones y, específicamente, de la pareja; es la escuela donde experimentamos y aprendemos de las relaciones humanas cercanas. Si Sagitario es el arquetipo que habita la Casa 7, Sagitario le dará sus tributos a la manera en que te relacionas y quizás lo que buscas en la pareja: marcará la forma como buscas la aventura en tus relaciones, los viajes en pareja, hará que le imprimas mucha alegría y optimismo a la relación o puede que te cases con un extranjero. En el caso de los planetas, Marte, por ejemplo, tiene la energía de la acción, de tomar la iniciativa, ir a la conquista, a la guerra con coraje. La Casa donde se encuentre Marte representa el área de tu vida donde te pondrás en acción como una guerrera apasionada y el signo en esa Casa representará las cualidades adicionales que le aporta, con qué estilo lo hará. Otro ejemplo, Marte en Casa 6 con el arquetipo de Géminis: Marte pondrá su accionar a los temas del trabajo y la rutina diaria (la Casa 6 es la del trabajo); será muy proactivo, exhibirá una mente ágil e inteligente (cualidades que le aporta Géminis), pero aquí Marte, que por esencia actúa por instinto y no piensa antes de hablar, quizás pause un poco y reflexione antes de pronunciarse y actuar por la influencia de Géminis, que querrá discernir las cosas antes de ir a la acción.

A medida que avancemos en el viaje, iremos profundizando en cada arquetipo y en cada planeta, podrás observar dónde se encuentran en tu carta natal y el mensaje de empoderamiento que trae para ti. Por ahora, para familiarizarte con la terminología y los glifos, ve a la Tabla 1 (pág. 36) que contiene los temas considerados en cada Casa o área de vida, el signo que lo habita, el símbolo de ese signo y el planeta regente.

En cada estación de este recorrido entraremos primero por el planeta y el poder que te otorga según la posición en tu mapa natal. Encontrarás luego el arquetipo (o signo) que rige el planeta y, finalmente, la Casa adonde pertenece el planeta y arquetipo. Para cada Casa he desarrollado un tema específico, más que su descripción tradicional en astrología, para ser trabajado en el paso por esa estación.

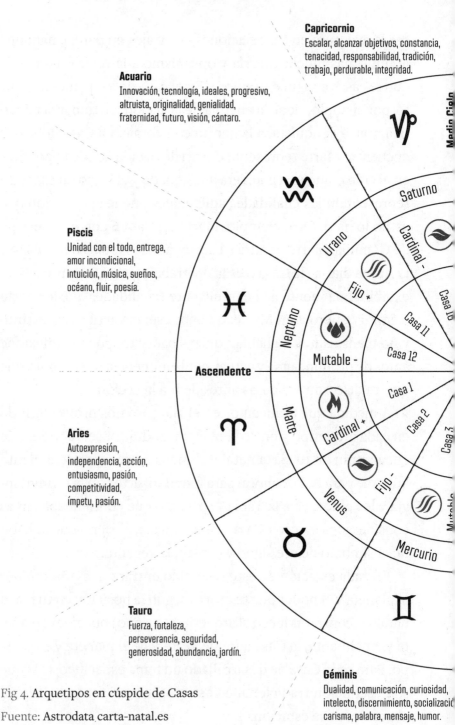

Capricornio
Escalar, alcanzar objetivos, constancia, tenacidad, responsabilidad, tradición, trabajo, perdurable, integridad.

Acuario
Innovación, tecnología, ideales, progresivo, altruista, originalidad, genialidad, fraternidad, futuro, visión, cántaro.

Piscis
Unidad con el todo, entrega, amor incondicional, intuición, música, sueños, océano, fluir, poesía.

Aries
Autoexpresión, independencia, acción, entusiasmo, pasión, competitividad, ímpetu, pasión.

Tauro
Fuerza, fortaleza, perseverancia, seguridad, generosidad, abundancia, jardín.

Géminis
Dualidad, comunicación, curiosidad, intelecto, discernimiento, socializaciớ carisma, palabra, mensaje, humor.

Fig 4. Arquetipos en cúspide de Casas

Fuente: Astrodata carta-natal.es

agitario
ploración, aventura, camino espiritual, libertad
verdad, expansión, visión, alegría, flecha.

Escorpio
Profundidad, transformación, medicina,
intensidad, fusión, pasión, sombra,
conocimiento oculto.

Libra
Armonía, belleza, equilibrio,
justicia, paz, diplomacia,
compromiso cooperación,
balanza.

Júpiter

Plutón

Mutable +

Fijo -

Casa 8

Casa 7

Venus Juno

Cardinal +

Descendente

Casa 6

Casa 5

Mutable -

Mercurio Vesta

Virgo
Servicio, enfoque, análisis,
practicidad, orden, rutina,
eficiencia, perfección, cosecha.

Fijo +

Sol

Luna

Leo
Corazón, brillo, expresión creativa,
amor, alegría, magnetismo, fuego
creativo, espíritu.

Cáncer
Emocionalidad, vulnerabilidad,
intimidad, protección, tradición,
sensibilidad, empatía, agua.

Elementos		Polaridades	
Tierra	Fuego	+ Positivo	
Agua	Aire	− Negativo	

OTROS CONCEPTOS ANTES DE ENCENDER MOTORES

Astrología, por sus raíces griegas, significa "charla de estrellas", es el lenguaje del cielo, los signos o arquetipos zodiacales que representan los doce patrones de energía en el universo, los cuales involucran una combinación de aspectos conocidos como elemento, modalidad y polaridad. Al realizar tu carta natal en el programa de astrología, en los gráficos de la parte inferior podrás observar estos aspectos específicamente. Al estudiar una carta astrológica en profundidad, estos elementos son una parte esencial del análisis, pero para los propósitos de este viaje de empoderamiento, un entendimiento básico será suficiente. En el gráfico 2 encontrarás el elemento, la modalidad y la polaridad de cada arquetipo zodiacal.

LOS CUATRO ELEMENTOS: TIERRA, AGUA, AIRE Y FUEGO

Los cuatro elementos constituyen un pilar en todas las cosmologías ancestrales: griega, china, hindú e indígenas americanas. Ellos conforman la composición de todo cuerpo orgánico y físico y en astrología representan cuatro temperamentos básicos inherentes a la naturaleza humana y de ellos se derivan los doce arquetipos zodiacales.

La tierra es el principio material y corresponde al mundo físico. El elemento Tierra en tu carta te da un énfasis en el momento presente, la realidad, materializar, concretar y ser capaz de proveer tus necesidades básicas. Corresponde a los arquetipos de Tauro, Virgo y Capricornio.

El agua es el principio emocional y corresponde al mundo del sentir. El Agua en tu carta natal te hace emocional, perceptiva, intuitiva y empática. Corresponde a los arquetipos de Cáncer, Escorpio y Piscis.

El aire es el principio mental y corresponde al mundo de las ideas y el pensamiento. El Aire en tu carta te da un énfasis en la comunicación, la creación y expresión de ideas y la socialización y el intelecto. Corresponde a los arquetipos de Géminis, Libra y Acuario.

El fuego es el principio de la identidad o del espíritu. Es el principio activo de la vida que energiza, es la energía del espíritu. El elemento Fuego en tu carta hace que te encamines a la acción y a la realización de tu identidad, te proporciona la alegría de vivir y la capacidad de inspirar y liderar a otros. Corresponde a los arquetipos de Aries, Leo y Sagitario.

Podrás analizar en tu mapa las proporciones de cada elemento y a continuación entender cómo la predominancia o carencia de un elemento tiene un impacto en tu vida y tu quehacer.

ELEMENTO	PREDOMINANCIA	CARENCIA
Tierra	Te expresas mejor en el mundo material y concreto. Tienes capacidad para concretar los proyectos y proveerte tus necesidades básicas con pragmatismo. En exceso te conduce a la inmovilidad y rigidez.	Podrías carecer de una base sólida y de estructura para manejar las actividades y responsabilidades de la vida real y cotidiana.
Agua	Te expresas mejor a través de la emocionalidad y la intuición, tienes capacidad para empatizar, cuidar, comprender. El exceso te lleva a experimentar emociones extremas e intensas y a la dependencia emocional.	Podrías parecer fría, faltarte empatía con los otros y ser incapaz de gestionar las emociones adecuadamente.
Aire	Te expresas intelectualmente, comunicas, compartes, te relacionas y haces conexiones sociales con facilidad. El exceso te lleva a la falta de enraizamiento con la realidad, la sensación de que vives por los aires e indecisión.	Podría faltarte objetividad al sopesar opciones, tener dificultad para aprender y habilidades de comunicación deficientes.
Fuego	Expresas tu identidad, quién eres, actúas de manera inmediata y directa, con asertividad, independencia, tienes visión y capacidad de liderar. El exceso de fuego te lleva al egocentrismo, la impaciencia y la agresividad.	Podría faltarte energía para accionar y perseguir objetivos y sueños, así como pasión y compromiso. Tienes dificultad para expresar tu valía y amor propio.

Tabla 3. Expresión de los elementos.

LAS MODALIDADES CARDINAL, FIJA Y MUTABLE

Para complementar el lenguaje rico y complejo de los arquetipos zodiacales debemos adicionar un componente más: la modalidad o modo. Esto le añade una forma diferente de manifestar su temperamento o personalidad al ponerse en acción. Consideremos, por ejemplo, el elemento tierra, su naturaleza física y terrenal se expresa de manera diferente en cada arquetipo que pertenece a ese elemento: Capricornio, que es modalidad cardinal, está pronto a ponerse en acción, a iniciar algo nuevo que lo lleve al propósito que quiere lograr. Tauro, modalidad fija, es un arquetipo estable, difícil de ponerse en movimiento, su propósito es conservar y preservar. Virgo, de modalidad mutable, es un arquetipo de tierra, flexible y adaptable a los cambios, su propósito es adaptar lo que se ha creado para que funcione y sea útil.

Arquetipos de modalidad cardinal, los iniciadores: Aries, Cáncer, Libra y Capricornio.

Arquetipos de modalidad fija, los estabilizadores: Tauro, Leo, Escorpio, Acuario.

Arquetipos de modalidad mutable, los adaptables: Géminis, Virgo, Sagitario, Piscis.

En la tabla a continuación encuentras cómo podrías experimentar la predominancia o carencia de una modalidad en tu mapa natal.

MODALIDAD	PREDOMINANCIA	CARENCIA
Cardinal	Te pones en acción con facilidad, inicias y haces que las cosas se muevan. El exceso de energía cardinal hace que inicies muchas cosas al tiempo, te comprometas con demasiadas actividades y se desgaste tu energía.	Falta de iniciativa y de compromiso. Dificultad para comenzar cosas nuevas y tomar riesgos. Inseguridad.
Fija	Tu intención es preservar y conservar. Es fácil crear una estructura y finalizar lo que haces. Tienes persistencia y resistencia. El exceso de energía fija genera rigidez que hace que los problemas se vuelvan crónicos.	Podría faltarte resistencia y perseverancia y tener dificultad para edificar, concretar y finalizar cosas.
Mutable	Tu intención es adaptar y distribuir la energía y las cosas en el mundo real del tiempo y espacio. Tienes flexibilidad y capacidad de adaptación y promueves el cambio y la variedad. El exceso de energía mutable te genera inestabilidad, inquietud, nerviosismo y agotamiento.	Podrías experimentar resistencia a los cambios, rigidez, inflexibilidad y tener dificultad para establecer conexiones entre las personas y los procesos.

Tabla 4. Expresión de las modalidades.

LAS POLARIDADES POSITIVA Y NEGATIVA

Las polaridades son otro pilar fundamental de todas las cosmologías donde la existencia de dos fuerzas opuestas o polaridades están presentes: la negativa y la positiva, la luz y la sombra, el *yin* y el *yang* o la energía femenina y masculina. La polaridad positiva *yang* o masculina está embebida en los arquetipos de fuego y aire descritos anteriormente. Estos elementos juntos son compatibles y se apoyan el uno al otro. El aire alimenta el fuego. La polaridad negativa *yin* o femenina hace parte de los elementos tierra y agua, también compatibles entre sí y que se apoyan mutuamente. El agua alimenta la tierra para ser fértil.

La polaridad positiva está más dirigida hacia afuera o es extrovertida, como también se describe el principio masculino, y la polaridad negativa es más dirigida hacia adentro o introspectiva, definiciones asociadas al principio femenino.

LA ENERGÍA CON QUE INICIAS ESTE VIAJE

Puedes ahora hacer un breve análisis de la energía con la que comienzas este viaje al revisar tu carta de navegación y analizar la composición de tus elementos, modalidad y polaridad. Toma tu mapa de viaje y ve la parte llamada Generalidades. Ahí encontrarás los tres tipos de energía que resultan del cálculo que realiza el programa de astrología. ¿Qué proporción de cada elemento y modalidad tienes? ¿Existe uno que predomina o hay carencia de alguno? ¿Cuál es tu polaridad principal masculina o (dirigida hacia afuera) o femenina (dirigida hacia adentro)?

Muy seguramente al finalizar tu análisis tendrás una mejor comprensión de ti misma y te reconocerás en ella, además será un reflejo de cómo enfrentas al mundo. Lo más importante es que es una tendencia natural y que al traerla a la conciencia constituye un poder adicional o una fuente de desarrollo y evolución para ti en el caso de que algún elemento o modalidad esté presente en baja proporción, no esté presente del todo o si tienes un elemento muy exaltado y que se presenta con demasiada fuerza en tu vida.

LA CRUZ CÓSMICA

Representa los cuatro ángulos más importantes en tu carta natal. Está conformada por el ascendente (AC) o la cúspide o inicio de la Casa 1, el Bajo cielo (IC) o la cúspide o inicio de la Casa 4, el descendente (DC) o la cúspide o inicio de la Casa 7 y el Medio cielo (MC) o la cúspide o inicio de la Casa 10. Estos cuatro ángulos forman una cruz dentro del mapa natal, creado por la intercepción de los ejes horizontal y vertical de la carta.

Estos cuatro ángulos son de extrema importancia en tu mapa y dibujan la estructura básica de las experiencias de vida. Ella se conforma al momento de tu llegada al mundo, cuando tomas la primera inhalación. El ascendente o inicio de la Casa 1 está marcado por tu hora de nacimiento y define la posición de todos los demás arquetipos en tu rueda zodiacal. La Cruz Cósmica es una cruz que llevamos y que debemos gestionar y equilibrar para facilitar el camino en la vida y para dirigirnos a nuestro más alto propósito. En la vida irás definiendo tu identidad (ascendente), establecerás tus relaciones con los demás y aportarás y servirás a ellas de una manera específica (descendente), explorarás tus raíces y conocerás así el lugar de donde vienes y la herencia que te dejaron tus ancestros (Bajo cielo). Y con todo esto podrás dirigirte con mayor claridad y efectividad hacia tu lugar en el mundo y eso que viniste a hacer, el legado a través del cual el mundo te reconocerá (Medio cielo). En el camino de la vida estos cuatro ángulos van evolucionando, puede que estés muy avanzado en uno, pero de pronto necesitas regresar a otro para profundizar y refinar ese aspecto, y así sucesivamente ir hilando el tejido de tu vida que te conduce a tu más alto fin y plenitud. Cualquier planeta, asteroide o punto matemático o arábigo que esté ubicado en esta cruz o a +/- 10 grados tendrá una importancia fundamental en la vida y te otorga su poder magnificado, así que toma un tiempo para observar tu carta, marca tu Cruz Cósmica, observa los arquetipos que están en las cúspides de estas Casas y toma nota de los planetas que se encuentran en ella. Será importante, a medida que realices este viaje, que vayas profundizando en los arquetipos y planetas de tu Cruz Cósmica y que les des la relevancia que merecen.

Tu ascendente (AC) representa tu forma única de ser y presentarte al mundo, es la forma como los otros te identifican, tu identidad.

Tu descendente (DC) representa la forma como te relacionas con los otros y cómo viniste a contribuir con los demás.

Tu Bajo cielo (IM) representa tu origen, de dónde provienes y tu herencia, esos regalos que has recibido de tus padres y todo tu árbol y que debes recoger para impulsar tu camino hacia tu más alto fin.

Tu Medio cielo (MC) es el punto más elevado del cielo al momento de nacer, es tu lugar en el mundo, hacia dónde te diriges, tu propósito, el legado o regalo que vienes a entregar a las futuras generaciones.

Para facilitar la comprensión de tu Cruz Cósmica te sugiero el siguiente ejercicio.

Lee los arquetipos que están en tu Cruz Cósmica[8]

Mi ascendente es _____

Mi descendente es _____

Mi Bajo cielo es _____

Mi Medio cielo es _____

Toma una o dos palabras de cada arquetipo (en el gráfico 2 encontrarás algunas) que conecten contigo y elabora las siguientes frases, puede que en un inicio te parezcan extrañas, pero permítete a lo largo de este camino conectar con tu cruz e ir logrando la comprensión que necesitas.

Yo soy _____ (palabra clave del arquetipo que encabeza la Casa 1 o tu ascendente).

Estoy al servicio de los otros a través de _____ (palabra clave del arquetipo de la Casa 7 o tu descendente).

La herencia que recibí y necesito integrar está constituida por _____ (palabra clave del arquetipo que encabeza la Casa 4).

Mi legado al mundo es _____ (palabra clave del arquetipo que encabeza la Casa 10).

---

8   Tu ascendente puede estar ubicado en cualquier arquetipo, esto depende de la hora en la que naciste y él conforma tu Cruz Cósmica. También pueden existir dos arquetipos o signos en una Casa. El arquetipo que gobierna esa Casa es el que se encuentra en la cúspide o al inicio de la Casa, no el que lo precede.

REFLEXIONES

Enciende una vela en tu altar y medita por unos minutos con tu mapa de viaje. Ahora observa los elementos, las modalidades y polaridades.

¿Cuál es el elemento principal en mi carta natal? ¿Existe uno que predomine o alguno que no esté presente? ¿Hay un equilibrio entre ellos? ¿Qué me dice la composición de los elementos Tierra, Agua, Aire y Fuego en mi mapa?

....

....

....

¿Cuál es mi energía predominante al ponerme en acción? ¿Soy más cardinal y estoy siempre iniciando cosas con nuevas ideas? ¿O soy más fija, prefiero la estabilidad y me cuesta ponerme en movimiento? ¿O soy mutable y me adapto fácilmente a las circunstancias y al cambio? ¿Qué impacto tiene esta mezcla de modalidades en mi vida y en la consecución de mis sueños y propósitos?

....

....

....

....

¿Cuál es mi polaridad predominante o existe un balance entre ellas? ¿Soy más extrovertida o introspectiva? ¿Cómo se presenta en mi vida la polaridad que señala mi mapa?

....

....

....

....

....

¿Cómo está conformada mi Cruz Cósmica? ¿Qué claridad trae a mi vida el camino que he realizado hasta ahora y lo que ahora entiendo de mi cruz?

....

....

....

....

¿Cómo me aporta mi Cruz Cósmica para ser una mujer más plena y completa?

....

....

....

....

PRIMERA ESTACIÓN: MARTE

Del 21 de marzo al 20 de abril
Lo que me lleva a la acción

> *"La postura del guerrero es decir sí a la vida, sí a todo".*
>
> JOSEPH CAMPBELL

¿Cómo te empoderas con el planeta Marte? A través de la acción que te permite ir por lo que deseas y tomar el liderazgo de tu vida.

ARQUETIPO Y ESCUELA QUE RIGE MARTE: ARIES Y LA CASA 1

Es emocionante iniciar este viaje rumbo al primer destino: el planeta Marte, el planeta rojo. Nos espera un recorrido de 225 millones de kilómetros para aterrizar en un suelo duro, de aspecto rojizo a causa de la presencia de óxido de hierro. Ahí experimentamos un día y una noche parecida a la Tierra y, como en la Tierra, también hay estaciones. Su color evoca el fuego, la sexualidad, la energía, la sangre, la violencia, la guerra, la pasión, el impulso.

Marte está cada día más cerca de nosotras. Desde 1960 se llevan a cabo exploraciones en este planeta. Se han realizado más de 42 misiones con un éxito del 50%. Es probable que nos encontremos con el Rover Perseverance de la NASA, que aterrizó el 18 de febrero del 2021 después de un viaje de casi seis meses desde su salida de Cabo Cañaveral.

Es curioso iniciar este recorrido en este planeta cargado de energía masculina; no hay duda de que existen aspectos de esta energía que poseemos o necesitamos integrar para tomar todo nuestro poder. Palas Atenea, hija nacida de la cabeza de Zeus, y hermanastra de Marte, es la mayor exponente femenina de esta energía y es considerada una gran estratega que aplicaba la meditación y la sabiduría en la guerra y protegía a los humanos de la destrucción. Recordemos que, en cada ser, ambas energías están presentes y que el uso adecuado de cada una de ellas incrementará el poder en lugar de disminuirlo.

En la mitología romana, Marte es hijo de Júpiter y Juno. En la mitología griega es Ares, hijo de Zeus y Hera. Sus orígenes están relacionados con la primavera al haber nacido de una bella flor. Cuenta la historia que la diosa Juno huyó del Olimpo en una de sus guerras matrimoniales con Júpiter y se refugió en un templo consagrado a la diosa Flora, quien le indicó que fuera y tomará una flor en los campos de Oleno. Al encontrar la flor Juno quedó prendada de su hermosura y la tomó en sus manos. Juno ignoraba que la flor era en realidad Júpiter en sus intentos de reconquistarla y así, en el regazo de Juno, de esa flor, nació Marte fruto de la guerra campal en la cual su matrimonio se había convertido. Marte ocupa un lugar de honor en la historia de Roma como padre de Rómulo y Remo, sus fundadores, y es, junto con Júpiter, el dios más venerado por los romanos. Sus símbolos son un casco, un escudo y una lanza, representación del guerrero. Marte es el dios de la guerra y defensor del estado. Se casó con Belona, la diosa de la guerra, pero su apasionado romance con Venus fue bien conocido en todo el Olimpo al ser revelado por Apolo, el dios Sol que todo lo pone a la luz. De esta unión nacieron dos hijos.

Marte y Venus (para otros Belona) son considerados la pareja cósmica, el matrimonio sagrado. La unión perfecta entre el yin y el yang, entre el deseo y la acción.

El glifo de Marte es un círculo (símbolo del Sol) y una flecha que simbolizan a la persona que lucha y afirma su ego, es la persona que dirige su flecha a objetivos específicos con asertividad. Marte representa la acción, el impulso, la iniciativa, el deseo de conquistar, la necesidad de autoafirmación, de lograr metas individuales, de liderar.

Marte es uno de los cinco planetas personales con un impacto fuerte sobre la personalidad (con el Sol, Venus, Mercurio y la Luna) y es el planeta regente de Aries y es así como imprime esta energía del fuego, la pasión y la conquista a este arquetipo. Marte es nuestra guerrera interior y nos hará ir por aquello que deseamos. Marte nos hará actuar con coraje, vencer obstáculos, luchar las batallas con convicción, poner límites, decir que NO a lo que no queremos, no nos conviene o para defendernos. Entender a Marte en el mapa natal puede ayudarnos a manejar la rabia, la impulsividad y la depresión que generan el hecho de que socialmente o en las relaciones para ser femeninas nos piden bloquear a la guerrera que llevamos dentro. Marte nos ayuda a manejar la tendencia a procrastinar. Marte en la carta natal también nos habla de las características que buscamos en el hombre que soñamos. Marte, de acuerdo con su posicionamiento en la carta por arquetipo y Casa, nos da información de cómo y qué nos lleva a la acción. Para este análisis debes revisar en tu mapa natal dónde está localizado Marte y leer en la tabla tanto el arquetipo como la Casa que te corresponden y combinar ambos.

ASÍ TE EMPODERAS CON MARTE

Marte en los arquetipos y Casas	Símbolo	Lo que me lleva a la acción
Aries o Casa 1	♈	Está en su domicilio y aquí expresa toda la energía de la guerrera que desea ir por la victoria. Es la general. Va a la acción motivada por combatir, ganar, ser la primera, ser independiente. Va a la acción por lo que es importante para ella y va con mucha confianza y convicción, incluso con agresividad. Le gustan todas las actividades que demanden competir. Deberá trabajar la agresividad para evitar la violencia y presionar demasiado a los demás. También es importante mantenerse en la acción y no abandonar lo que inicia.

Marte en los arquetipos y Casas	Símbolo	Lo que me lleva a la acción
Tauro o Casa 2	♉	Es la guerrera que está entrenada para concretar lo que desea en la realidad. La motiva tener la seguridad de que su accionar va a lograr los resultados. En esta posición las cualidades de Marte se diluyen un poco porque el toro es lento y frena la acción, quiere ir a lo seguro, tener un plan. Aunque vaya lento tendrá la tenacidad para ir a la acción y seguro obtendrá lo que se propone.
Géminis o Casa 3	♊	La motiva la intelectualidad, estudiar y aprender. Va a la guerra con ideas y con la palabra. Piensa antes de actuar. No irá a la guerra sola, pues tiene el carisma para poner un batallón a trabajar para ella. Es buena para obtener los contactos que necesita para alcanzar sus metas e influenciarlos. Es importante no dispersarse, divagar y pensar demasiado antes de ir a la acción.
Cáncer o Casa 4	♋	Se mueve sobre todo motivada por sus emociones y por la necesidad de estar en un ambiente seguro. El campo de batalla no es su lugar favorito así que será más una pacificadora. Va a la acción para proteger y cuidar a los suyos y a los más desprotegidos. Es importante dejar fluir las emociones, no dejar acumular la rabia y aprender a decir "no" para evitar que la guerra sea solo en tu interior.

Marte en los arquetipos y Casas	Símbolo	Lo que me lleva a la acción
Leo o Casa 5	♌	Es una reina guerrera. Lo que la lleva a la acción es brillar, pararse en el escenario, liderar e ir por lo que su corazón le dicta. También la lleva a la acción la oportunidad de crear y de que reconozcan lo que hace. Al estar en un signo fijo, Marte le proporciona la energía para avanzar y alcanzar los sueños. Puede ser difícil no ser el centro de atención, lo que la puede llevar al egocentrismo.
Virgo o Casa 6	♍	Tiene la energía de un soldado, es adaptable a las circunstancias y no actúa llevada por la impulsividad o por competir. La lleva a la acción ayudar a los demás, estar al servicio de los otros, trabajar y tener una rutina. Es una excelente posición para trabajos exigentes que requieran detalle, análisis. Regular la energía y la rabia será importante para no somatizarla.
Libra o Casa 7	♎	Es una guerrera que lucha por la paz, la justicia y la igualdad. La lleva a la acción el resolver las diferencias a través de la negociación. Tiene la capacidad de hacer que las dos partes ganen, prefiere vivir en armonía antes que en el conflicto y la competencia, le importan mucho las personas. Será importante entrenar a la guerrera para no poner las prioridades y los sueños de los demás sobre los propios y que se acumule la rabia.

Marte en los arquetipos y Casas	Símbolo	Lo que me lleva a la acción
Escorpio o Casa 8	♏	Está en una posición de mucho poder. En astrología tradicional Marte regía a Escorpio. La lleva a la acción poseer lo que quiere y controlarlo, también defenderse a sí misma y protegerse, por lo que puede llegar a ser vengativa. La emoción de la rabia la moviliza. Tiene gran capacidad para obtener lo que quiere. La motiva tener el poder y podría llegar a usar herramientas manipuladoras u oscuras. Debe manejar sus ansias de poder y de control para no dañar a los demás.
Sagitario o Casa 9	♐	Es la guerrera que va a caballo como los guerreros de las Cruzadas. La motiva la aventura, explorar y conquistar. La lleva a la acción el tomar riesgos, viajar de país en país, defender sus ideales o buscar una verdad espiritual. Demasiada energía de esta guerrera puede llevar a la intolerancia y fanatismo y a la depresión si las cosas no son como se quiere.
Capricornio o Casa 10	♑	Esta es otra excelente posición para Marte. La motiva el éxito, alcanzar las metas profesionales y sociales, tener el control y dirigir; es una guerrera diseñada para alcanzar la cima de la montaña sin ayuda. Tiene la perseverancia y madurez para ir tras lo suyo. Es beneficioso no excederse en el deber y la responsabilidad y no extender esto a quienes están a su alrededor.

Marte en los arquetipos y Casas	Símbolo	Lo que me lleva a la acción
Acuario o Casa 11	♒	Es la guerrera que va a la acción en una lucha por sus ideales, la igualdad y un mundo mejor. La motiva ser diferente, no seguir las reglas establecidas. No tolera la autoridad y que otros le digan qué hacer. Es importante evitar la frustración durante el proceso de ir tras lo que se quiere lograr y evitar actuar desde la rebeldía y el mero deseo de distinguirse de los demás.
Piscis o Casa 12	♓	Es la guerrera espiritual que irá por la paz del mundo y la disolución del ego. La motivan las causas universales y el amor. Podría ser una maga Merlín usando las armas de la magia y la alquimia. Marte en Piscis no va directo a la meta, más bien se mueve con fluidez, evitando obstáculos como lo hace un río. Es importante reconocer la emoción de la rabia que podría no ser tan clara y estar enmascarada por otras emociones como la tristeza etc. Es importante entender lo que necesita la rabia y aprender a decir que "no" para evitar ser la víctima en la guerra.

Tablas 5. El poder de Marte en los Arquetipos y las Casas.

EL ARQUETIPO ARIES

Sol en Aries: 21 marzo al 20 de abril[9].
Planeta regente: Marte.
Elemento: Fuego.
Modalidad: Cardinal.
Medicina: Canalizar el fuego en acción enfocada.
Frase: Yo soy.
Eje Aries–Libra: El eje del encuentro.
Arquetipos femeninos: La guerrera, la pionera, la conquistadora.

Aries, la primera escuela arquetípica, regida por Marte, es quizás la más dinámica y fogosa de todas las escuelas. En Aries nacemos a la vida, es el impulso que nos mueve a salir del vientre de la madre para convertirnos en seres individuales, independientes. Es el niño en sus primeros meses, años de vida, cuando el mundo gira alrededor de él; cuando sus necesidades y sus deseos deben ser satisfechos al instante; si no, llorará incansablemente para atraer la atención y saciar sus deseos. Es el ego, los instintos primarios que aseguran la sobrevivencia. Gobierna los nuevos comienzos y cómo nos aproximamos a ellos. Aries va con ímpetu y pasión tras sus deseos e ideales. La energía del que ha descansado y se ha llenado de vitalidad es ejemplarizada en Aries. Cuando Aries no obtiene lo que quiere en el momento, se llena de rabia; la ira lo domina, explota con todo y contra todo, su furia puede ser desmedida. Su emocionalidad se des-

---

[9] La fecha de entrada del Sol a cada arquetipo varía año a año porque el periodo orbital de la Tierra no son 365 días exactos. Tarda 365 días, 5 horas, 48 minutos y 45 segundos en dar una vuelta al Sol. Este desfase se ajusta en el calendario en los años bisiestos (cada cuatro años) y al quitar un bisiesto (cada 400 años). Así, puede haber uno o dos días de desfase.

borda, la chispa de fuego se convierte en un incendio devastador y todo lo que está a su alrededor puede ser destruido. El gran aprendizaje de Aries es transmutar la ira desmedida descontrolada y sin dirección, canalizándola en acción para ir tras una causa con sentido.

LUZ del arquetipo Aries	OSCURIDAD del arquetipo Aries
El liderazgo, la iniciativa y el fuego requerido para empezar proyectos nuevos. La acción para llegar a su objetivo y si puede llegar de primero, mejor.	No terminar lo que comienza por ir en pro de nuevas conquistas. Asumir riesgos medidos.
Altos niveles de energía, capacidad de mantenerse activo, en movimiento.	Agotamiento que produce la acción desmedida y sin enfoque.
El gusto por la actividad física, que los hace buenos deportistas y estar al cuidado del cuerpo y la apariencia física.	Mantener el interés en actividades que no requieran adrenalina pero que drenan su energía.
La conquista es su gran motivación. Es una excelente exploradora de nuevos territorios. Escuela de grandes pioneros y personas que inspiran.	Evitar la frugalidad en sus relaciones, el egocentrismo. Profundizar en sus relaciones.
La autoafirmación, la independencia y la confianza. En Aries no hay duda.	Hablar sin tomarse el tiempo de pensar lo que se dice, lo que podría herir a las personas a su alrededor.
La ingenuidad y la honestidad. Energía pura y básica.	La ira compulsiva y desmedida que puede producir frustración o su liberación sin control contra lo que se encuentra a su alrededor.

Tabla 6. Luz y oscuridad del arquetipo Aries.

LA CASA 1: LOS NUEVOS COMIENZOS

El recorrido por la rueda astrológica comienza en el ascendente, el grado cero en tu carta natal. Tu fecha, hora y lugar de nacimiento, es decir el primer aliento que tomaste como ser independiente en el mundo ha marcado este punto. Esta primera inhalación ha fijado el mapa del cielo que estaba activado al momento de nacer. Tu ascendente es el arquetipo en el cual estaba el Sol al nacer en el oriente, de la misma manera como tú dejabas la oscuridad del vientre materno para nacer a la luz de este nuevo mundo. Toda la energía de ese momento ha quedado como una impronta en ti y ha influenciado el ser quien eres y tu forma de ver y aproximarte al mundo. Esa impronta está dibujada en el mapa natal que tienes en tus manos y que forma un bello mandala. La constelación o arquetipo que estaba en el horizonte al nacer el Sol marca tu ascendente y por lo tanto la Casa 1 y tu Cruz Cósmica. El arquetipo zodiacal en tu ascendente, así como cualquier planeta, asteroide o punto a +/- 10 grados de él, tienen una gran influencia en tu vida, en la forma única como te presentas al mundo, marca tu personalidad y como las otras personas te ven.

Estamos en un punto de este viaje donde todo confluye a un gran comienzo y esta Casa, como el signo o arquetipo y los planetas que ahí se encuentren, hablan además de rasgos que marcan tu personalidad, de la manera como te aproximas a los comienzos, las características que tomas y cómo actúas cuando te enfrentas a algo nuevo. Puede que tu ascendente esté marcado o no por el arquetipo de Aries, eso depende de la hora en la cual naciste, puedes tener cualquier arquetipo en tu ascendente. Así que si deseas explorar rasgos de tu personalidad y conocer cómo realizas tus inicios, te invito a observar tu mapa y buscar el arquetipo que está en tu ascendente. Es importante para conocerte más, proteger tu energía y lograr los resultados que buscas. Por ejemplo, Aries se lanzará con toda su energía en un nuevo comienzo, pero puede quedarse a medio camino porque no tomó alguna consideración importante o simplemente se entretuvo con alguna otra cosa nueva que se encontró en el camino, mientras que un ascendente Virgo se tomará su tiempo antes de comenzar, analizará muchas opciones, hará un plan muy detallado con recursos y se asegurará de que eso que emprenda tenga un sentido y pueda servirle a alguien más. Un ascendente en Leo iniciará algo nuevo con bombos y con platillos, se asegurará de tener el vestido adecuado para la ocasión, de tal forma que la ponga en el centro de atención y seguramente empezará proyectos de mucha visibilidad y donde pueda poner a pruebas sus habilidades de líder. Como ves, apenas iniciamos y ya tienes mucho para descubrir.

LAS LUNACIONES

A partir de este punto, encontrarás en cada capítulo las lunaciones que se presentan en cada mes zodiacal. Te daré una guía para que conectes con la Luna nueva y la Luna llena, con la energía del cielo y realices los rituales para sembrar tus intenciones (Luna nueva) y veas algo nuevo o diferente que te ayude a avanzar al lugar que deseas, observando los dos polos del eje donde se da la lunación y también para que celebres tus logros (Luna llena).

Cada año en algunas Lunas nuevas se presentan eclipses de Sol y, en las Lunas llenas, eclipses de Luna. Para las culturas indígenas los eclipses son momentos de exhibir respeto por lo que se presenta en el mundo porque es una oportunidad de gran transformación. Muchas culturas no realizan rituales ni ceremonias y prefieren retirarse del mundo exterior y entrar en sus espacios sagrados. En los eclipses, te invito a que seas consciente de las situaciones que vives y que medites cómo ellas te están llevando por el camino de tu propósito.

LUNACIONES EN LA ESTACIÓN ARIES[10]

Luna nueva en Aries

Consideraciones para la Luna Nueva en Aries y temas a sembrar en esta lunación:

La primera Luna nueva del año zodiacal marca el equinoccio de primavera en el hemisferio norte y el equinoccio de otoño en el hemisferio sur y viene cargada de la energía del elemento fuego y de la modalidad cardinal que potencializa los nuevos comienzos. Podríamos considerar este evento lunar el gran comienzo del año. Es el momento de tomar el liderazgo y control

---

[10]   Son las lunaciones que se presentan en el mes zodiacal, el cual va generalmente de 21 a 20 de cada mes. La Luna nueva siempre estará en el mismo signo del signo zodiacal (Luna y Sol se encuentran alineados en el cielo en el mismo arquetipo) y la Luna llena siempre estará en el signo opuesto al signo zodiacal del mes dado que la Luna está al otro lado de la tierra opuesta al Sol. En cada uno de los meses astrológicos, la Luna nueva puede preceder o suceder a la Luna llena del mismo eje zodiacal. Algunos años, por ejemplo, la Luna llena en Libra sucede antes que la Luna nueva en Aries y en otros años se observará el fenómeno contrario: la Luna llena en Libra sucederá después de la Luna nueva en Aries. Esto evidencia las diferencias que existen entre el año calendario o gregoriano y el año lunar. Para conocer las fechas exactas en las que se da cada Luna, consulta un almanaque lunar dado que el día puede cambiar año a año.

en tu vida e iniciar algo grande e importante o hacer ese cambio significativo que llevas un tiempo considerando. La energía está dirigida a ponerte tú primero ante todo. Es probable que te sientas energizada y optimista y no puedas esperar para ponerte en acción. Conecta con la Luna y revisa que esta necesidad de ponerte en movimiento provenga de tu corazón y de un llamado profundo del alma y no del ego o el impulso que son características muy arianas y que pueden hacer que tus intenciones y deseos se queden más adelante a medio camino.

Define tus intenciones para la Luna nueva en Aries y haz el seguimiento a su desarrollo y crecimiento en el momento culminante y de iluminación de la Luna llena en Libra que acontecerá en los próximos 15 días. Repite durante este mes la afirmación que aparece al final del capítulo o llénate de inspiración y escribe la tuya.

Escribe aquí tu intención:

....

....

....

....

....

....

LUNA LLENA EN LIBRA

Esta lunación te trae el eje del encuentro representado por Aries y Libra. El Sol está en Aries y la Luna se posiciona en el arquetipo opuesto al Sol: Libra. El Sol en Aries alumbra la cara visible de la Luna en Libra para que veas algo que necesita ser visto en las relaciones con los otros y el balance y que puede apoyar o limitar las intenciones que definiste en la Luna nueva en Aries.

Temas que la Luna llena en Libra podría traerte a la luz

Podrías comenzar a ver que tú sola no puedes con todo, que hay un desbalance en tu vida, que no logras encontrar la armonía o te es difícil ver la belleza. Puede que, a pesar de que iniciaste este viaje con mucho ahínco, en este momento encuentres difícil avanzar a toda marcha, tomar decisiones y te inundan las dudas o sientas que pierdes la confianza que tenías en ti. Quizás tus deseos de independencia y liderazgo se diluyan al sentir que alguien te necesita o necesitas de alguien.

Observa qué necesitas para encontrar el balance personal o el balance entre tú y tu pareja o alguna relación importante o cómo puedes mejorar la relación contigo misma para avanzar en tus propósitos. Puede ser momento de expresar tu verdad frente a otros.

En esta Luna puedes encontrar que la rabia, la indecisión o la inseguridad se intensifican. Obsérvalas y descifra sus señales.

Toma un espacio para lo que has logrado hasta la fecha y llénate del brillo de la Luna llena.

Escribe aquí lo que celebras y lo nuevo que ves en esta Luna llena:

....

....

....

....

....

Afirmación

"Yo soy la chispa divina que enciende mi fuego interno.
Me dirijo a la conquista de mis ideales y sueños con
ímpetu, con certeza, con valor. Mi guerra es sagrada
y conozco la intención, yo construyo puentes para
alcanzar el entendimiento con el otro.
Soy la líder de mi propia vida".

REFLEXIONES

¿Qué aprendo del planeta Marte y la escuela arquetípica de Aries
y en qué área o Casa se localizan en mi carta? ¿Desde dónde estoy viviendo estas energías, desde su luz o desde su sombra?

....
....
....
....

¿Qué proyectos, actividades o metas quiero iniciar, tengo reza-
gados o necesito mover a la acción? ¿Cómo podría usar el coraje de Marte y la chispa de Aries para activarlos?

....
....
....
....

¿Cómo me apoya Marte y el arquetipo ariano para vivir mi YO como mujer poderosa que soy? ¿Qué ajustes podría hacer desde el punto de vista de mi forma de aproximarme al mundo, mi fuego y mi accionar?

....

....

....

....

¿Qué batallas estoy teniendo en este momento? ¿Cuál es el sentido sagrado de esa lucha?

....

....

....

....

SEGUNDA ESTACIÓN: VENUS

Del 21 de abril al 20 de mayo
Lo que deseo

> *"Puedes tener lo que quieras si lo deseas desesperadamente. Debes quererlo con una exuberancia interior que irrumpe a través de la piel y se une a la energía que creó el mundo".*
>
> Sheila Graham

¿Cómo te empoderas a través del planeta Venus?: Conectando con tus deseos más profundos.

ARQUETIPO Y ESCUELA QUE RIGE VENUS: TAURO Y LA CASA 2

Continuamos el viaje por el universo y en esta segunda parada volvemos al contacto con nuestra esencia femenina. Esta estación es toda una experiencia para los sentidos. Después de la energía masculina pura de Marte, el guerrero ariano, entramos de lleno a explorar la energía femenina, base fundamental de este viaje chamánico que hemos iniciado; la energía *yin,* que ejemplifica la diosa Venus. Dejamos el planeta Marte, energía *yang,* pura intención e individualismo, para contactar con el mundo que está fuera del ser, el mundo de la materia; empezamos a experimentar lo que nos atrae de él a través de los sentidos y también a través de los otros seres que lo habitan. Nos movemos a materializar la intención que sembramos al paso por la Luna nueva en Aries.

El planeta Venus es, junto con la Luna y el Sol, el único astro que puede ser apreciado en el día, cuando presenta su máximo brillo, y en la noche porque es el cuerpo celeste más brillante después de la Luna. Venus llamó la atención y curiosidad de nuestros ancestros desde tiempos prehistóricos y fue el planeta más estudiado por la cultura maya, conocida por su profundo saber astronómico y astrológico. Era tan admirada como temida. Para los mayas, Venus tenía la misma importancia que la Luna y el Sol. La llamaron *Chak Ek* o "la gran estrella" y *Ahzab Kab Ek* "la estrella que despierta la Tierra". Venus llamaba la atención porque durante un tiempo desaparecía del cielo para reinar en la mañana o iluminar la tarde, fenómenos que se producen en su ciclo sinódico cuando el Sol, la Tierra y Venus se alinean. El templo de Venus en Chichén Itzá es una muestra del interés de los mayas por el estudio y observación de este planeta. La danza de la Tierra, el Sol y Venus crea el maravilloso pentagrama de Venus o "la rosa de cinco pétalos" que es un ejemplo de su belleza y perfecta armonía.

Los mayas estudiaron con profundidad a Venus y establecieron su ciclo chamánico. Venus era llamada *Kukulcán,* la serpiente que baja al inframundo para transformarse y salir victoriosa como serpiente emplumada Quetzalcoatl en el ciclo alquímico.

Venus es el segundo planeta del sistema solar, si establecemos al majestuoso Sol como punto de referencia. Venus es considerada la hermana gemela de la Tierra, es igual en tamaño y composición. Se diferencia en sus condiciones atmosféricas y de temperatura. La distancia que las separa es de 261 millones de kilómetros. Un día en Venus dura 243 días terrestres; el más largo de todo el sistema solar. Tiene una retrogradación lenta y es el único de todo el sistema por el que el Sol sale por el oeste y se oculta al este.

Venus es uno de los planetas que más ha llamado la atención de astrónomos y astrólogos no solo por su luminosidad y asombrosa danza sino también debido a la relación que se establece entre ella, el dinero y el amor, dos de las principales energías que mueven al mundo. Venus representa la parte de la naturaleza femenina relacionada con el amor, la belleza y el disfrute y también con la valorización y el amor propio. Venus despierta todos los sentidos, rige todo lo material, las posesiones y el dinero, es el goce de la vida. A Venus le gustan los lugares bellos y la gente hermosa, le gusta disfrutar del arte, la cultura, la arquitectura. Venus rige al arquetipo de Tauro, el cual estudiaremos en esta estación. También rige al arquetipo de Libra con un enfoque en las relaciones interpersonales y en la pareja, pero este lo estudiaremos más adelante.

LA DIOSA VENUS

El planeta Venus fue bautizado en honor a la diosa romana del amor y la belleza; Afrodita, para los griegos. Es la asociación con esta bella diosa la que imparte sus características. La historia más antigua del nacimiento de Venus-Afrodita la narra Hesíodo en su *Teogonía*. La diosa surgió de la "espumosa agua de mar" como una radiante mujer adulta cuando Urano, su padre, uno de los dioses más fértiles, fue castrado en una terrible batalla por Cronos (Saturno), su hijo, y el esperma que derramó sus genitales se esparció en las aguas del mar. La suave respiración del viento del oeste llevó a esta bella dama en una concha de mar hacia la costa de Chipre. Afrodita fue recibida por Horae (horas), diosas divinas de la naturaleza cuyos ciclos y delicada lluvia se conocían como las estaciones. Con cada paso que la bella dama daba, nacía bajo sus pies pasto verde y fresco y los otros compañeros de Afrodita, Eros (amor) e Himero (delicado deseo) junto con Horae (las estaciones) acompañaron a la nueva diosa al lugar de los inmortales, trayendo amor y una nueva armonía al mundo.

De acuerdo con Homero, en *La Ilíada,* todos los dioses caían a sus pies, atraídos por su belleza y sensualidad, querían tomarla como su esposa, y llevarla a su casa para disfrutar de sus placeres. Venus, entonces, representa la fuerza reproductiva esencial manifestada a través de la polaridad femenina como belleza divina, deseo magnético y amor.

Venus, a través de su poder magnético, puede ejercer atracción entre la gente o puede, a través de su lado oscuro, iniciarnos en la experiencia dolorosa del rechazo y la pérdida en el amor; como la experimentada por Venus con la pérdida de su joven amante Adonis. A través de esta experiencia, Venus nos da la lección de la naturaleza transitoria del amor. Por su naturaleza, el amor romántico y la pasión son impermanentes, al igual que lo es toda la experiencia del mundo material.

VENUS EN ASTROLOGÍA

La posición de Venus en la carta natal nos muestra aquello que nos atrae, lo que deseamos y la necesidad de sentirnos deseadas. Nos da información de cómo nos relacionamos y cómo atraemos. Es el verbo querer y desear. De alguna manera, nos representa a nosotras mismas porque lo que deseamos, lo que nos gusta, es un reflejo de lo que somos. Dependiendo de donde está, considerando las conversaciones que tenga con otros planetas, nos conecta con la armonía, concordia, belleza, amor, felicidad y disfrute.

El símbolo o glifo de Venus es un círculo soportado por una cruz; su apariencia nos conecta con los espejos de tocador. Venus es donde nos reflejamos. Venus es el espejo de la Tierra. Para el hombre, Venus representa su imagen de lo femenino y las cualidades que busca en una mujer, es su energía femenina y la energía femenina que va a atraer en su pareja.

ASÍ TE EMPODERAS CON VENUS

Venus en los arquetipos y Casas	Símbolo	Lo que deseo
Aries o Casa 1	♈	La Venus pionera y conquistadora. Venus desea ser la primera, liderar, conquistar, no pretende guiar a nadie, pero por supuesto otros la seguirán. Desea ser independiente y tiene la confianza en sí misma y la pasión para lograrlo. Venus en esta posición toma la iniciativa para ir tras aquello que quiere.
Tauro o Casa 2	♉	La Venus terrenal, sensual y próspera. Desea poseer y estar rodeada de belleza y sentirse bella. Le gusta tocar, sentir, probar y usar todos los sentidos para disfrutar lo bello de la vida. Desea seguridad, así que anhela las cosas materiales que le provean estabilidad en todas las áreas de su vida, incluyendo la financiera y tiene muchos talentos para lograrlo. Puede que se tome su tiempo al definir qué le gusta o que no. Tiene la habilidad de atraer a su vida lo que desea.
Géminis o Casa 3	♊	La Venus carismática y seductora con la palabra. Desea comunicar, aprender y negociar. Ama estar rodeada de gente inteligente como ella y discutir lo que pasa en el mundo o solo cotillear un poco. Venus aquí puede ser dual y a veces no tener claro lo que desea o puede que le guste todo y no se pueda definir a la hora de tomar decisiones.

Venus en los arquetipos y Casas	Símbolo	Lo que deseo
Cáncer o Casa 4	♋	La Venus maternal, femenina y sutil. Le gusta estar en casa, en un ambiente cómodo e íntimo, pasar tiempo con su familia y respetar las tradiciones. Esta Venus desea seguridad emocional, ser cuidada y a la vez le gustará proteger y cuidar a los suyos.
Leo o Casa 5	♌	La Venus diva. Le gusta el lujo, la riqueza, el brillo y desea ser el centro de atención. Le gustan las buenas cosas de la vida, consentirse, que la mimen y la adoren así que es experta en llamar la atención hacia sí misma y en artes histriónicas. Quiere todo, pide todo, pero también lo da todo.
Virgo o Casa 6	♍	La Venus virginal y práctica. Desea una vida bella, sencilla, práctica, saludable y estar al servicio de los otros. Ama los detalles, la organización y las rutinas. Desea todo lo que traiga armonía a su vida y estará en busca de la perfección, buscará esto también en sus relaciones.
Libra o Casa 7	♎	La Venus diplomática y encantadora. Le gusta estar en pareja, compartir tiempo con su mejor amiga, en general sentir el calor humano. Le gusta la armonía, el equilibrio y tiene un alto sentido estético que refleja en su aspecto físico, vestuario y la decoración de sus espacios. Desea negociar términos y llegar a acuerdos justos y consensuados. Quiere gustar a todos y puede costarle definir lo que desea al estar más interesada en gustar a los demás.

Venus en los arquetipos y Casas	Símbolo	Lo que deseo
Escorpio o Casa 8	♏	La Venus poderosa, apasionada y espiritual. Esta Venus desea intensidad y profundidad tanto en sus actividades como en sus relaciones. Quiere ir al fondo de todo y tiene un deseo intenso de adentrarse en los misterios de la vida y la muerte. Le atraen los temas tabúes y los misterios a resolver. Para esa Venus no hay términos medios, es todo o nada. Está interesada en evolucionar y busca transformarse constantemente.
Sagitario o Casa 9	♐	La Venus exploradora. Desea vivir aventuras y explorar el mundo. Le gusta aprender y conocer y está en constante búsqueda de la verdad, la cual querrá luego enseñar a otros. Desea sentir la libertad que encuentra en actividades al aire libre y en los viajes. Le gusta aprender cosas nuevas, quizás sea muy buena con los idiomas y se sienta atraída por temas relacionados con el extranjero.
Capricornio o Casa 10	♑	La Venus clásica y patriarcal. Tiene bastante claro lo que desea y tomará todos los pasos necesarios para asegurar su éxito. Le gusta todo lo que es estructurado, organizado, las reglas, establecer límites y lo que perdure en el tiempo. Tiene los pies sobre la tierra y le gusta trabajar por lo que desea. Ama el poder y el estatus que le da ascender la escalera social o laboral. Le gusta tener tanto el control de su entorno como de sus emociones.

Venus en los arquetipos y Casas	Símbolo	Lo que deseo
Acuario o Casa 11	♒	La Venus revolucionaria y humanitaria. Desea la independencia y expresar lo diferente que es y lo que piensa. Le gusta el grupo como un todo y le gusta pertenecer y ser popular. Le gusta estar en ambientes que son estimulantes intelectualmente, que cuestionan el sistema y que son incluyentes. Le gustan las ideas y causas progresistas y utópicas donde participa activamente. Su corazón es incapturable bajo la conquista convencional.
Piscis o Casa 12	♓	La Venus romántica y mágica. Le gusta el romance, el romanticismo, es una enamorada del amor. Desea sentirse amada y fundirse en el amor y se entrega en relaciones que pueden tornarse dependientes o de tipo alma gemela. Puede no ver claramente lo que desea o no le gusta y puede vivir el amor y el deseo como algo que le genera confusión. Desea una conexión profunda con algo más grande y adentrarse en la magia del universo y el inconsciente humano. Desea vivir la vida y el amor como una experiencia mágica. Ama la poesía, la música, la literatura y soñar despierta.

Tabla 7. El poder de Venus en los Arquetipos y las Casas.

EL ARQUETIPO TAURO

Sol en Tauro: 21 abril al 20 de mayo.
Planeta regente: Venus.
Elemento: Tierra.
Modalidad: Fija.
Medicina: Gratitud por el momento presente, los talentos y la abundancia de la tierra.
Frase: Yo deseo, yo valoro.
Eje Tauro–Escorpio: Eje de las posesiones.
Arquetipos femeninos: La diosa, la emperatriz, la vaca sagrada.

Tauro sigue a Aries que es el impulso y la intención y, con su enfoque, consolida las ideas de Aries, las materializa, les da forma, las lleva a la realidad. Es el arquetipo de la estabilidad, de la seguridad. De ahí la importancia de este arquetipo para la existencia en el plano terrenal.

Tauro en el cielo es una constelación impresionante cargada de mucho misticismo, guarda la memoria de la civilización del mítico rey Minos, el minotauro y el laberinto en la edad de bronce.

Tauro rige la Casa 2, los valores materiales. Tauro nos conecta con el disfrute del mundo terrenal, la naturaleza, la tierra, las flores, la primavera (en el hemisferio norte) y los frutos, la cosecha y el otoño (en el hemisferio sur). Tauro vive en su cuerpo y explora a través de los cinco sentidos. Así sentimos la necesidad de cuidar y amar el cuerpo. Tauro valora y conserva el amor; experimentamos el amor sensual y también la seguridad que proviene de él. Tauro es firme y es capaz de realizar grandes cosas, pero va lento, representa el crecimiento de las cosas de la vida, es natural, no se puede acelerar. Así como una planta, tiene su ciclo de crecimiento y toma su tiempo, acelerarlo nos lleva a romper las leyes de la naturaleza; así como el aceleramiento del desarrollo económico ha causado un impacto indudable en el medio ambiente y en el planeta.

Tauro es la Madre Tierra; su misión es preservar y cuidar la vida; le cuesta enfrentar los cambios y soltar lo que ya no necesita. Requiere de tiempo para rumiar lo nuevo, lo diferente, el cambio. Necesita probar las cosas antes de tomar una decisión, llegar a una conclusión o avanzar. Es de sentimientos profundos, sincero y fiel.

Tauro está asociado con el toro, un animal con gran carga de testosterona, sin embargo, la energía de Tauro es esencialmente femenina, la vaca sagrada. Tauro es Hathor, la diosa vaca egipcia, diosa que alimentó al faraón y nutrió su destino. Es la leche que se derramó en el cielo formando la Vía Láctea. Hera, la esposa de Zeus, era representada como una luna-vaca blanca, símbolo del amor abundante y la capacidad de nutrir y dar sustento. Estas historias hablan del poder de sustentar la vida, alimentar el crecimiento y traer abundancia y prosperidad. La Luna en el signo de Tauro está exaltada representando su máxima expresión, revela sus cuernos de vaca en sus fases creciente y menguante de la Luna.

Luz del arquetipo Tauro	Oscuridad del arquetipo Tauro
Fortaleza y tenacidad para alcanzar lo que desea.	Apego a las posesiones, tendencia a la avaricia.
Centrado y enraizado en la tierra.	Sentirse valorado por lo que posee y valorar a los otros de la misma manera.

Luz del arquetipo Tauro	Oscuridad del arquetipo Tauro
Poseedor de talentos multifacéticos.	Excesivo culto al cuerpo y a lo bello.
Sensualidad que le permite disfrutar de las cosas bellas de la vida.	La terquedad al querer lograr lo que quiere.
Capacidad para construir una vida próspera y abundante.	Conectarse con la prosperidad desde la carencia.
Profundo amor por la tierra y conexión con la naturaleza.	
Es arquitecto de su propia vida.	

Tabla 8. Luz y oscuridad del Arquetipo Tauro.

LA CASA 2: EL DISFRUTE Y LA PROSPERIDAD

*"Una persona realmente próspera no sacrifica
ni vende su alma por dinero, ella vive la vida siendo auténtica
y atrae felicidad, amor, salud y suficientes recursos financieros
para satisfacer sus necesidades en la vida y para responder
a las situaciones de cambio que se presentan a diario
sin sentir la ansiedad de la falta ni el miedo a la pérdida".*

JOHN WADSWORTH

Al iniciar este viaje establecimos las características de una mujer poderosa: "Disfruto la vida" y "soy próspera" son dos afirmaciones que saltan a la vista cuando nos adentramos a explorar las cualidades de Venus y Tauro, que sin lugar a duda se ven reflejadas en la Casa 2 del mandala de nacimiento. Esta Casa nos pone frente a los recursos que poseemos o tenemos el potencial de adquirir para asegurarnos una vida estable y próspera, gozando de aquello que deseamos poseer.

El primer recurso que poseemos una vez iniciamos la desconexión con nuestra madre es el cuerpo físico y sus sentidos. Más adelante vamos dándonos cuenta de que tenemos ciertas habilidades con las cuales obtenemos recursos extras. Tenemos aptitudes de negociación. A medida que avanzamos ponemos en juego esas habilidades y talentos para proveernos dinero y otros recursos que deseamos poseer.

Esta Casa es importante para descubrir los talentos y recursos materiales e inmateriales que poseemos o tenemos el potencial de adquirir y que vienen dados por las características del arquetipo que esté en la Casa, los planetas y las conversaciones con otros planetas en el mandala.

Entonces, si todas tenemos esta Casa en nuestro mandala, ¿cómo podemos llegar a sentir que no somos prósperas y no manifestarlo en la realidad? O si tenemos todo aquello que queríamos del mundo material, ¿por qué no estamos en la capacidad de disfrutarlo o se nos va de las manos? Estas son preguntas importantes para hacernos e indagar sobre ellas. Una de las definiciones de "prosperidad" habla de la capacidad de atraer lo que deseamos de una manera fácil y fluida. ¿Qué está obstaculizando esa capacidad? ¿Las creencias, lo que aprendimos, lo que rechazamos? ¿O son los hábitos de consumo y querer mantener el estatus social? El arquetipo que se encuentra en esta Casa y los planetas, asteroides y puntos, así como el lugar donde se encuentra el regente del arquetipo zodiacal en el mandala, puede darnos pistas de aquello que necesitemos reconocer, integrar o, quizás, del poder que necesitamos tomar para restablecer la prosperidad y el disfrute.

OTRAS CONSIDERACIONES SOBRE PROSPERIDAD Y DISFRUTE, VENUS Y TAURO

Es también normal que la ausencia de gozo y disfrute de la vida esté asociado a una conexión muy profunda con las cualidades y los valores de los aspectos masculinos del mundo como la competitividad, el poder, el éxito (según lo define la cultura patriarcal). A su vez, puede pasar que no estemos honrando los aspectos venusianos o los estemos negando porque, para la cultura, estos aspectos han sido mitificados o desvalorados; hacer lo que realmente deseamos puede que nos haga sentir vulnerables o rechazadas por el entorno social y familiar. Para las mujeres, negar los aspectos de Venus puede llevarnos por un camino desolador y triste.

La prosperidad y la abundancia son inherentes a los aspectos femeninos de la vida y a la mujer. En la antigüedad, la mujer era abundante y venerada porque era cuidadora y nutridora de la vida, y esa vida que proporcionaba era un pilar fundamental para el desarrollo y el crecimiento de la sociedad y de la familia. Con los fluidos de sus pechos nutría la vida, la energía que se requería para poder ir a la conquista y construir nuevos imperios. Fue la mujer, en la representación de Ceres, diosa romana de la agricultura, quien entregó el grano de trigo a la humanidad; quien luego lo molió, lo cocinó y nos proporcionó el pan de cada día. La Tierra, la energía *yin*, es abundante y nos proporciona todo lo que necesitamos. No hay nada en este mundo material que no provenga de la tierra; incluso aquello que consideramos hecho en una fábrica o en un laboratorio. Un auto, por ejemplo, se construye con metales, hidrocarburos y piel de animales que provienen de la Madre Tierra y que han sido transformados por la mano del hombre.

La cultura predica que todo cuesta, que somos abundantes si tenemos cierto estatus o ciertas cosas materiales, que el dinero es difícil de conseguir y está en manos de unos pocos. El fracaso es visto como algo negativo y no como experiencias que nos alimentan y enseñan. También provenimos de una cultura que nos enseñó a ser dependientes emocional y económicamente de los hombres; o, para las mujeres que trabajamos, de una empresa o de aquello que representa seguridad; o, por el contrario, nos volcamos de manera desmedida, y en una carrera agotadora, al logro de la independencia financiera, y generamos un desbalance entre el dar y el recibir, entre la energía masculina y la energía femenina.

Cada mujer es única, cada circunstancia es única. Así que, conecta con lo que tu Venus desea y con la prosperidad y la abundancia que te revela el arquetipo de Tauro para que comiences a atraer y a materializar la vida abundante y gozosa que te corresponde por derecho. Te invito a que establezcas tu propia definición de disfrute y de prosperidad con la ayuda de las preguntas que dejo al final de este capítulo.

LUNACIONES EN LA ESTACIÓN TAURO

Luna nueva en Tauro

Consideraciones para la Luna Nueva en Tauro y temas a sembrar en esta lunación:

Esta Luna nueva activa el poder de la Tierra y la capacidad de atraer y manifestar en la realidad tus sueños y deseos. Puedes hacer un listado de los recursos materiales y de las habilidades que apalanquen el camino de hacer realidad lo que deseas para los próximos seis meses cuando se cierre el ciclo de esta lunación y la Luna llena esté en Tauro. Dedica tiempo para cuidar el cuerpo, alimentar los sentidos y la mente, una visita al spa puede ser muy beneficiosa. Pasa tiempo en la naturaleza para conectar con lo que deseas manifestar, camina descalza y despacio, esta no es una Luna para acelerar el paso pues viene acompañada de la modalidad fija que la hace propicia para ejercer la disciplina y la constancia e ir lento, pero seguro por lo que deseas.

Escribe aquí tu intención:

....

....

....

....

....

....

....

Luna llena en Escorpio

Esta lunación trae frente a ti el eje de las posesiones, representado por Tauro y Escorpio. El Sol se encuentra en Tauro e ilumina la Luna que se encuentra en su arquetipo opuesto, Escorpio, para que veas algo que necesita ser visto en el área de tus posesiones, de lo que te trae seguridad y disfrute a tu vida.

Temas que la Luna llena en Escorpio podría traerte a la luz

El Sol te mostrará que quizás eso que deseabas en la Luna nueva no es tan importante para tu vida o simplemente ya no lo quieres. También podrías notar que cosas que posees ya no te sirven más y te estancan en tu intención de ir tras lo que deseas. Soltarlas puede no ser tan fácil porque no quieres desprenderte de ellas, han representado tu seguridad en el pasado, puede que necesites tratarte con mucho amor y cuidado sabiendo el dolor que implica despedirte de algo que fue significativo para ti. Aspectos de tu sombra pueden aparecer y ser reflejados por otras personas y pueden generarte conflicto o alguna crisis, la aceptación de quién eres y quiénes son los otros es la mejor estrategia.

En esta Luna puedes encontrar que el miedo, los celos, la necesidad de poseer y el control se intensifican. Medita para saber qué te están mostrando.

Celebra el avance que has hecho, aunque consideres que es lento, y agradece todo lo bello que hay en tu vida. Es la Luna para darte un regalo que te haga sentir una diosa.

Escribe aquí lo que celebras y lo nuevo que ves en esta Luna llena:

Afirmación

**"Soy la belleza y la abundancia de la tierra.
Tengo todas las habilidades y recursos para generar
una cosecha próspera y jugosa en mi vida".**

REFLEXIONES

¿Dónde se encuentra mi Venus natal, por Casa y por arquetipo?
¿Qué dice de lo que deseo y cómo atraigo aquello que deseo?
¿Qué nueva revelación tengo al analizar a Venus y Tauro en mi
mapa natal?

. . . .

. . . .

. . . .

. . . .

¿En qué Casa de mi carta natal se encuentra el arquetipo de
Tauro? ¿Cuál es ese lugar donde soy próspera, puedo florecer y
donde daré mis principales frutos?

. . . .

. . . .

. . . .

. . . .

¿Desde qué lugar me he conectado y cómo deseo conectar ahora con el goce y con la prosperidad?

....
....
....
....

¿Cuáles son mis principales creencias en relación con el gozo de la vida, el dinero, el trabajo, los clientes, las oportunidades y la abundancia?
(Por cada creencia que te limita, escribe una nueva que te empodere).

....
....
....
....

(Elige un área o un proyecto creativo en donde quieras ver aplicada tu nueva visión de disfrute y prosperidad. Describe cómo vas a lograrlo y siente en tu cuerpo la sensación de haberlo conseguido).

....
....
....
....

TERCERA ESTACIÓN: MERCURIO

Del 21 de mayo al 20 de junio
Cómo me expreso asertivamente

> *"Cada palabra que se pronuncia es un decreto que se manifiesta*
> *en el exterior. La palabra es el pensamiento hablado. No te sorprendas*
> *ni te quejes si al expresarlo lo ves ocurrir. Lo has decretado".*
>
> CONNY MÉNDEZ

¿Cómo te empoderas a través del planeta Mercurio? Conociendo tu forma particular de expresar lo que piensas y en lo que crees.

ARQUETIPO Y ESCUELA QUE RIGE MERCURIO: GÉMINIS Y LA CASA 3

La magia de este viaje nos lleva a la tercera estación. Dos ciclos lunares han transcurrido; hemos experimentado dos inicios, dos cosechas. El inicio de la primavera de Aries nos contactó con el soplo de vida, la fuerza que nos impulsó a dejar el útero de la madre y nos permitió presentarnos frente a la vida, triunfantes. Vimos a los polluelos cantar en sus nidos, surgir los primeros brotes de hierba en el campo y las hojas de los árboles reverdecer para traernos la esperanza de un nuevo año zodiacal después del letargo del largo invierno.

Las flores de la primavera de Tauro llenaron los campos y los corazones de colores y de aromas y nos permitieron disfrutar de toda la belleza que había a nuestro alrededor: la belleza y la riqueza de la Madre Tierra. La fuerza de Tauro nos detuvo un momento para conectar con ella, con la energía femenina, la receptividad y el disfrute que representa la bella diosa Venus.

Ahora llegamos al encuentro de Mercurio y los gemelos del zodíaco: Cástor y Pólux. Hemos nacido a la vida con Aries y experimentado la energía *yang*; con Tauro experimentamos el primer contacto con el propio cuerpo, el goce de sentir el vehículo que la vida nos ha dado para disfrutarla y comenzamos a experimentar la atracción hacia el otro. Vivimos la máxima expresión de la energía femenina: la energía *yin*. Con Géminis, la brisa, el aire, nos envuelve, nos mueve, nos susurra al oído; entramos a los territorios de la mente. Experimentamos la dualidad para llegar a la unidad, la integración del mundo de luz y sombra, del *yin* y el *yang*.

En esta parada en Mercurio conectamos con el poder que nos otorga la mente, el intelecto, la capacidad de pensar y transmitir los pensamientos para comunicarnos, lo que nos hace vivir la esencia más humana.

En este viaje, cerramos el primer cuadrante de la rueda astrológica; habremos experimentado la energía masculina y la femenina, y la unión de las dos y las tres modalidades de los arquetipos zodiacales: la modalidad cardinal de Aries de inicios que nos lleva a la acción; la modalidad fija de Tauro que representa la estabilidad, la seguridad; y concluimos con la modalidad mutable de Géminis, el movimiento, la flexibilidad, la capacidad de adaptación.

MERCURIO

Mercurio, al igual que Marte y Venus, forma parte de los planetas personales. Son los que, junto al Sol y la Luna, más influencia tienen en la personalidad —cualidades que podemos moldear a conciencia— y el modo de entender y aproximarnos al mundo. Mercurio es el planeta más pequeño del sistema solar y el más cercano al Sol; por eso, en la carta natal, siempre se encuentra cerca de nuestro Sol: en el mismo signo, en uno de los dos signos anteriores o en uno de los dos signos siguientes al que ocupa el Sol.

Mercurio fue también conocido y observado desde tiempos remotos. Los sumerios (3.000 a.C.) ya lo mencionaban. Los babilonios (2000-500 a.C.) también realizaron observaciones y lo denominaron Nabu o Nebu: el mensajero de los dioses en su mitología. Quizás sea este el origen de su nombre actual: Hermes, el mensajero de los dioses en la mitología griega y Mercurio en la mitología latina.

Llegar hasta Mercurio desde la Tierra representa un gran reto tecnológico; sin embargo, varias sondas espaciales han hecho exploraciones desde su órbita. Mariner 10 (1974-1975), Messenger (2004-2015) y, actualmente, BepiColombo que fue lanzada en el 2018 y se espera que llegue al planeta en diciembre de 2025. Sin duda, Mercurio ha representado un reto para la mente y el ingenio para llegar hasta él y conocerlo en profundidad.

En Roma, Mercurio era el dios del comercio, de la abundancia, del éxito comercial (*merxmercis* significa mercancía). Mercurio subió al panteón cuando hubo una reconciliación entre las mitologías griega y romana; entonces se reconoció a Mercurio como el equivalente a Hermes: el dios griego mensajero de los dioses. Las dos deidades son jóvenes ágiles que visten de la misma manera: casco alado, zapatillas con alas (talarias) y un caduceo (vara de madera entrelazada por dos serpientes).

Mercurio es hijo de Júpiter y de Maya —hija de Atlas—, deidad de los bosques. Desde bebé, Mercurio mostró su agilidad y su ingenio. Tan pronto nació, el precoz Mercurio bajó de su cuna y creó la lira usando el caparazón de una tortuga y tensando los tendones de animales en ella. Luego se escapó de su casa y fue al campo donde engañó a su hermano, y robó parte del rebaño del dios Apolo; sacrificó dos de las vacas a los dioses y, borrando sus huellas de vuelta a casa esa misma noche, no dejó ninguna evidencia de lo que había hecho. Sin embargo, Mercurio fue delatado por el pastor Bato. A raíz de esto, fue llevado por Apolo ante Zeus, quien negó hábilmente todo lo sucedido. Finalmente, Apolo (el Sol) y Mercurio llegaron a un acuerdo: Mercurio conservaría las vacas a cambio del instrumento musical que había creado. Desde entonces, se convirtieron en amigos inseparables. Este mito muestra muchas de las cualidades polifacéticas de Mercurio. Así, Mercurio es también dios protector de los pastores y de los ladrones. A Mercurio se le ve acompañado de diversos animales; cuando se le ve acompañado por un gallo, representa noticias de primera mano o por venir; cuando está con una cabra o un cordero, representa la fertilidad y se asocia con los pastores.

Mercurio es también el dios de los viajes y protector de los viajeros. Hermes Psicopompo acompañaba a las almas en su transición del mundo de los vivos al de los muertos conduciéndolos hasta Caronte, donde debían pagar un óbolo para ser conducidos, en una barca, por el río Aqueronte hasta el inframundo de Hades o Plutón. Es por esto que lleva el nombre de dios mensajero. No solo acompañaba y llevaba las almas a su paso a otro mundo, sino que transmitía los mensajes entre los dioses del cielo y el inframundo, lo que lo hace una de las pocas deidades (junto con Perséfone) que podían visitar el inframundo y salir vivos de allí.

En astrología, Mercurio está dotado de las características de este dios: con la inteligencia, el intelecto, el pensamiento y la comunicación; todos los atributos o procesos asociados a la mente humana. La ubicación de Mercurio en la carta natal habla de los temas que ocupan nuestra mente; las creencias que albergamos, donde la mente experimenta su atributo dual; es ese lugar en el que la mente se debate y analiza diferentes puntos de vista para tomar decisiones y llevarnos a la acción. Mercurio muestra los intereses intelectuales, lo que estudiaremos en respuesta a esta inquietud, lo que comunicaremos al mundo y la forma como lo haremos.

Así te empoderas con Mercurio:

Mercurio en los arquetipos y Casas	Símbolo	Cómo me expreso
Aries o Casa 1	♈	Tiene una mente ágil, entusiasta. Transmite lo que piensa espontáneamente por lo que puede ser percibida como imprudente y agresiva. Aries quiere comunicar rápido lo que piensa, siempre tiene algo que decir y quiere que lo escuchen. Su gran reto podría ser escuchar lo que el otro tiene para decir.
Tauro o Casa 2	♉	Tiene una mente calmada, pausada, siente la necesidad de rumiar lo que piensa y puede tardar en expresarlo. Puede que la capacidad de Mercurio de ser flexible se diluya. Quizás prefiera expresarse a través del cuerpo, usar sus manos para reforzar sus ideas o la danza. Mercurio aporta a los talentos de Tauro desde el punto de vista de la comunicación y el comercio con lo cual podría generar riqueza. Mercurio en Tauro o Casa 2 podría contactar con el disfrute de una agradable conversación, junto con una buena comida y un buen vino.
Géminis o Casa 3	♊	Se expresa con rapidez mental, aprende con facilidad, es muy social e imaginativa. Le gusta la interacción con el otro, pueden ser muy duales, pero esto les aporta flexibilidad. Su versatilidad de pensamiento puede hacerla pensar un día una cosa y el otro día lo opuesto. Siempre tiene la palabra adecuada para el contexto en el que esté. Es la comunicadora por excelencia. Su carisma atrae la atención. Es una excelente vendedora de ideas y productos. Su curiosidad la lleva a estar en constante aprendizaje y tener diversos intereses.

Mercurio en los arquetipos y Casas	Símbolo	Cómo me expreso
Cáncer o Casa 4	♋	Se expresa integrando la mente con la intuición y exhibe una gran inteligencia emocional. Para Mercurio en Cáncer es importante expresar las emociones. Su palabra es cálida e incluyente. Es el prototipo de la comunicación femenina, cuidadosa, intuitiva y empática. Puede ceder fácilmente porque no le gusta argumentar. Quizás se incline por los negocios familiares.
Leo o Casa 5	♌	Se expresa con sofisticación a través del arte, de sus creaciones y de la belleza. Puede ser una excelente actriz representando varios personajes al mismo tiempo. Su principal propósito al expresarse es atraer la atención. A veces esto podría percibirse como el llanto de un bebé que quiere atraer la atención de la madre para que lo consienta y le dé su amor. Su comunicación es brillante, expansiva y busca también irradiar a otros.
Virgo o Casa 6	♍	Su expresión es intelectual, inteligente y estructurada, con capacidad de análisis y síntesis. Se comunica con claridad, con detalle, es cuidadosa en su palabra. Quizás transmitir mensajes sea parte de su día a día o de su trabajo. Podrían usar la comunicación para sanar y alcanzar la armonía y el equilibrio. La información está muy ligada al resultado, la utilidad y el servicio. Tiene una mente crítica.

Mercurio en los arquetipos y Casas	Símbolo	Cómo me expreso
Libra o Casa 7	♎	Se expresa con bellas palabras, de manera encantadora y enamora con su conversación. La flexibilidad de Mercurio junto a la dualidad de Libra o Casa 7 se intensifica lo que la lleva a ser una buena mediadora. Antes de expresar sus puntos de vista piensa mucho. El aprendizaje está en la toma de decisiones. Es la gran negociadora, conciliadora y diplomática.
Escorpio o Casa 8	♏	Se expresa de una manera profunda y quieren ir al meollo del asunto, pueden obsesionarse con un tema o ideas. Es la investigadora y la psíquica. Su palabra es poderosa para transformar y su mentalidad estará en permanente cambio y evolución. Tiene curiosidad por ir a las profundidades del otro. Seduce con su conversación y está dispuesta a escuchar lo que el otro tiene para decir y entenderlo. Este Mercurio es Hermes, quien viaja al inframundo, al mundo de los muertos, lo que la hace buena canalizadora de mensajes.
Sagitario o Casa 9	♐	Su expresión es trascendental y filosófica, siempre en busca de la verdad de la vida. Es ávida aprendiendo y tiene alta capacidad de memoria. Podría expresarse usando diferentes idiomas. Siente curiosidad por aprender diversas culturas, religiones, temas asociados al extranjero, lo nuevo, y puede ser buena maestra al compartir esa información. Puede viajar a través de diversas formas de comunicación, los libros, la televisión, etc.

Mercurio en los arquetipos y Casas	Símbolo	Cómo me expreso
Capricornio o Casa 10	♑	Se expresa de manera directa, realista y es crítica en sus apreciaciones. Su lenguaje denota autoridad y conocimiento. Tiene una memoria muy estructurada y pragmática. Sabe de lo que habla porque se prepara para ello. Podría ser reservada al compartir información y parecer fría porque se le dificulta comunicar sus emociones.
Acuario o Casa 11	♒	Es la mente revolucionaria e innovadora. Tienen libertad de pensamiento. Contacta con los grupos y las redes con mucha facilidad y a través de su comunicación, pueden mover masas. Podrían tener ideas tan progresistas que no se sienten comprendidas en sus grupos. Su mente viaja al futuro y está más allá de este mundo, lo que puede hacerla sentir fuera de lugar en el medio que habitan.
Piscis o Casa 12	♓	Su expresión es sutil, emotiva, intuitiva, amorosa y poética. Es la médium de la magia del universo. Es intérprete de señales, signos y sueños. Puede recibir y transmitir mensajes del universo, los ángeles y del inconsciente colectivo. Es una mente inspirada e imaginativa y puede ser una excelente escritora, poeta, música o artista.

Tabla 9. El poder de Mercurio en los arquetipos y Casas.

EL ARQUETIPO GÉMINIS

Sol en Géminis: 21 de mayo al 20 de junio
Planeta regente: Mercurio.
Elemento: Aire.
Modalidad: Mutable.
Medicina: La palabra, el lenguaje, el humor.
Frase: Yo comunico.
Eje Géminis–Sagitario: Eje del conocimiento.
Arquetipos femeninos: La intelectual, la mensajera, la escritora.

Géminis es un signo de aire y, como el aire, es ligero, libre, incierto y refrescante, el aire todo lo mueve, graciosamente o con estrépito. A través de él se esparce el sonido, la palabra, en él se mueven los seres que nos comunican mensajes del cielo o el más allá, los ángeles, las hadas y en los tiempos más modernos y mundanos, las ondas de las antenas transmisoras, el wifi.

Géminis está representado por los gemelos provenientes de una misma madre, pero de diferentes padres; un padre humano y el otro divino. Son iguales, pero distintos en naturaleza: uno mortal, Cástor; el otro inmortal, Pólux. Para poder permanecer juntos eternamente, Pólux cedió parte de su inmortalidad a Cástor y es así como la mitad del tiempo ellos habitan el Olimpo, la luz; y la otra mitad habitan el inframundo, la sombra. Géminis es, pues, un signo dual que nos mueve entre dos mundos, que nos hace experimentar la luz y la sombra. La caricaturesca imagen del ángel y del diablo que nos susurra permanentemente al oído. ¿A cuál escuchamos?

Géminis, regido por Mercurio, el dios con alas en los pies, es un arquetipo jovial, dinámico, interesante, hábil con el lenguaje, carismático. Para Géminis la vida es una búsqueda constante de experiencias y conocimiento. Es el arquetipo de las personas agradables y divertidas y también de los grandes pensadores, filósofos y comunicadores.

Géminis posee una mente brillante, con capacidad de influenciar, comunicar y llamar la atención de su público. Escuchan tanto como hablan; su curiosidad y su mente rápida los llevan a ver el panorama más amplio y a trazar planes de acción —la palabra construye la realidad— lo cual los hace grandes estrategas, negociadores y vendedores.

En su contacto con la sombra, la otra polaridad de Géminis representa a los mentirosos, tramposos y estafadores que hacen lo posible para evitar una verdad que podría ser inconveniente. Géminis tiende a aburrirse fácilmente y a tener dificultad para concentrarse; podría estar inclinado a la información superficial y a conversaciones superfluas, al chisme y a los juegos de azar.

Géminis representa nuestra condición más humana, la dualidad de la mente, la incertidumbre, la duda, la ambigüedad; nos muestra las dos caras de una misma moneda. La capacidad de imaginar, contar mentiras, crear historias para describir y manipular diferentes percepciones de la realidad y de la cultura. Nos pone frente al negro y al blanco para comprender todas las tonalidades de grises que tiene la vida.

Luz del arquetipo Géminis	Oscuridad del arquetipo Géminis
Mente brillante, ágil y curiosa.	Su mente curiosa y en constante búsqueda puede llevarla por la ruta de la superficialidad.

Luz del arquetipo Géminis	Oscuridad del arquetipo Géminis
Facilidad en el uso de la palabra y el lenguaje para comunicar y crear realidad.	Su carisma y poder de convencimiento podría ser usado para engañar y ocultar verdades a su conveniencia.
Capacidad de influenciar, negociar y de usar el humor como herramienta para mostrar la dualidad de la vida.	La capacidad dual de la mente podría hacerlo dudar o no tener claro lo que quiere. Podría perderse al querer tomar decisiones.
Dinamismo, flexibilidad y capacidad de adaptación.	Tendencia a la mentira
En constante movimiento y aprendizaje. Los viajes son una forma de saciar su mente curiosa.	

Tabla 10. Luz y oscuridad del arquetipo Géminis.

LA CASA 3: EL HUMOR SAGRADO

La Casa 3 es, ante todo, la casa donde entramos en relación con el mundo exterior y lo que nos rodea y para ello la comunicación entra a jugar un papel primordial. Esta es la etapa del niño donde se acentúa la curiosidad y el deseo de exploración de su mundo inmediato. Las cosas tienen un nombre, se pronuncia el primer sonido "ma" y descubrimos que este atrae a nuestra madre, desarrollamos el lenguaje, interactuamos con el mundo y empezamos a entenderlo. Esto nos genera sorpresa y también inseguridad de todo lo desconocido. Algunas cosas son permitidas, otras no. Así estamos enfrentados a la dualidad de la vida.

La Casa 3 es la de la mente, las ideas, la estructura mental, el lenguaje verbal y no verbal, los símbolos, el conocimiento al cual tenemos acceso en las etapas tempranas de desarrollo en la niñez, en el colegio y con la interacción de las personas cercanas, el conocimiento superior y profundo hace parte de la Casa 9, que veremos más adelante.

El humor y lo cómico son cualidades muy geminianas; se ha podido estudiar cómo los grandes humoristas son poseedores de altos coeficientes intelectuales. Géminis tiene la capacidad de utilizar el humor para mostrar la dualidad del mundo, aspectos de la vida o la sociedad o una realidad que es difícil de comunicar o pueda parecer ridícula o choca desde la racionalidad o el pragmatismo para provocar un cambio de visión o paradigmas y la incorporación de diversos, nuevos y diferentes puntos de vista.

Los indígenas americanos Lakota tenían en sus tribus un chamán sanador que utilizaba el humor como medio para conservar la armonía del grupo. El *heyoka* o payaso sagrado, como es llamado, se expresa por fuera de los límites de lo que se considera "correcto" para traer a la luz la dualidad y los misterios de la condición humana. Los *heyokas* son sanadores que tienen la capacidad de sentir el estado emocional y mental del individuo o de la comunidad y sacarlo de algún bloqueo de la forma menos convencional a través de la actuación y el humor. El *heyoka* ve la vida de manera diferente, por lo general, totalmente opuesta o a la inversa y así puede exponer a la conciencia humana algo revelador que motive la expansión y el cambio; cualidades presentes en la modalidad mutable de Géminis. ¿Cómo actuaría este payaso con su humor sagrado frente a tus dualidades, a las historias que te cuentas y a las creencias que estructuran tu vida?

Usa el poder del *heyoka*, especialmente cuando Mercurio esté retrógrado, en su aparente movimiento contrario al normal, para liberar creencias, soltar historias, analizar tus máscaras o las dualidades con las que te enfrentas.

LUNACIONES EN LA ESTACIÓN GÉMINIS

Luna Nueva en Géminis

Consideraciones para la Luna nueva en Géminis y temas a sembrar en esta lunación:

La Luna nueva en Géminis trae el poder del elemento aire y la modalidad mutable. Es una época propicia para moverte y activar los cambios que necesites, Géminis es flexible, le gusta el movimiento y el cambio. La inteligencia geminiana activada en esta Luna nueva es propicia para analizar planes y evaluar ventajas y desventajas, generar nuevas ideas, empezar a verbalizar y decretar lo que deseas, establecer conexiones con personas y buscar información que te pueda ayudar a germinar y a crecer la semilla que sembrarás en esta Luna. Es una buena Luna para realizar un viaje corto a un lugar que te conecte con la inspiración, para canalizar los mensajes que necesitas transmitir. Buen tiempo para iniciar estudios y definir áreas donde requieres adquirir nuevos conocimientos. Haz un listado de nuevas creencias que necesites en este momento de tu viaje y motívate a escribir en tu bitácora la historia de la nueva vida que quieres para ti.

Este mes utiliza la frase final del capítulo como mantra o escribe la tuya.

Escribe aquí tu intención:

....

....

....

....

....

....

Luna llena en Sagitario

Esta lunación trae frente a ti el eje del conocimiento de tu mandala representado por Géminis y Sagitario. El Sol en Géminis alumbra la cara visible de la Luna en Sagitario para que veas algo que necesita ser visto en temas relacionados con el conocimiento, el aprendizaje y la comunicación, para que encuentres la gran verdad que buscas.

Temas que la Luna llena en Sagitario podría traerte a la luz

La Luna en Sagitario podría mostrarte en qué áreas de conocimiento necesitas profundizar para que la semilla que sembraste en la Luna nueva crezca con fuerza y dé un fruto dulce. También puede traerte claridad en cómo esa intención tiene un sentido más grande para ti y no se trata de simples ideas. Tu mente, que ha estado divagando mucho, puede que encuentre algo trascendental en qué enfocar el pensamiento y eso te llene de alegría, optimismo y ganas de seguir tu exploración.

En esta Luna observa el nerviosismo, la inquietud, la duda, el pesimismo y la sensación de no estar conectado con algo más grande para ver lo que no te ha sido revelado.

Celebra los avances de la intención que sembraste en la Luna nueva y permite que tu palabra te haga brillar.

Escribe aquí lo que celebras y lo nuevo que ves en esta Luna llena:

....

....

....

....

Afirmación

"Me muevo con flexibilidad para activar los cambios que necesito. Conecto con el poder de mi mente para visualizar y crear la realidad que quiero para mí".

REFLEXIONES

¿Dónde se encuentra Mercurio en mi carta natal, por Casa y por arquetipo? ¿Qué dice de lo que me interesa en lo intelectual, de mi comunicación y de cómo funciona mi mente?

....

....

....

¿En qué Casa de mi carta natal se encuentra el arquetipo de Géminis? ¿En qué área de mi vida se potencializan las características de este arquetipo y cómo lo vivo?

....

....

....

....

¿En dónde radica el poder de mi comunicación y mi capacidad intelectual? ¿Cómo puedo usar la palabra y el lenguaje como medicina para sanar y empoderarme?

....

....

....

....

¿Qué nuevas creencias que me empoderen podría introducir a mi vida con base en la posición de Géminis y Mercurio en mi carta natal? ¿Cuál sería mi nueva historia?

....

....

....

....

Escribe una frase que represente lo que has venido a comunicar al mundo de acuerdo con la exploración que has hecho de Géminis, de Mercurio y de tu Casa 3.

....

....

....

CUARTA ESTACIÓN: LA LUNA

Del 21 de junio al 20 de julio
El llamado de mi alma y la búsqueda de seguridad

> *"Es un espectáculo hermoso y encantador*
> *contemplar el cuerpo de la Luna".*
> GALILEO GALILEI

¿Cómo te empoderas a través de la Luna?: Escuchando el llamado de tu alma y comprendiendo lo que necesitas para sentirte segura.

ARQUETIPO Y ESCUELA QUE RIGE LA LUNA: CÁNCER Y LA CASA 4

Continuamos este recorrido por las estrellas para conectar con nuestro poder a través de la exploración de la energía femenina que hay en el universo y es así como retornamos de nuevo a la amada Luna. En este camino nos encontramos con el arquetipo Cáncer que embebe la esencia de todas las cualidades relacionadas con la cualidad *yin*. La gran madre y la abuela son las representaciones de la energía de Cáncer, la Luna y la cuarta casa de la rueda zodiacal. Volvemos a todo lo que significa la energía femenina desde el arquetipo maternal: nutrición, cuidado, ciclicidad, hogar, emociones, oscuridad, recibir, intuición.

En astronomía, el equinoccio de primavera nos abrió la puerta a este viaje por las estrellas, hemos transitado el primer cuarto de la rueda zodiacal, camino que nos abrió el Sol en el grado cero de Aries marcando el inicio de un nuevo año zodiacal. Ahora la segunda gran puerta se abre con el solsticio de verano en el hemisferio norte y la marca el Sol con su entrada al grado cero de Cáncer, caracterizada por la energía cardinal que representa los inicios. Recibimos el verano en el hemisferio norte y el invierno en el hemisferio sur, una nueva estación, y tenemos una nueva oportunidad para recomenzar. En la estación pasada, Mercurio nos permitió explorar el mundo del aire, del pensamiento, de la mente, abrirnos a nuevas creencias, paradigmas, quizás dimos un salto a una nueva forma de pensar, de concebir el mundo; ahora la Luna nos invita a sumergirnos en el maravilloso mundo acuático que ella gobierna, en las propias aguas, las emociones. En esta estación el aprendizaje verbal y mental que desarrollamos en Géminis lo decantaremos en el cuerpo para experimentarlo como sensaciones, emociones para llevarlo al nivel más sagrado, al nivel del alma.

Retomamos la energía cardinal, del inicio, del impulso y la acción (aquella que ya experimentamos en Aries) y es así como damos paso a un nuevo ciclo, una nueva estación, una nueva energía.

En esta cuarta estación de este viaje chamánico exploramos la energía del elemento agua que nos lleva a las profundidades de la psique para recordarnos que somos alma. El fuego encendió la chispa del espíritu en Aries, Tauro le dio forma física, tornándolo en cuerpo humano para habitar la Tierra, y en Géminis el aire expandió la mente, le dio forma al pensamiento a través del lenguaje para que pudiéramos conectar unos con otros; ahora nos sumergimos en las profundidades de nuestras aguas, las emociones y el inconsciente.

LA LUNA

Le damos una vez más la bienvenida a la sabia y principal acompañante de este viaje, la madre, la abuela Luna, a los ancestros, al alma, retornamos en este viaje al lugar dulce y cálido de nuestro hogar, regresamos a casa y conectamos con el llamado del alma que descubrimos al inicio de este viaje. En cada parada de este viaje ella ha estado con nosotras. Con ella hemos vivido los ciclos diarios, el ciclo mensual de la Tierra y los ciclos femeninos, los ciclos emocionales, experimentando así nuestra feminidad. En esta estación ella es más que la acompañante, ella es la reina, la regente, y bajo su regencia el llamado es a ir al interior para nutrirnos, nutrir el hogar, el lugar de donde provenimos, en otras palabras, nutrirnos a nosotras mismas, nutrir el alma.

La Luna es un astro muy complejo en astrología. Representa aspectos tanto del mundo exterior como internos de la psique humana y también aspectos físicos, emocionales y del alma. El Sol y la Luna son los pilotos más importantes de la carta natal y cada uno lo hace desde un punto de vista distinto, opuesto. El Sol es la energía masculina, la acción, los objetivos concretos. La Luna es lo femenino, receptivo, pasivo y emocional. El Sol actúa, cambia y moldea, la Luna se adapta, se permite ser moldeada. La Luna no emite luz, el resplandor que observamos es reflejo de la luz del Sol que se proyecta sobre ella. La Luna refleja la necesidad biológica y psicológica de adaptarnos a la vida y por eso es más reactiva, más adaptativa, más que modificar el medio ambiente, permite adaptarse a él y por ende modificarnos a nosotros mismos.

La Casa zodiacal donde se encuentra la Luna representa el área de la vida que requiere un trabajo y actitud para ajustarnos y adaptarnos a esa realidad. Más que actuar y hacer cambios en esta Casa o área de vida, vamos a usar la energía femenina, adaptarnos, para alcanzar un equilibrio con la vida. Esta es la Casa donde somos madres, donde vamos a cuidar y nutrir a otros, ahí somos sensibles a las necesidades psíquicas y emocionales de los otros y a las nuestras. La Casa donde está la Luna es donde los condicionamientos del pasado, de la infancia, de la cultura, de nuestros padres y ancestros están más presentes. Estas pautas podrían ser positivas para el desarrollo y la expansión, pero otras pueden ser generadoras de bloqueos que producen trabas en el poder de adaptabilidad y de dejar fluir los procesos de cambio de la vida.

En la astrología la Luna es el astro que vincula al ser humano, el alma y el cosmos y es básica para emprender el conocimiento astrológico. La Luna se considera el camino que el alma vino a recordar a través de la vivencia en el plano terrenal, quizás vivir su oscuridad para luego conectar con su luz.

El lugar donde se encuentre posicionada la Luna por Casa y arquetipo significa en qué parte buscamos la seguridad física y emocional y este es un factor básico para una vivencia plena y equilibrada.

ASÍ TE EMPODERAS CON LA LUNA

La Luna en los arquetipos y Casas	Símbolo	Así busca su seguridad
Aries o Casa 1	♈	Encuentra seguridad en el lugar donde nació, en su pasado, lleva consigo una parte de su mamá o una figura maternal importante y sus tradiciones. Le proporciona seguridad tomar acción inmediata, llevar la iniciativa y no sentirse dependiente. Es una madre guerrera que lucha por cuidar y proteger a los suyos. Su emocionalidad puede apagarse o por el contrario presentarse de manera explosiva y agresiva.
Tauro o Casa 2	♉	Requiere los recursos materiales para sentir seguridad emocional. Es recursiva, se adapta a lo que tiene disponible a su alrededor para conseguir sus recursos. Por la seguridad que le proveen sus posesiones, puede desarrollar apegos que le dificultan separarse de ellos e incrementa la tendencia a acumular. Conservar su pasado es importante. La Luna se sentirá segura con cosas bellas, cerca de la naturaleza y proporcionando el alimento y todo tipo de experiencias sensoriales a su familia.
Géminis o Casa 3	♊	Busca el intercambio y el movimiento como fuente de seguridad. Se siente segura con la palabra amable y estando en contacto con su entorno cercano, hermanos, vecinos, amigos de colegio. Tiene la dualidad entre el cambio de Géminis y la estabilidad que busca la Luna.

La Luna en los arquetipos y Casas	Símbolo	Así busca su seguridad
Géminis o Casa 3	♊	Necesita fusionar el intelecto y las emociones para sentirse estable, tal vez convertir las emociones en palabras y expresarlas. Cuida de los suyos a través de la palabra y la comunicación, le gusta contar historias y la educación intelectual.
Cáncer o Casa 4	♋	Es la dueña y señora de la casa, necesita sentir que tiene un hogar estable y sólido y su hogar es el hogar de todos sus seres queridos. Busca el apoyo emocional de los otros y provee apoyo emocional a los que lo necesiten. Su familia y sus raíces son su centro, la casa es su templo y su refugio. Cuida de las tradiciones familiares y de su cultura. Se siente segura con todo lo que le resulte familiar.
Leo o Casa 5	♌	La Luna está en el sector que le pertenece al Sol así que no va a buscar ser la protagonista como lo busca el astro rey. La Luna va a participar en procesos creativos, su energía *yin* será la gestora creativa, el hogar de este proceso. Es una Luna muy fértil, ya sean hijos o proyectos. Se siente segura cuidando de sus hijos y creando, quizás le cueste dejar ir sus creaciones. Encuentra seguridad en las demostraciones de amor de los suyos para lo cual quizás tenga actitudes un poco infantiles para obtenerlas.

La Luna en los arquetipos y Casas	Símbolo	Así busca su seguridad
Virgo o Casa 6	♍	Busca la seguridad en las cosas sencillas de la vida, en lo sagrado, los rituales, los hábitos y ayudando y sirviendo a los demás. Se siente segura si sigue una rutina diaria ordenada y teniendo control sobre su ambiente. La ciclicidad de la Luna puede ser difícil de manejar por su necesidad de mantener un estilo de vida estable y cotidiano. Necesita atender sus emociones para no somatizarlas en el cuerpo.
Libra o Casa 7	♎	Se siente segura a través del intercambio con el otro, especialmente con sus vínculos más cercanos y la pareja. Podría ser la madre de su pareja o buscar una figura maternal y protectora en la pareja. Mantener el equilibrio y el orden en su vida y vínculos es importante para sentirse segura. Busca personas y entornos bellos y armónicos. Cuida a los demás a través de un actuar justo, equilibrado, un trato diplomático y se asegura de que su familia tenga un hogar estable.
Escorpio o Casa 8	♏	Es una Luna intensa y muy profunda. Está en su elemento agua y el área del inconsciente. Necesita seguridad emocional ante todo, encuentra esta seguridad a través del vínculo profundo con el otro y la sexualidad. Cuida a otros de forma pasional y pretendiendo poseerlos. Muestra sus más profundos miedos en sus vínculos y por eso se aislará o será intensa en sus relaciones.

La Luna en los arquetipos y Casas	Símbolo	Así busca su seguridad
Escorpio o Casa 8	♏	Esta Luna siente muy profundamente a los otros. Cuando aprende a fluir con el miedo y las emociones es una Luna psíquica que puede ayudar a la transformación y sanación de los que ama y esto le proveerá seguridad.
Sagitario o Casa 9	♐	Es una madre vital, optimista, juguetona y jovial. Le da seguridad el saber hacia donde se dirige. Necesita experiencias expansivas para ella y los que ama como aquellas que proveen los estudios superiores o los viajes y lo que implique movilidad. Necesita absorber otras culturas y filosofías porque la alimentan y la nutren. Siempre tiene una palabra optimista para los que ama y se le dificulta sentir que sufren. Le gusta dar sentido a la vida de los más jóvenes y buscará ser una maestra para su familia. El movimiento, el expandirse a nivel físico, mental y emocional, le proporciona seguridad.
Capricornio o Casa 10	♑	Es una madre estricta, actúa casi como un padre, definiendo límites claros para los suyos y dándoles una estructura sólida, no es una madre muy emocional y que pueda proveer apoyo emocional con facilidad. Encuentra la seguridad en un espacio y tiempo propios, una estructura familiar sólida y debidamente conformada, en los términos de la ley. Busca el éxito suyo y de los suyos a toda costa. Es una roca, un pilar para los que ama. Su hogar es un lugar práctico en el que cada uno tiene su espacio.

La Luna en los arquetipos y Casas	Símbolo	Así busca su seguridad
Acuario o Casa 11	♒	Es una protectora de la humanidad y la comunidad. Su familia es muy extensa más allá de los vínculos de sangre y se siente a gusto en medio de muchas personas, los grupos y las asociaciones. Se siente segura si es aceptada por el grupo y es la que nutre y alimenta al grupo. Es importante para esta Luna ser libre en el plano emocional y no dejarse manejar por las emociones. Motiva a los que ama en el desarrollo intelectual y la libertad.
Piscis o Casa 12	♓	El final del círculo astrológico y la tercera casa de agua. El agua de Piscis es el agua clara, profunda y a veces turbulenta del mar. Es una madre muy amorosa, no conoce los límites. Para sentirse segura necesita ser entendida en el plano emocional y querrá experimentar la expresión del amor en todas sus formas. Busca fundirse completamente en las aguas del otro. Es empática con las necesidades de los demás porque las sentirá como suyas. Es una Luna ingenua por lo que debe cuidarse de no entregarse en exceso para no sentirse victimizada y utilizada.

Tabla 11. El poder de la Luna en los Arquetipos y las Casas.

EL ARQUETIPO CÁNCER

Sol en Cáncer: 21 de junio al 20 de julio.
Planeta regente: Luna.
Elemento: Agua.
Modalidad: Cardinal.
Medicina: La protección, la nutrición.
Frase: Yo siento.
Eje Cáncer-Capricornio: El eje de la estructura.
Arquetipos: La madre, la abuela.

Cáncer es un arquetipo poco comprendido y en algunos aspectos puede llegar a ser visto como contradictorio. Para entender a Cáncer podemos acercarnos al bello animal que lo representa, el Cangrejo. Este crustáceo de dura caparazón tiene un interior suave y vulnerable. La dura coraza se encarga de proteger su delicado interior del ambiente hostil. Las olas de mar estrellan su cuerpo contra las rocas, que son su hogar, donde se protege de las corrientes marinas. Sus tenazas son su arma de defensa. Es, entonces, a pesar de su delicado interior, un animal que es capaz de vivir en condiciones difíciles, de sobrellevar la adversidad y con capacidad de defenderse sin importar su vulnerabilidad. Para atrapar el alimento que traen las generosas aguas marinas, el cangrejo se ve forzado a salir de su escondite para ir a la caza, tomar acción. No es un animal pasivo, pues el alimento le da el impulso para salir de su escondite. Este último hecho habla de la modalidad cardinal de este arquetipo. El ambiente marino donde vive y las aguas hablan de su emocionalidad. El cangrejo se mueve al ritmo de las olas del mar que están influenciadas por la capacidad de atracción de la Luna, su planeta regente.

Cáncer es un arquetipo emocional, sensible, vulnerable, pero fuerte y dispuesto a entrar en acción. Al estar ligado a las emociones, Cáncer es un arquetipo femenino o de polaridad negativa. Se asocia a la maternidad, al vientre donde el bebé se resguarda y se alimenta. Las aguas de Cáncer representan a su vez el inconsciente y nos sumergen en las profundidades de la psique humana y el reino del alma. El agua simboliza también el origen, de donde venimos. Consideremos el agua como el fluido amniótico en el vientre de la madre o el océano de donde emergió el ser que habitó por primera vez la Tierra en la teoría evolutiva. Esto lleva a asociar a Cáncer con la niñez, los primeros años de vida, la experiencia en el hogar materno-paterno, la familia de origen y los ancestros.

Luz del arquetipo Cáncer	Oscuridad del arquetipo Cáncer
Genuinas, sinceras y generosas.	Dificultad para manejar sus emociones siempre cambiantes.
Capacidad para cuidar, nutrir y proteger. Son excelentes madres.	Tendencia a tomar las cosas demasiado personales y ponerse a la defensiva.
Inteligencia emocional, sienten y reflejan las emociones de su medio ambiente.	Su búsqueda excesiva de la seguridad puede llevarlas a sentirse permanentemente inseguras y tornarse desconfiadas y temerosas.
Fuertes emocionalmente, pueden soportar bien las adversidades de la vida.	
La seguridad y el confort son factores importantes en su vida.	

Luz del arquetipo Cáncer	Oscuridad del arquetipo Cáncer
Valoran sobre todo la familia, los lazos familiares y las tradiciones.	

Tabla 12. Luz y oscuridad del arquetipo Cáncer.

LA CASA 4: LAS RAÍCES Y LOS ANCESTROS

En esta estación ampliaremos el significado de la Casa 4. Esta Casa se relaciona con el origen, el principio. Recordemos que es una Casa cardinal que rige el inicio de la estación de verano y nos ayuda a ampliar la necesidad de seguridad femenina. Esta Casa está representada por el elemento agua que nos conecta con las emociones y el inconsciente, lo que está en nuestra memoria más profunda, pero no podemos ver.

La Casa 4 es profunda, representa el Bajo cielo, es decir, la configuración del cielo en la parte baja de la bóveda celeste o la noche al momento de nacer. El fondo del cielo representa también las bases, el piso sobre el cual nos paramos y nos sustenta, el lugar y hogar de origen, nuestro país. La Casa 4 está bajo el dominio de las emociones, la intuición, las energías que no vemos, pero que encierran un gran poder si logramos ir a las profundidades, explorarlas y ejercer maestría sobre ellas.

Al ser una Casa cardinal, que marca la Cruz Cósmica, es una Casa que reviste gran importancia al momento de estudiar la carta natal. Tomar el poder que encierra esta Casa nos permite tomar los dones y regalos del árbol genealógico para dirigirnos con fluidez hacia el más alto propósito en la vida representado por la Casa 10 y el Medio cielo. Tomamos el poder de la Casa 4 para proyectarnos a la Casa 10: el éxito, el legado y el lugar en el mundo.

En la Casa 4 encontramos los primeros años de vida, la experiencia con nuestros padres. Es el alfa y el omega, el principio y el fin y va entonces más allá, a los abuelos y todos los ancestros, conocidos y desconocidos. Es la Casa de las raíces.

Si esta Casa está activada por la presencia de planetas, se puede sentir una atracción y una necesidad de habitar y/o regresar al hogar, la patria y las tradiciones, de conectar y explorar los orígenes y los ancestros. Estos planetas podrían estar actuando a un nivel muy profundo e inconsciente y tal vez hagan difícil detectar su influencia a simple vista. Quizás requiera hacer un viaje más profundo, al origen, para detectar su influencia y el regalo que tienen los ancestros para nuestra vida.

De los ancestros viene la vida, la fuerza. Una buena relación con los padres, o la imagen que nos hayamos hecho de ellos, nos dará fuerza para afrontar las vivencias y construir nuestra familia y, por ende, el legado a las futuras generaciones que podremos estudiar en el Medio cielo (Casa 10).

En el ADN no solo está la información física y emocional codificada de los padres, sino de todos los ancestros, algunos dicen que hasta siete generaciones atrás. Muchos de los temas que bloquean el poder podrían estar codificados en el ADN y manifestarse en el cuerpo a través de las emociones. Conectar con los ancestros, ir hasta ese origen donde se creó inicialmente esa emoción podría retornarnos la fuerza que necesitamos para avanzar en la vida y alcanzar los sueños y todo aquello que deseamos tener: plenitud, armonía y equilibrio.

LUNACIONES EN LA ESTACIÓN CÁNCER

Luna nueva en Cáncer

Consideraciones para la Luna nueva en Cáncer y temas a sembrar en esta lunación:

La Luna nueva en Cáncer nos trae el poder del elemento agua, de las emociones y la intuición, así que probablemente te sientes muy sensible en estos días. Es una oportunidad para contemplar tus emociones y qué personas y situaciones las activan y conectar con los mensajes que te transmiten. Revisa si existen límites que debes poner en tu vida para que tus aguas no se desborden. Esta lunación es especial para lograr esa conexión con tu Luna natal, las emociones que emergen en este período te revelan información adicional sobre el llamado de tu alma y qué necesitas atender para sentirte segura y cuidada y que quizás has ignorado o reprimido. Pasa tiempo contigo, atendiéndote, observándote, proporciónate lo que necesitas para sentirte reconfortada y así evitas dar paso a la tormenta emocional. Buen tiempo para retomar tu bitácora y registrar las emociones que experimentas, además de conectar con otras mujeres. Revisa la relación con tus padres: el padre te provee la energía para salir al mundo, tomar acción y la madre te conecta con la prosperidad y el éxito, así que identifica qué aspectos necesitas sanar o perdonar para recibir toda su fuerza. Revisa también el árbol genealógico e identifica los talentos y lo que has heredado de tus ancestros y qué creencias te transmitieron que te limitan y necesitan ser liberadas. Puedes elaborar una lista de los temas que necesitas sanar y las creencias que te limitan y quemarlas con el fuego de tu vela. Buena época para realizar una terapia de constelación familiar. Conecta con tus tradiciones, prepara ese plato que tanto te gustaba de tu abuela y saboreándolo, define las intenciones para este mes.

Al estar embebida de la energía cardinal, aprovecha la oportunidad para iniciar algo nuevo, o revisar las intenciones que definiste con la Luna nueva en Aries, quizás puedas hacer ajustes en este punto. Todo lo nuevo está muy bien aspectado.

Escribe aquí tu intención:

....

....

....

....

....

....

Luna llena en Capricornio

Esta lunación trae frente a ti el eje 4-10 de tu mandala representado por Cáncer y Capricornio: el eje de la estructura. El Sol se encuentra en Cáncer, donde tuvimos la Luna nueva sucedida dos semanas atrás, y ahora se encuentra en el arquetipo opuesto al Sol para mostrarnos ambas caras de la misma moneda. El Sol en Cáncer ilumina la Luna en Capricornio para que veas algo que necesita ser visto en temas relacionados con tu energía masculina, tu legado al mundo, lo que te provee estructura y aquello que es realmente duradero y perdurable en el tiempo.

Temas que la Luna llena en Capricornio podría traerte a la luz

La Luna en Capricornio puede reflejar emociones que te sean incómodas o con las cuales no quieras lidiar y prefieras ignorarlas. Quieres dedicarte a la profesión, pero temas caseros que no tienen relevancia para ti pueden surgir haciéndote sentir frustrada. Es importante atender todo con practicidad, pero con empatía, seguro que podrás organizarlas y entender qué es lo que estas situaciones o emociones disparan en ti y qué es aquello que te sirve o no para tus propósitos y metas. Podrás ver cosas que necesites organizar en la casa y la familia y también dónde es necesario establecer límites para avanzar.

En esta Luna el pesimismo y la frustración pueden aflorar por no alcanzar lo que quieres y tienes tendencia a juzgar y criticar de acuerdo con tus altos estándares. Obsérvalos.

Celebra los avances que has tenido desde que comenzaste este viaje y los pasos que has dado para concretar las intenciones que sembraste hace quince días.

Escribe aquí lo que celebras y lo nuevo que ves en esta Luna llena:

Afirmación

"Soy el agua pura que fluye y limpia mi alma. Atiendo mis necesidades y me cuido, soy mi propia madre. El universo y su energía maternal me aman y me protegen".

REFLEXIONES

¿Dónde se encuentra mi Luna natal por Casa y por arquetipo? ¿Qué he aprendido en esta estación de lo que necesito para sentirme segura y que mis emociones no se desborden?

....

....

....

....

¿En qué Casa de mi carta natal se encuentra el arquetipo de Cáncer? ¿En qué área de mi vida se potencializan las características de este Arquetipo y cómo vivo este mundo emocional?

....

....

....

....

¿Cómo me conecto con mi pasado, mis ancestros? ¿Qué fuerza puedo tomar de ellos y de las historias que me han contado del pasado?

....

....

....

....

¿El éxito y la prosperidad fluyen en mi vida y tengo la fuerza para ir tras lo que deseo? En caso contrario, ¿qué aspectos de la relación con mi padre y mi madre siento que debo sanar y perdonar?

....

....

....

....

¿Cuáles son las emociones que más experimento en mi cotidianidad y qué puedo hacer para canalizar mejor su energía?

....

....

....

....

QUINTA ESTACIÓN: EL SOL

Del 21 de julio al 20 de agosto
Lo que me llena de vitalidad y me energiza

> *"Como sentado en un trono real,*
> *el Sol gobierna la familia de planetas que giran alrededor suyo".*
> NICOLÁS COPÉRNICO

> *"El Sol es el resorte que lo maneja todo.*
> *El Sol preserva la vida y suministra toda la energía humana".*
> NIKOLA TESLA

¿Cómo te empoderas a través del Sol?: Conectando con lo que te da vitalidad y energía.

ARQUETIPO Y ESCUELA QUE RIGE EL SOL:
LEO Y LA CASA 5

Llegamos a la quinta estación de este viaje. Dejamos atrás a Cáncer, el hogar, el lugar que proporciona seguridad y protección, donde nos sentimos seguras y protegidas para avanzar, nos desprendemos del seno materno para responder al llamado inequívoco del corazón, el llamado a la autorrealización. Para emprender este viaje necesitamos coraje, la fuerza que proporciona el arquetipo del león. De la Luna, la madre y todo lo que representa la feminidad, nos movemos para explorar a la gran luminaria del zodíaco, máximo representante de la energía *yang* y personificación del padre: el Sol, el centro del sistema planetario. El Sol nos da vida, es energía activa que nos pone en movimiento, nos lleva a la acción desde la pasión con la fuerza y determinación de la energía masculina. En la pasada estación desvelamos a la Luna, receptiva de los rayos solares, ahora exploramos al Sol, quien la convierte en reina de la noche con sus rayos. Tenemos así otra pareja cósmica, diferente a Marte y Venus, quienes representan a los amantes. Ahora en las estaciones cuatro y cinco experimentamos la dupla divina Luna y Sol: la madre y el padre, gracias a ellos experimentamos la vida en la Tierra.

El Sol, esta estrella considerada planeta en astrología, tiene una masa tan grande que todos los planetas del sistema solar cabrían dentro de él, incluyendo los gigantes Saturno y Júpiter. Todos los planetas orbitan a su alrededor, de ahí radica su importancia y por eso ocupa el lugar de privilegio en la astrología tradicional.

En esta quinta estación volvemos a explotar la energía del elemento fuego, energía expansiva, de acción, pero un fuego diferente al de Aries. Si Aries era la chispa que encendía el fuego, el fogonazo inicial e instantáneo, Leo es el fuego de la hoguera que arde constante para calentar el hogar, es el fuego alrededor del cual nos sentamos para disfrutar, es el fuego que arde en el corazón.

El Sol habita e ilumina la Casa 5, la Casa de la creatividad, la autoafirmación, los hijos y el romance. La Casa donde está el Sol es fundamental para establecer la identidad y la forma de ver la vida, el mundo y cómo nos percibimos en el universo.

EL SOL

Llegamos al centro del sistema solar, a esta gran estrella que con sus rayos calurosos y luminosos permite que la vida sea posible, sin él, la vida que conocemos no existiría y debido a este particular hecho no es de sorprendernos que el Sol ocupe el lugar de privilegio en el mapa natal.

El símbolo del Sol es un círculo con un punto en el centro. El círculo representa el infinito, sin principio ni final, y el punto representa el yo. Es la expresión del infinito en el individuo.

El Sol representa el camino del héroe, o el de la heroína, quien va en busca de su tesoro o del florecimiento de su vida, camino cargado de acción, dinamismo y pasión. El héroe o la heroína necesitan vivencias, experiencias y retos los cuales viven con pasión y en los que entregan su corazón para encontrar su autorrealización. Es un punto dentro de la carta natal que necesita ser caminado, desarrollado, cultivado y expresado en su esencia más pura y desde la experiencia de realizar el viaje logramos expresar la individualidad, talentos y poder y se nos concede el carácter de autoridad, nos convertimos en líderes de nosotros mismos para después poder guiar a otros.

El Sol representa la vitalidad. Según dónde se ubica el Sol en la carta, nos permite brillar y la energía se expande, tomamos la fuerza para avanzar en la vida. Es el lugar donde podemos ser una estrella. Son las capacidades que necesitamos desarrollar para ser soles, para ser el centro de nuestro universo y para mantener el fuego y el amor que nos permite sentirnos vivos.

El Sol representa el arquetipo del padre. En la carta nos devela así la experiencia vivida con nuestro padre o la figura que lo haya representado y la relación que podamos tener con figuras de autoridad.

Recordemos una vez más que para la astrología femenina, la Luna, más que el Sol, da identidad a la mujer. Para el hombre el Sol proporciona el sentido de identidad pura, habla de quién es en su energía masculina y como desarrollará su rol de padre, su ego; y la Luna, para el hombre, representa aquello que busca en una mujer.

Para la mujer, el Sol representa lo que le da vida, energía y vitalidad, los espacios donde se recarga y donde su esplendor sobresale.

ASÍ TE EMPODERAS CON EL SOL

El Sol en los arquetipos y Casas	Símbolo	Lo que me llena de vitalidad y me energiza
Aries o Casa 1	♈	La energiza la actividad, el movimiento y el asumir el liderazgo y que todos lo noten. Pone su corazón al iniciar algo nuevo, un proyecto, una empresa y si es la primera en hacerlo, mucho mejor. Brilla al defender su individualidad. Su camino de heroína es dominar su ego para entrar en relación sana con los otros.

El Sol en los arquetipos y Casas	Símbolo	Lo que me llena de vitalidad y me energiza
Tauro o Casa 2	♉	La energiza apreciar la belleza del mundo. La estética y lo mundano despierta su fuego. La motiva el trabajo duro, ser fuerte y poseer. Entre más tiene más brilla y se siente vital, ya sean bienes, dinero o talentos. Generar recursos, cultivar la tierra y estar rodeada de belleza despiertan su pasión. Su camino de heroína es confiar en la generosidad y la abundancia del universo y soltar la necesidad de brillar a través de lo que posee.
Géminis o Casa 3	♊	La energiza comunicar, generar conexiones con su entorno y adquirir conocimiento. Brilla en el mundo del comercio, la negociación y el intercambio. Ser reconocida socialmente enciende su fuego. Brilla en la sociedad y en las redes sociales. Su camino de heroína es conectar con la sabiduría universal.
Cáncer o Casa 4	♋	Se llena de energía en casa, con su familia, en su hogar y más que brillar ella, haciendo brillar a los suyos. Le apasiona ser proveedora de su familia y a los que considera su círculo. Brilla al construir sus espacios íntimos y privados. Su camino de heroína es balancear la emocionalidad con la racionalidad y abrirse al exterior.

El Sol en los arquetipos y Casas	Símbolo	Lo que me llena de vitalidad y me energiza
Leo o Casa 5	♌	Es la expresión máxima del brillo y se energiza irradiándolo a los demás. Vivir con pasión e intensamente es primordial. Entrega su corazón en todas sus creaciones. La llena de energía ser el centro de atracción, liderar, pararse en el escenario, crear. Su camino de heroína es comprender que es necesario incluir a la comunidad y que no todo gira en torno a ella.
Virgo o Casa 6	♍	Estar al servicio de los demás la energiza, es importante saber para qué es buena y cómo puede ayudar. Pone el corazón en su trabajo y al servicio de los otros. La vitaliza establecer rutinas, el orden, la perfección, cuidar su cuerpo, la alimentación saludable. Su camino de heroína consiste en cuidar su propio fuego antes de encender el de otros.
Libra o Casa 7	♎	La llenan de vitalidad las relaciones y que estas sean justas y equilibradas. La energiza hacer brillar a su pareja y el compromiso que eso denota. Le apasiona conectar con personas cultas y que resalten su brillo interno. Ve su brillo en el brillo del otro. Su camino de heroína consiste en retomar su individualidad, ser su propio Sol.

El Sol en los arquetipos y Casas	Símbolo	Lo que me llena de vitalidad y me energiza
Escorpio o Casa 8	♏	Este Sol brilla tan intensamente y con absoluta pasión que puede llegar a quemar. Se energiza en entrega total al otro. Sobrepasar sus limitaciones, sentirse poderosa o estar en medio de lo que representa el poder la llenan de energía. Tiene una capacidad para transformarse y transformar al otro. Su brillo se expande cuando conquista su propia sombra y su capacidad intuitiva. Su camino de heroína es transmutar sus miedos.
Sagitario o Casa 9	♐	La energiza la libertad de pensamiento, integrar su sabiduría, encontrar su propia verdad y enseñar su conocimiento a otros. Se llena de energía explorando y alcanzado nuevas metas, por eso ama profundizar en el aprendizaje y los viajes que la llevan al encuentro de su verdad universal. Su camino de heroína es entender que la verdad alcanzada es personal y no la de todos.
Capricornio y Casa 10	♑	La llenan de vitalidad trabajar para lograr el éxito y el reconocimiento de los demás para lo cual se enfrenta a múltiples retos desde niña. La llenan de vitalidad escalar social y laboralmente, así como trabajar para dejar un legado en el mundo. Su camino de heroína es encontrar su lugar en la vida y alcanzar lo que desea, conectada desde el corazón con sus emociones.

El Sol en los arquetipos y Casas	Símbolo	Lo que me llena de vitalidad y me energiza
Acuario o Casa 11	♒	La llena de energía hacer parte de grupos y comunidades con los que comparte sus ideales. Le da vitalidad la idea de crear un mundo mejor, más inclusivo, progresivo y futurista y aportar sus ideas a la humanidad. Su camino de heroína es conectar su corazón con las ideas y los otros, aunque los otros no piensen igual y entendiendo que el mundo no tiene que ser perfecto.
Piscis o Casa 10	♓	Este Sol brilla en el interior de su ser, en la intimidad de su alma, en la soledad que abriga. El Sol en esta posición ilumina el inconsciente familiar y colectivo. Es la síntesis de los demás arquetipos y Casas. Se llena de vitalidad conectando con lo que ilumina su alma, lo sublime, el amor, la magia y el universo. Su camino de la heroína es integrar la magia, sutileza y vivir el cielo en el mundo terrenal.

Tabla 13. El poder del Sol en los arquetipos y Casas.

EL ARQUETIPO LEO

Sol en Leo: 21 de julio al 20 de agosto.
Planeta regente: Sol.
Elemento: Fuego.
Modalidad: Fija.
Medicina: Expresión del ser, generosidad del corazón.
Frase: Yo amo.

Eje Leo–Acuario: El eje de la creatividad.
Arquetipos: La reina, la diva, la heroína.

El león representa la realeza, el coraje, la dignidad, la inocencia, el corazón, el amor y el ego. Regulus, la estrella más brillante en la constelación de Leo y que se encuentra justo en el corazón del León, se ubica exactamente en la eclíptica, el camino que recorre el Sol, otorgándole así un poder simbólico para brillar desde el corazón y de ir tras su destino como derecho de nacimiento.

Leo reina en el período más caliente del verano en el hemisferio norte, en el verano los frutos maduran, los campos de trigo y maíz se visten de dorado y los girasoles dirigen su mirada al Sol, honrándolo en su trayectoria diaria. Es tiempo de vacaciones, recreación y disfrute, tiempo de amoríos, de romance. ¿Quién no recuerda la intensa belleza de un amor de verano?

El León representa la energía *yang*, pero ¿quién en la pareja es el que pasa la mayor parte del tiempo relajándose mientras la hembra hace el trabajo? ¿Quién en la pareja es la fiera en el combate y la caza y quién provee protección a los cachorros? Dirijamos la mirada a la parte femenina, la hembra, la leona. Ella revela una parte importante de este arquetipo que necesitamos integrar.

La leona cazadora fue venerada en muchas culturas antiguas. Fue venerada en el antiguo Egipto como la diosa de cabeza de león, Sekhmet, deidad de la guerra, quien confería coraje a los guerreros, pero era también poseedora de una fuerza destructora brutal, quizás igual a la fuerza que tiene el Sol en un día caliente de verano al mediodía. La energía balanceada del Sol se expresa en Bast, la diosa gato egipcia, protectora y diosa de la sanación. Es considerada la parte benevolente de Sekhmet.

Diferentes culturas muestran a la leona como acompañante de las diosas en señal de fuerza y confianza.

Hagamos una referencia ahora al arcano número 8 del tarot: la fuerza. La carta representa a una mujer bajo el cielo dorado, quien viste una túnica blanca, representando su inocencia y lleva el signo del infinito en su cabeza. Ella ha logrado conquistar y domesticar a la fiera y sujeta suavemente la cabeza del león con total confianza. La naturaleza salvaje ha sido traída bajo control y ese poder ha sido asumido por la mujer, quien está en apropio total de sí misma, esto indica que el poder no se centra solo en la fuerza física. El cultivo del poder interior ofrece una potente oportunidad para la transformación en esta etapa del viaje por las estrellas para retomar nuestro poder femenino.

Luz del arquetipo Leo	Oscuridad del arquetipo Leo
Brillan por sí solos. Su carisma irradia a todos a su alrededor.	Excesivo orgullo y egocentrismo.
Son generosos, amorosos y exhiben grandeza de corazón.	Dificultad para ver su propia sombra.
Los mueve la conquista. Son corajudos y tienen alto sentido de integridad.	Les gusta ser admirados y pueden llegar a hacer todo por lograrlo. Tendencia al narcisismo.
Creativos por naturaleza. Aman y tienen talento para las diferentes manifestaciones del arte. Les gusta estar en el escenario.	En su sombra pueden tener baja autoestima y encarnar al niño malcriado y herido.
Son líderes por naturaleza.	Pueden tener muchos amores frugales.

Luz del arquetipo Leo	Oscuridad del arquetipo Leo
	Requieren demasiada validación y atención.

Tabla 14. Luz y oscuridad del arquetipo Leo.

LA CASA 5: LA CREATIVIDAD, EL DISFRUTE Y LOS NIÑOS

La creatividad es una cualidad que demarca un aspecto femenino importante: en el útero se gesta la vida y la mayor creación son los hijos. El padre da la vida al depositar una parte de la semilla y en el útero materno se gesta y se desarrolla la creación más maravillosa del universo: el ser humano. En la Casa 2 encontramos talentos que tenemos y entregamos a la humanidad y en la Casa 5 encontramos la pasión para que esa entrega se haga desde el corazón. Los planetas de la Casa 5 nos llevan a tomar la iniciativa, ir a la acción, asumir riesgos y dar vida a los hijos y a proyectos creativos.

La Casa 5 es una Casa de alegría, de juego, no de competencia. Los planetas vienen a llevar alegría a su alrededor. Aquí volvemos la mirada a la niña inocente que fuimos, a nuestra niña interior. Desde la sombra podemos tomarnos como pequeñas divas, niñas malcriadas o necesitadas de la atención permanente de sus padres.

Es la Casa del disfrute, aquí miramos los primeros amores, el romance, la conquista. El placer que nos produce sentirnos enamorados, el acariciarnos o permitir que los rayos del sol y el viento nos acaricien.

LUNACIONES EN LA ESTACIÓN LEO

Luna nueva en Leo

Consideraciones para la Luna nueva en Leo y temas a sembrar en esta lunación:

En la Luna nueva en Leo retomamos el elemento fuego que viene acompañado ahora de la modalidad fija para llenarte de brillo y confianza e invitarte a vivir desde la verdad de tu corazón. Esta es la Luna para conectar con quien realmente eres, con tu ser más auténtico y para llenarte de vitalidad y energía para continuar el camino de empoderamiento femenino. En esta Luna aprovecha para conectar con tus dones y tu poder creativo y visualizar esa nueva y auténtica vida que quieres crear. Época propicia para activar proyectos donde necesites poner en el escenario tus habilidades artísticas. Conecta con tu niña interior para identificar cómo se siente y aprovecha para consentirla y para sanar aquello que aún duele en el corazón y lo que ha impedido que brille con todo su esplendor. Lista los proyectos que tienes y manos a la obra.

Escribe aquí tu intención:

....

....

....

....

....

....

Luna llena en Acuario

Esta lunación trae frente a ti el eje 5-11 de tu mandala, representado por Leo y Acuario: el eje de la creatividad. El Sol se encuentra en Leo frente a frente con la Luna acuariana para que consideres los aspectos de estas dos energías, veas algo que necesita ser visto en temas relacionados con la energía del fuego y el aire, el deseo de ser diferente y libre, ser tu misma, tu capacidad inventiva, aspectos de la necesidad de ser el centro de atención y el impacto en los amigos y la comunidad.

Temas que la Luna llena en Acuario podría traerte a la luz

El frío Acuario será bañado con la apasionada energía de Leo, lo cual puede ser un choque térmico o algo abrigador, dependiendo de en qué punto del eje te encuentres y qué tan radical sea la energía que manejas. Esto te lleva a balancear lo que piensas y lo que sientes. La energía altruista de Acuario podría sentir rechazo al ego e individualismo leonino. Es importante considerar que amarse a sí mismo primero es primordial para luego expandir ese amor a la humanidad. Revisa cómo está tu vitalidad, qué cambios se hacen necesarios en este momento en vista de hacia dónde vas y de tu futuro. Pueden aparecer situaciones en las que te sientes inconforme, así que permite que el cambio venga de adentro y no de circunstancias imprevistas del exterior.

Esta Luna te ayuda a ver incoherencias entre lo que piensas y realmente sientes. Esto podrá hacerte sentir confundida, pero hará que te conectes con el ser maravilloso y auténtico que eres.

Escribe aquí lo que celebras y lo nuevo que ves en esta Luna llena:

....

....

....

....

Afirmación

✳

"Amo el ser auténtico, original y creativo que soy. En conexión con la niña interior que habita en mi corazón, me presento al mundo para brillar con luz propia y con ella irradiar todo a mi alrededor".

✳

REFLEXIONES

¿Dónde se encuentra mi Sol por arquetipo? ¿Qué muestra esta posición de lo que necesito para sentirme vital y llena de energía?

....

....

....

....

¿En qué Casa de mi carta natal se encuentra el arquetipo de Leo? ¿En qué área de mi vida se potencializan las características de este arquetipo y en qué áreas de la vida y actividades se expande mi brillo?

....

....

....

....

....

De acuerdo con mi Sol, por Casa y arquetipo, ¿cómo ha sido mi camino de heroína o de autorrealización, qué experiencias he vivenciado en busca de mi brillo y mi florecimiento?

....

....

....

De acuerdo con mi Sol y el posicionamiento del arquetipo de Leo en mi mapa natal, ¿dónde reside mi mayor poder? ¿Lo he conquistado?

....

....

....

....

SEXTA ESTACIÓN: VESTA

Del 21 de agosto al 20 de septiembre
Mi fuego interior

> *"Las lecciones más profundas surgen de las aguas más profundas*
> *y de los fuegos más calientes".*
> ELISABETH ELLIOT

> *"El hombre está hecho de tal manera que cada vez que algo enciende*
> *su alma, las imposibilidades se desvanecen".*
> JEAN DE LA FONTAINE

¿Cómo te empoderas a través de Vesta?: Cuidando tu fuego interior para enfocarte en tus tareas y causas.

ARQUETIPO Y ESCUELA QUE RIGEN JUNTO A VESTA: VIRGO Y LA CASA 6

Hemos llegado a la sexta estación de este viaje, cubriendo así la primera mitad de la rueda astrológica. Después del fuego del

Sol y Leo volvemos a la Tierra para asentar y concretar toda la energía que se expandió en nuestro corazón y el llamado que recibimos de él. La heroína entra en la acción concreta del día a día. Del Sol abrasador de verano con su poder creador, nos aproximamos a la tierra dorada del otoño, a la época de la cosecha para recolectar los frutos maduros, jugosos y dulces. Los campos de cereales dorados están listos para ser segados, es tiempo de volver al trabajo y a las rutinas diarias, la heroína llena de vitalidad va a trabajar y a poner a producir la tierra.

En la astrología tradicional, el curioso Mercurio rige a Virgo proporcionándole a este arquetipo dotes mentales de adaptabilidad, flexibilidad y capacidades analíticas excepcionales. La energía inteligente de Mercurio, que se concentraba en la mente en Géminis, aquí es dirigida al cuerpo y a la conexión con la tierra y la madre naturaleza. Mercurio le proporciona inteligencia para moverse en el cuerpo físico, en el mundo terrenal y para lo que él requiere en el desempeño de sus funciones básicas de generar y hacer prosperar la vida a través de la actividad del día a día. En astrología femenina los asteroides Ceres y Vesta son considerados regentes de Virgo. En esta estación dirigiremos nuestra nave hacia los asteroides y haremos una detallada exploración de Vesta para profundizar en los misterios del servicio femenino y la sexualidad sagrada, aspectos importantes del arquetipo de la virgen y de la generación y continuidad de la vida.

VESTA

Comenzamos este recorrido por las estrellas entendiendo que la esencia del principio femenino es ejemplarizada por la energía de la Luna que representa todos los aspectos maternales. En nuestra segunda estación en Venus, vimos cómo esta bella diosa representaba la energía del disfrute, el goce, aspectos de la energía femenina y en la Casa 7 exploraremos su rol como pareja en una relación. En la astrología tradicional, hasta antes del descubrimiento de los asteroides a inicios de 1800 y antes del trabajo realizado por la astróloga Demetra George, solo existían estos dos cuerpos celestes para caracterizar la energía femenina en sus dos aspectos o arquetipos más clásicos y patriarcales: la madre, representada por la Luna, y la pareja o amante, representada por Venus.

Vesta fue descubierta el 29 de marzo de 1807, aunque no es el cuerpo más grande en el cinturón de asteroides que se encuentra entre Marte y Júpiter, es el más brillante y el único que puede ser divisado a simple vista sin la necesidad de utilizar telescopios. Vesta está constituida por un tipo de roca volcánica que estuvo sometida a muy altas temperaturas, lo que le da la capacidad de reflejar la luz del Sol, de brillar y de reflejar el fuego, por lo que se le dio el honor de recibir el nombre de Vesta.

Los romanos adoraban a Vesta como la diosa del corazón que custodiaba el fuego interno y le otorgaban un lugar especial en cada casa y en el centro público de cada ciudad. El fuego cuidado por Vesta (Hestia para los griegos) representaba la unidad y cohesión de la familia y el estado.

En la mitología griega, Hestia fue la primera de las diosas del Olimpo en nacer. Nació de Cronos (Saturno) y Rea y fue la última en salir del vientre de Cronos cuando Zeus (Júpiter) liberó a sus hermanos del vientre de su padre. Hestia eligió ser virgen y rechazó casarse con Apolo (el dios Sol) o Poseidón (Neptuno). También decidió mantenerse al margen de las disputas de las diosas en el Olimpo, manteniendo así su imparcialidad y dedicándose a cuidar su propia causa para no ser tocada ni dañada por nadie.

En Grecia, Hestia simbolizaba la honestidad y los acuerdos justos y en su nombre se sellaban los contratos sociales, también representaba la hospitalidad, quien ofrecía su fuego, comida y techo a los extraños o forasteros.

Los romanos absorbieron a Hestia y la nombraron Vesta. Numa Pompilius, segundo rey de Roma, construyó un templo dedicado a la diosa y le dio la responsabilidad de cuidar del fuego a las sacerdotisas de Vesta, las vírgenes vestales. Estas sacerdotisas eran escogidas entre las más bellas de la ciudad y que provenían de las familias más cultas. Las vestales servían estas funciones desde los seis hasta los treinta años y eran poseedoras de muchos privilegios en la sociedad, no dependían de sus padres ni de ningún hombre y estaban rodeadas de lujos y todo tipo de beneficios materiales. Las vestales, además de su función de cuidar el fuego y las reliquias guardadas en el lugar, tenían otra función muy especial: asegurar la descendencia del rey y proveer al reino con seres divinos, los cuales eran engendrados en rituales que capturaban todo el poder fértil de la diosa Luna y que eran concebidos en un ambiente puro y sagrado. Es esta quizás la razón última por la que en nuestra cultura cristiana se predijo que el nuevo rey de la Tierra nacería de una virgen. Más adelante en nuestra cultura cristiana y patriarcal se deformó el concepto de virginidad para denominar a aquellas mujeres que no habían iniciado su vida sexual y que se mantenían castas y puras. El verdadero significado de virgen es en realidad el asociado a Vesta, la mujer libre y pura que no necesita ser poseída por ningún hombre, que se cuida a sí misma, cuya sexualidad es sagrada, que es consciente de su valor propio y está en control de su cuerpo.

Vesta en astrología otorga habilidad para mantener el enfoque y dedicación en una tarea, objetivo o causa. También representa ese lugar en donde se enciende el fuego interno, el lugar donde podemos cuidarnos de mejor manera, proveer servicio y ser fértiles y prósperas. Es el lugar donde necesitamos cuidarnos, purificarnos y donde podemos llegar a ser independientes y no necesitar el apoyo de ningún hombre. Es aquí donde reside la verdadera capacidad de mantenernos vírgenes.

Con Vesta en la carta natal podemos también analizar aspectos de la sexualidad, aquí podríamos estar relegando el aspecto del disfrute sexual o experimentar limitaciones por temas asociados a tabúes, culpabilidad, miedo, disfunciones sexuales. Esto debido a factores que se mantienen en la psique humana y asociados al arquetipo de la virgen. Las vestales eran duramente castigadas si se entregaban al sexo o a un hombre más allá de las funciones sagradas y divinas que debían cumplir. A su vez, con la eliminación del rol de las vestales en la sociedad, estas vírgenes fueron llevadas a lugares especiales que más tarde se convertirían en los conventos, dando así origen al arquetipo de la monja, para quien la sexualidad es totalmente reprimida o al arquetipo de la prostituta, en el cual la sexualidad se considera libertinaje y depravación.

Para conectar con Vesta enciende una llama como símbolo de tu fuego interior y encuentra ese espacio o lugar sagrado donde conectas contigo misma, puedes abrir un espacio para ti y para lo que amas hacer y el cuidado de tu energía vital, tu cuerpo y tu mente. Utiliza el ritual como práctica sagrada, aproximándote a tus labores o tu trabajo no como deber o sacrificio, sino como algo que nace de tu corazón para servir y entregar a otros. Conecta con la energía sexual desde un aspecto espiritual, considerando el poder creador que emana de ella.

ASÍ TE EMPODERAS CON VESTA

Vesta en los arquetipos y Casas	Símbolo	Lo que enciende mi fuego interior
Aries o Casa 1	♈	Su fuego se enciende al ser independiente en su actuar y generar su propio estilo de trabajar y servir a los otros. Tiene un gran sentido de la independencia y no necesita ser dominada ni poseída por otro. Su sexualidad es activa y toma la iniciativa, es importante para ella retener su individualidad.
Tauro o Casa 2	♉	Su fuego se enciende al sentirse en contacto con la naturaleza y con los pies arraigados a la tierra y al asegurar que ella misma genera todos los recursos que necesita para su seguridad y estabilidad. Su devoción por lo que la apasiona es sólida. Su sexualidad se basa en liberar de manera orgánica sus instintos naturales.
Géminis o Casa 3	♊	Su fuego se enciende con la palabra y estando en continua comunicación con su medio ambiente. Su capacidad de comunicar está siempre en el punto adecuado. Le apasiona desplegar las habilidades de su mente junto a otras mentes intelectuales como la suya. La comunicación y el intercambio mental son importantes en su sexualidad.

Vesta en los arquetipos y Casas	Símbolo	Lo que enciende mi fuego interior
Cáncer o Casa 4	♋	Cuidar con devoción a los suyos y sentir que es indispensable para ellos enciende su fuego interior, no dudando en sacrificarse por ellos. La familia o los individuos que son dependientes mueven en ella la energía para el trabajo. Para llenar su aspecto sexual necesita sentirse amada y valorada.
Leo o Casa 5	♌	Su fuego interior se enciende al vivir la vida a su propio estilo y experimentando la alegría de vivir. La llena de energía trabajar en proyectos creativos, el arte, las manualidades y en aspectos estéticos. Su fuego interior se enciende al sentir que ella y su trabajo son admirados y reconocidos. Su sexualidad se manifiesta mejor a través del romanticismo y la admiración.
Virgo o Casa 6	♍	Esta posición de Vesta refuerza la pasión y entrega por servir al mundo a través del trabajo y el enfoque en la concentración para mantener encendida su llama interior. Su sexualidad puede ser también una forma de ponerse al servicio de otros o ser una terapia de sanación.
Libra o Casa 7	♎	Su fuego se enciende cuando trabaja y sirve a otros con devoción. La motiva trabajar en equipo y extraer lo mejor de las personas para proveer un mejor resultado. Su sexualidad se manifiesta mejor al ser reconocida como un igual y cuando hay equilibrio entre el dar y el recibir.

Vesta en los arquetipos y Casas	Símbolo	Lo que enciende mi fuego interior
Escorpio o Casa 8	♏	Su fuego interior se enciende de manera intensa conectando a nivel profundo con los otros y buscando la transformación personal. Su llama interior se aviva explorando los misterios y secretos de la vida. La sexualidad es vivida como una experiencia casi espiritual y es una vivencia transformadora.
Sagitario o Casa 9	♐	Su fuego se enciende desarrollando una creencia o verdad auténtica que le dé sentido a su vida. Al aire libre, en la aventura y los viajes, su llama se aviva. Logra una interesante mezcla de pragmatismo, idealismo y misticismo en sus labores y en su sexualidad.
Capricornio o Casa 10	♑	Su fuego se enciende en el cultivo enfocado de una vida estructurada y disciplinada que la conduzca a la realización de sus sueños y a dejar un legado a las futuras generaciones. El compromiso y el honor deben estar presentes para irradiar su sexualidad.
Acuario o Casa 11	♒	Su fuego interior se enciende a través del trabajo humanitario o la política que les permite influenciar en los grupos y trabajar por un mundo diferente y mejor. Es capaz de mantener el enfoque de principio a fin cuando asume retos progresivos, incluyentes y futuristas. Su sexualidad se enciende manteniéndose desapegada y de formas no convencionales.

Vesta en los arquetipos y Casas	Símbolo	Lo que enciende mi fuego interior
Piscis o Casa 12	♓	Su fuego interior se enciende sirviendo a los otros desde el alma y entregándose incondicionalmente. Conectar con la sacralidad y la espiritualidad mantiene su llama encendida. Su sexualidad se aviva si se siente necesitada y se integra el romanticismo y la sublimación espiritual.

Tabla 15. El poder de Vesta en los arquetipos y las Casas.

EL ARQUETIPO VIRGO

Sol en Virgo: 21 de agosto al 20 de septiembre.

Planetas regentes: Mercurio y Vesta.

Elemento: Tierra.

Modalidad: Mutable.

Medicina: Discernimiento.

Frase: Yo cuido mi fuego para servir.

Eje Virgo–Piscis: El eje del servicio.

Arquetipos: La virgen, la sacerdotisa.

De todos los arquetipos de la rueda zodiacal, Virgo está entre los menos entendidos y no se le otorga la importancia que merece. Virgo normalmente se presenta como la mujer que se mantiene virgen, alejada de la experiencia sexual, también como la mascota o animales domésticos que sirven a su amo, los sirvientes y el administrador que es demasiado detallista, demasiado criticón. Quizás esto sea un reflejo de la forma en que la cultura ha visto los atributos femeninos y la falta de reverencia a la Madre Tierra que vivimos en los tiempos modernos.

La constelación de Virgo, la segunda más grande en el cielo, es representada por una mujer, a veces con alas, con una espiga de trigo en su mano izquierda, la misma representación de la diosa Ceres. En sus orígenes, la constelación de Virgo era seguida por la constelación de Escorpio. La energía de la sexualidad y la fertilidad guardada y cuidada (Virgo) luego daba paso a la energía sexual que se comparte con otro ser humano (Escorpio). No fue sino hasta el nacimiento del matrimonio como rito legal para asegurar la continuidad de los reinos y las herencias que la constelación de Libra fue incluida y que se tomó el espacio del cielo que antes ocupaban las tenazas de Escorpio.

En el cielo existen solo tres representaciones humanas femeninas y dos de ellas están encadenadas: Cassiopeia está encadenada a su trono, y su hija Andrómeda a una roca. Virgo es la única mujer libre en el firmamento. Es así como hasta los griegos respetaron el poder de esta diosa de la cosecha y decidieron no encadenarla por temor a que llevara a la hambruna a toda la humanidad, igual como se presenta en el mito de Ceres y Proserpina.

Virgo representa la necesidad de desconectarnos del mundo exterior para ir al interior y cultivar así la esencia física, el poder sexual y el espiritual. Aquí despertamos la sensibilidad al trabajo interno y al trabajo del cuerpo físico en su forma más natural. El poder creativo de Leo se vuelca para crear prácticas sostenibles y servir a un bien mayor. Virgo toma todo el potencial de la Tierra de Tauro, lo convierte en cosecha y lo trabaja con esmero para transformarlo en pan y presentarlo a la mesa para el provecho de otros.

En Virgo, el cuerpo y la tierra nos hablan y buscan estar en constante equilibrio, es por eso que Virgo rige la salud. Si no escuchamos al cuerpo, si no lo cuidamos y nutrimos con hábitos saludables, él hablará desarrollando el malestar y la enfermedad; si el medioambiente y las rutinas no están organizadas, estructuradas y no hay disciplina, los espacios y el cuerpo también enfermarán, de aquí la necesidad del orden y la rutina estructurada que representa este arquetipo. Virgo puede ser un gran sanador, otra forma de llevar sus dotes al servicio de la humanidad.

Con Virgo conectamos con la belleza, la perfección humana, la sensualidad, el éxtasis y con la tierra para producir dulces frutos y crear así una relación armónica con el cuerpo y la tierra.

Luz del arquetipo Virgo	Oscuridad del arquetipo Virgo
Gusto por los detalles, el orden, la limpieza y la belleza.	Criticismo. Pueden ver lo que está mal en medio de todo lo bueno.
Aman los rituales y establecer rutinas saludables que los llenan de paz.	Hipocondría. Tiende a preocuparse demasiado y magnificar lo que no funciona en su búsqueda de salud o equilibrio.
Busca el orden de los sistemas y la integración para que funcionen bien.	Manía por el orden y la limpieza.
Tienen una gran capacidad de análisis y de organización aplicada al trabajo, el cuerpo y a la tierra.	Demasiado servil, olvidándose de sí misma.

Luz del arquetipo Virgo	Oscuridad del arquetipo Virgo
Necesitan estar al servicio de los demás, lo que mantiene su fuego interno encendido.	Su perfeccionismo le puede mantener en la tarea o dificultar la toma de decisiones.

Tabla 16. Luz y oscuridad del arquetipo Virgo.

LA CASA 6: SERVICIO Y ESTILO DE VIDA

La Casa 6 es conocida como la Casa del trabajo y la salud y aquí se expresa la energía de Virgo y los planetas y asteroides regentes: Mercurio, Ceres y Vesta. En la Casa 6 se estudian las rutinas diarias, la necesidad de cuidarnos y de cuidar el fuego interno. De la creatividad que se expresa en la Casa 5 evolucionamos para expresar esos dotes, ponerlos al servicio de la humanidad y con ellos generar los recursos que requerimos para el diario vivir, por eso es llamada también la Casa del trabajo y estará influenciada por los planetas presentes en el cielo en este lugar en el momento del nacimiento.

En esta Casa de Tierra y de modalidad mutable se experimenta el orden o se vivencia el caos y por eso existe la necesidad de ordenar, desde un enfoque más práctico y sencillo para ponerlo al servicio de la vida. En esta Casa se experimenta la perfección o se vive la obsesión por los detalles y podemos exigirnos demasiado o exigir demasiado a los demás. Es importante en esta Casa trascender el caos, la impureza y la imperfección y entender el hecho de que la vida sucede de manera natural y espontánea.

LUNACIONES EN LA ESTACIÓN VIRGO

Luna nueva en Virgo

Consideraciones para la Luna nueva en Virgo y temas a sembrar en esta lunación:

La Luna nueva en Virgo nos lleva a conectar con el elemento Tierra, esta vez con la cualidad más ligera de la modalidad mutable, lo cual trae flexibilidad y adaptabilidad que te permiten moverte a un lugar más seguro, práctico y conectado con tu realidad. Es momento de hacer un chequeo a tus sueños e intenciones y de crear un plan realista, no necesariamente perfecto, para ir tras lo que deseas o para moverte al lugar donde quieres estar. Esta Luna te permite conectar con aquello que mantiene encendido tu corazón y que te da la energía para ejecutar las labores y entregar tu servicio al mundo.

Ritualiza esta Luna en tu altar, conecta con la vestal, mujer pura que cuida de sí misma, y enciende una vela con la intención de reconocer lo que mantiene encendida la llama de tu corazón. Aprovecha esta lunación para purificarte, limpiar tu cuerpo, mente y espacio. Puedes probar una terapia o dieta de desintoxicación para equilibrarte si lo necesitas. Aprovecha el poder sanador y sagrado de esta Luna.

Escribe aquí tu intención:

....

....

....

....

....

Luna llena en Piscis

Esta lunación trae el eje de tu mandala representado por Virgo y Piscis: el eje del servicio. El Sol en Virgo ilumina la Luna en Piscis para que estos dos arquetipos se balanceen y se complementen en las polaridades de lo místico y lo mundano, el orden versus el caos y para abrir espacio a aquello que no puede ser explicado por la mente analítica.

Temas que la Luna llena en Piscis podría traerte a la luz

Puede que tu salud se vea afectada al somatizar estrés por exceso de orden y control o trabajo excesivo que ha impedido que cuides tu fuego interior. Piscis pondrá un poco de caos en tu vida, necesario para introducir nuevas posibilidades en tus rutinas o que pongas fin a aspectos que podrían ser tóxicos. Piscis te invita a adentrarte en ti, aislarte de tu rutina diaria para conectar con el cosmos y la magia a tu alrededor.

Esta Luna sacará emociones profundas a la superficie del mar y se pueden presentar como un tsunami, lo que te puede resultar difícil de controlar. Es importante reconocer y atender emociones tóxicas, estados de depresión y daño causado por viejas heridas. Aceptar, perdonar y soltar serán palabras claves para proseguir en tu camino. Celebra la magia en tu vida.

Escribe aquí lo que celebras y lo nuevo que ves en esta Luna llena:

AFIRMACIÓN:

"Mi naturaleza es pura, fértil y sagrada.
Conecto con lo que mantiene encendida la llama
de mi corazón para cultivar mi energía
y entregarla al mundo para el mayor bien".

REFLEXIONES

¿En qué Casa de mi carta natal se encuentra el arquetipo de Virgo? ¿En qué área de mi vida se potencializan las características de este arquetipo?

....

....

....

....

....

¿Cómo podría aprovechar mejor la energía inteligente de Mercurio para escuchar más a mi cuerpo y los mensajes que me da la madre naturaleza?

....

....

....

....

....

¿Dónde está mi Vesta por Casa y arquetipo? ¿Cómo puedo incrementar esta conexión con mi fuego interno y la mujer completa que soy?

....

....

....

....

¿Cómo son mis rutinas de cuidado de mi cuerpo, de salud mental, de mis espacios que me proporcionan balance y paz interior? ¿Dónde necesito poner mi enfoque?

....

....

....

....

SÉPTIMA ESTACIÓN: JUNO

Del 21 de septiembre al 20 de octubre
Cómo y con qué me comprometo

> *"La libertad no es la ausencia de compromisos, sino la habilidad de elegir*
> *y comprometerme con lo que es mejor para mí".*
>
> PAULO COELHO

¿Cómo te empoderas a través del Juno?: Conociendo de qué manera y con qué estás dispuesta a comprometerte en tus relaciones y contigo misma.

ARQUETIPO Y ESCUELA QUE RIGE JUNO: LIBRA Y LA CASA 7

En este séptimo encuentro iniciamos un nuevo ciclo bajo la energía del equinoccio, de los nuevos comienzos y el arquetipo de Libra.

Hemos cumplido un ciclo de desarrollo: en Aries nos hicimos conscientes de quiénes somos, nuestra individualidad; en Tauro del cuerpo físico, lo que poseemos y el disfrute del mundo terrenal; en Géminis exploramos el aéreo mundo de la mente, le abrimos las puertas al conocimiento, al lenguaje, al arte de expresarnos; en Leo fuimos tras la heroína que yace en nuestro corazón y desarrollamos luego el enfoque de cultivar el fuego interior con el cual servimos al mundo en el paso por Virgo. Ahora, una brisa ligera que llega de occidente nos permite despojarnos un poco de lo que somos, del ego, y nos prepara para mirarnos frente a frente con el otro, estamos listos para relacionarnos con el bello mundo exterior.

En astrología tradicional, la diosa Venus, diosa del amor y la belleza, rige a Libra. Cuando se descubrieron los asteroides y la conciencia humana comenzó a explorar las energías relacionadas con las narraciones mitológicas de cada uno de ellos, Juno (Hera, en mitología griega) esposa de Júpiter (Zeus), patrona de las novias y las esposas, ganó junto con Venus la regencia de este arquetipo. Juno representa la capacidad de comprometernos y luchar por un ideal. Es así como en este viaje de empoderamiento femenino volamos a este asteroide para permitirnos vivir relaciones ecuánimes y equitativas, para lograr negociaciones justas que nos provean de armonía y para entender en dónde y cómo se expresa el compromiso más profundo, ese que nos permitirá ascender en el logro de los propósitos y la conquista del poder.

JUNO

Continuamos el recorrido por los asteroides que iniciamos con Vesta, regente de Virgo. Nos encontramos ahora con Juno, localizada también en el cinturón entre las órbitas de Marte y Júpiter. Fue descubierto el 1 de septiembre de 1804, es el tercer asteroide en ser identificado y uno de los cuerpos más grandes que se encuentran en este cinturón.

Los asteroides representan la energía de los arquetipos femeninos expresados en la mitología de los personajes. El asteroide Juno fue bautizado en honor a la majestuosa diosa Juno (Hera), esposa fiel e incondicional del poderoso Júpiter (Zeus), dios del Olimpo. Juno es la diosa guardiana del matrimonio, que representa la unión sagrada entre lo femenino y lo masculino. Esta diosa nos muestra otra faceta del aspecto femenino, el de la esposa y consorte y la capacidad que tenemos de comprometernos y entregarnos en una relación. A través del compromiso podemos crear una unión perfecta y balanceada con el otro e ir a la búsqueda de la unión marital. Juno rige tanto a Libra como Escorpio, arquetipos que simbolizan el matrimonio (Libra) y la consumación de este (Escorpio). Juno representa la necesidad de un compromiso profundo, una unión perfecta entre lo emocional, lo sexual y lo psicológico y también todas las complejidades neuróticas que se presentan cuando la unión se niega o se frustra como los celos, las guerras de poder, la represión, el sufrimiento, la rabia, la venganza, la manipulación, etc.

En mitología, Hera (Juno) era hermana de Zeus, quien tenía un interés romántico por ella. Después de realizar un artificio engañoso para conquistarla, Zeus se casó con ella y la llevó al Olimpo para compartir el trono con su amada. Al principio existió mucho amor entre ellos, pero desafortunadamente su amor tierno y pasional se extinguió rápidamente y con ello su felicidad matrimonial. Por el resto de su matrimonio, Zeus y Hera vivieron en permanente conflicto con batallas campales que los llevaron a crueles ataques físicos y venganzas.

En su matrimonio monógamo, a Hera se le prohibió continuar con sus rituales de sexualidad sagrada, a los que estaba acostumbrada, y fue obligada a llevar un cinturón de castidad. A pesar de todas las infidelidades de Zeus y la guerra entre ellos, su fidelidad fue ejemplar y se convirtió en un modelo de novia y esposa, quien luchó por alcanzar la plenitud a través de su relación. En mitología, su capacidad de mantenerse fiel a pesar de todas las infidelidades de Zeus fue considerada su más grande don. El matrimonio de Hera y Zeus se convirtió en el prototipo de las relaciones y el matrimonio humano. Es por esta razón que al asteroide Juno se le otorga la regencia conjunta del arquetipo de Libra y la Casa 7.

Donde se encuentra Juno nos muestra de qué manera y con qué estamos dispuestos a comprometernos. Este compromiso va más allá de la pareja e involucra todas aquellas relaciones donde el vínculo se da uno a uno y que van en la búsqueda de un fin común y requieren del involucramiento para lograr que el beneficio aporte a ambas partes. Ejemplos de estas relaciones las vemos en la pareja de padre e hijo, socios, maestro y alumno, etc. que requieren de cooperación, compromiso, entendimiento y armonía.

ASÍ TE EMPODERAS CON JUNO

Juno en los arquetipos y Casas	Símbolo	Cómo me comprometo con el otro
Aries o Casa 1	♈	Puede tener dificultad para comprometerse debido a su necesidad de independencia e individualidad. En sus relaciones necesita libertad, llevar el liderazgo y mantener su autonomía. Puede buscar como compañero a un individuo asertivo y dominante que refleje su propio poder.
Tauro o Casa 2	♉	Necesita una base sólida y tener estabilidad material para comprometerse. Con su compañero necesita explorar la sensualidad que le ofrece el mundo terrenal y de los sentidos.
Géminis o Casa 3	♊	Se compromete con un compañero que exhiba cualidades carismáticas y tenga una mente inteligente y dinámica. Tener un entorno social lleno de amigos y actividades es importante para su vida en pareja. Su curiosidad y deseo de explorar puede llevarla a tener más de una pareja.
Cáncer o Casa 4	♋	Se compromete siempre y cuando su estabilidad emocional y su deseo de ser madre y de maternar sea satisfecho. Necesita un compañero amoroso y nutridor a su lado y una gran familia a la cual nutrir y alimentar.

Juno en los arquetipos y Casas	Símbolo	Cómo me comprometo con el otro
Leo o Casa 5	♌	Se compromete si se siente admirada por su pareja. Necesita romance, cortejo, atención constante de su contraparte. De esta forma entrega su noble corazón sin dudar.
Virgo o Casa 6	♍	Lo piensa bastante antes de comprometerse. Hace un exhaustivo análisis de su pareja. Se decide por alguien a quien pueda servir, quizás alguien que comparta su entorno laboral. Necesita compartir con su pareja las rutinas del día a día.
Libra o Casa 7	♎	Es la consorte perfecta y está dispuesta a luchar por su relación una vez se comprometa. Necesita sentir que está en una relación igualitaria donde los derechos de cada parte son respetados, requiere un constante y equilibrado dar y recibir.
Escorpio o Casa 8	♏	Se compromete de por vida y necesita el mismo compromiso de su pareja. Requiere vivir su relación con intensidad y existir un compromiso de transformación mutuo a través de su relación. La compenetración sexual es primordial para el vínculo.
Sagitario o Casa 9	♐	Necesita compartir la misma filosofía y visión del mundo con su compañero. Se compromete con alguien que pueda recorrer el mundo con ella e ir tras sus ideales. Requiere comprometerse con una persona culta, quizás alguien del extranjero que supla sus deseos de explorar las culturas y el mundo. La sexualidad necesita mezclarse con la aventura.

Juno en los arquetipos y Casas	Símbolo	Cómo me comprometo con el otro
Capricornio o Casa 10	♑	Se compromete siempre y cuando su éxito profesional y social sea apoyado o impulsado por su pareja. Necesita a una persona con éxito o que vaya hacia él. Es racional en su elección y espera que su pareja no requiera mucho soporte emocional de su parte. Cuando se compromete, trabaja arduamente por asegurar una relación sólida y duradera.
Acuario o Casa 11	♒	Más que compromiso, busca libertad. Sus relaciones no son para nada convencionales. El matrimonio tradicional quizás no sea el mecanismo para comprometerse. Su pareja debe estar en capacidad de ir tras el mundo utópico que ella sueña o luchar por los ideales comunitarios con los que ella se ha casado. Necesita explorar una manera abierta y diferente de relacionarse.
Piscis o Casa 12	♓	Tiene ideales muy altos en sus relaciones. Busca comprometerse con alguien a quien pueda cuidar y entregarle todo su amor. Se compromete de forma romántica cuando considera que ha encontrado a su alma gemela. Su emocionalidad e idealismo puede que le impidan ver a su pareja de manera realista, por lo cual debe pausar un poco antes de dar el "sí" que seguro daría de manera instintiva y sin vacilar.

Tabla 17. El poder de Juno en los arquetipos y las Casas.

EL ARQUETIPO LIBRA

Sol en Libra: 21 de septiembre al 20 de octubre.

Planetas regentes: Venus y Juno.

Elemento: Aire.

Modalidad: Cardinal.

Medicina: Equilibrio y justicia.

Frase: Busco la belleza y armonía y recorro el camino del medio.

Eje Aries–Libra: El eje del encuentro.

Arquetipos: La esposa, la diplomática.

En el paso de Virgo a Libra hacemos un giro: de los temas asociados a la perfección de la existencia terrenal y la capacidad de mantenernos vírgenes y autónomas pasamos a una aproximación de las relaciones, la belleza y el balance. Libra es un arquetipo de aire y es así como se hace necesario alejarnos de la perfección y el peso que representan la rutina diaria y el trabajo para volvernos más ligeros y abrir espacio para el cultivo de las relaciones.

El símbolo de Libra es una balanza, el único arquetipo que no está representado por un ser viviente, así que aquí nos movemos de las emociones para entrar en el mundo aéreo de la mente y mantener así un espíritu de ecuanimidad, justicia y equidad. Libra debe su nombre a la diosa libanesa de la Justicia, quien llevaba la balanza del juicio. Libra va a experimentar el arte de las relaciones equilibradas y justas.

Este es el segundo arquetipo de aire en la rueda zodiacal, después de Géminis. Como arquetipo de aire es intelectual e inteligente y usa estos atributos en su intención de ser ecuánime y justo. Libra toma la información y todos los puntos de vista con el fin de sopesarlos y tomar una decisión, en ocasiones, llegar a un punto decisivo se torna difícil. Libra puede dejarse llevar por la indecisión al no poder encontrar un punto medio o al considerar en demasía a los otros.

Libra, en su regencia por Venus, ama todas las expresiones de lo bello, el placer, el arte, la cultura y la moda, exhibiendo cualidades muy refinadas. El arquetipo de Libra es generoso, admirable, encantador y persuasivo y es común observarlo en negociadores, mediadores y diplomáticos. Su mente estratégica hace que pueda ver todos los puntos de vista y balancearlos antes de emitir un juicio. Libra está siempre en pro de la paz, de alcanzar un punto medio que beneficie a todos.

Contrario al individualista arquetipo de Aries, que se encuentra al otro lado del eje, Libra prefiere recorrer el mundo en compañía, por eso tiene la necesidad de buscar pareja. Al querer paz y armonía en su vida, este arquetipo está dispuesto a comprometerse en uniones, asociaciones y amistades.

La sombra del arquetipo de Libra se expresa en superficialidad, extravagancia y una necesidad malsana de estar con otra persona. Pueden sacrificarse a sí mismos con el fin de estar en compañía. En sombra, el buen juicio de Libra puede convertirse en juzgamiento banal y superficial más inclinado a ver solo lo externo y frívolo, o puede tomar tanto tiempo analizando todo, los pros y los contras, que se torna incapaz de tomar una decisión o puede tardar mucho tiempo antes de definirse por un camino, perdiendo así buenas oportunidades. Su deseo de relacionarse con el otro y de establecer vínculos puede llevar a este arquetipo a buscar una validación constante de los otros, en el fondo, existe un temor a estar consigo mismo y escuchar su voz interior.

Luz del arquetipo Libra	Oscuridad del arquetipo Libra
Es la máxima expresión de la belleza, de la armonía, el relacionamiento y la diplomacia.	Evasión del conflicto. Dificultad para conectar con lo instintivo y emocional.
La relación con el otro y lo social tiene gran relevancia. Reconocimiento del yo en el otro. Busca la justicia y el equilibrio en sus relaciones, haciéndose consciente de sí mismo y el otro.	Duda y dificultad para la toma de decisiones por las implicaciones que puede traer sobre el otro.
Entendimiento de la interdependencia del mundo y sus reglas. Creador de puentes. El gran arquitecto de las relaciones.	Demasiado enfoque en los otros llegando a olvidarse de sí mismo.
	La necesidad de experimentar la belleza, la armonía y la justicia llevada al extremo.
	Tendencia a desarrollar relaciones dependientes.

Tabla 18. Luz y oscuridad del arquetipo Libra.

LA CASA 7: LOS VÍNCULOS Y LA PAREJA

Si la Casa 1 representa al yo, la individualidad, la Casa 7 representa al otro. El eje 1–7 es el eje de las relaciones, el yo y el tú. La Casa 7, en la otra polaridad del eje, es el área de donde nos vinculamos en relaciones de uno a uno y la forma como lo hacemos. Esta Casa representa cómo experimentamos las relaciones, las uniones y las asociaciones. Y no solo cómo nos relacionamos con los otros, sino también con nosotros mismos. Las relaciones que sostenemos con otros seres humanos y con el entorno son un reflejo de la relación que construimos con quién somos. Para sostener una relación sana y armónica con el otro (pareja, compañero, maestro, socio) es necesario ser una persona individual e independiente. La gran lección de esta Casa es convertirnos en nuestra pareja ideal sin necesidad de un otro para sanar o que nos complete.

La Casa 7 está regida por la encantadora Venus, diosa del amor, la belleza, la armonía, cualidades que se unen a la de otra deidad co-regente de Libra, Juno, la diosa del matrimonio y el compromiso. Por eso se le llama muy comúnmente la Casa de la pareja y el amor, de cómo me relaciono, por qué me gustan o atraigo cierto tipo de personas, con quién y cómo me comprometo, cuáles son los patrones que repito en mis vínculos y qué significa el amor para mí. Analizando el eje de la Casa 1 y la Casa 7, podemos ver qué tan fácil o difícil es relacionarme y qué requiero para poder reconocerme y reconocer al otro.

El signo que se encuentre en la cúspide de la Casa 7 (conocido como el descendente) representa la energía que se hace dominante en los vínculos y qué tipo de pareja se va a atraer. Los planetas que estén en esta Casa también hablan de la energía que se activará en las relaciones, nos guste o no, lo reconozcamos o no. Lo que está en la Casa 7 nos complementa, nos equilibra. Cuando se incorpora lo que está en la Casa 7 en el yo, se genera un salto evolutivo en las relaciones.

TIPOS DE EXPERIENCIAS EN LA CASA 7
QUE CONDICIONAN LAS RELACIONES EN PAREJA

☽ La energía del planeta o signo de la Casa 7 se niega como característica individual que se posee: no se expresa ni solo ni en las relaciones. Aquí se proyecta completamente en el otro. Mientras más se niegue la energía del planeta o del signo, la pareja que se atrae refleja más intensamente esas cualidades o energía.

☽ La energía del planeta o signo en la Casa 7 se niega como una característica propia e individual cuando se está solo, pero se expresa de forma individual cuando hay una relación o se está con otra persona. Hay un exceso de la energía del planeta y del arquetipo en la relación. Lo vive en exceso con el otro.

☽ La energía del planeta y arquetipo presente en la Casa 7 se integra tanto en los vínculos como cuando se está consigo mismo y se disminuye así la necesidad de proyección de esta cualidad en el otro. Las relaciones se tornan equilibradas y armoniosas y se desvanecen los patrones tóxicos.

En esta Casa se estudian también a los enemigos declarados, la justicia, los compromisos, los proyectos en conjunto o asociaciones. Los contratos que establecemos se analizan aquí, ya que representan la necesidad de claridad, justicia, equidad, así como los mecanismos de resolución de conflictos o finalización de una relación.

LUNACIONES EN LA ESTACIÓN LIBRA

Luna nueva en Libra

Consideraciones para la Luna Nueva en Libra y temas a sembrar en esta lunación:

La Luna nueva en Libra y la entrada de una nueva estación, nos conecta con el elemento aire que te permite moverte fácilmente de un lado a otro de la balanza; y la modalidad cardinal, que te apoya en la toma de acción y motiva el cambio necesario en las relaciones y asociaciones para lograr el balance. En este período es probable que te sientas indecisa o estés dando largas incluso a aspectos o temas triviales. En esta lunación tienes la oportunidad de recobrar el equilibrio, volver a tu centro y contemplar qué te mantiene indecisa y qué te lleva a procrastinar, a no poner límites a las personas y a actividades que toman tu energía, a no tener las conversaciones que necesitas tener y a posponer lo que es importante para ti por mantener los compromisos con otras personas. Siembra aquello que necesitas para cultivar la relación contigo misma y convertirte en tu pareja ideal, tu gran amor.

Escribe aquí tu intención:

Luna llena en Aries

Esta lunación trae frente a ti el eje de tu mandala representado por Libra y Aries: el eje del encuentro. El Sol en dirección a la constelación de Libra y la Luna en el arquetipo opuesto, Aries, el tú y el yo frente a frente.

Temas que la Luna llena en Aries podría traerte a la luz

El Sol ha puesto el foco en las relaciones, pero de pronto sientes que debes ponerte en primer lugar. Comenzarás a ver en tu pareja o en las personas más cercanas lo que te pone furiosa de ellos, revisa con lupa lo que ellos están reflejando de ti. Es una oportunidad para poner en práctica la ley del espejo y ver qué es aquello que los otros te están mostrando de ti.

Tu ecuanimidad y tranquilidad podrían verse perturbadas por un enojo incontenible que surge y aflora. Aprovecha esta Luna para decir "no más" a situaciones o personas que te incomodan o para negociar una relación más ecuánime y equilibrada donde te sientas reconocida.

La ira y el enojo serán las emociones predominantes. Utiliza mecanismos para liberarla de manera sana para no dañar a los demás y que no se rompa la armonía.

Esta Luna llena cierra el ciclo de seis meses que iniciaste con la Luna nueva en Aries. Han pasado seis meses desde que iniciaste este camino. Revisa cuál ciclo cierras y celebra tus logros. También revisa las intenciones de la Luna nueva en Libra y recalibra de acuerdo con tus experiencias en esta Luna llena, recuerda el potencial de nuevos comienzos que tiene todo este mes.

Escribe aquí lo que celebras y lo nuevo que ves en esta Luna llena:

....

....

....

....

....

....

Afirmación

"Soy el matrimonio perfecto entre la energía femenina y masculina. Disfruto mi compañía, me amo y me respeto"

REFLEXIONES

¿En qué Casa de mi carta natal se encuentra el arquetipo de Libra? ¿En qué área de mi vida se potencializan las características de este arquetipo y en qué áreas y actividades vivo la belleza, la armonía, la necesidad de tener vínculos que sean equilibrados y justos?

....

....

....

....

¿Cómo experimento mis relaciones? ¿Son equilibradas, o por el contrario la balanza se inclina hacia un lado? ¿Necesito estar más conmigo misma para lograr el equilibrio? ¿Qué nuevos acuerdos necesito para sentir la relación con mi pareja o con otros en armonía?

....

....

....

....

¿Dónde está mi Juno por Casa y arquetipo? ¿Cómo he vivido este arquetipo en mi vida, con qué me he comprometido y con que aún no?

....

....

....

....

¿Qué ciclo estoy cerrando en esta lunación? (Recuerda dónde estabas en la Luna nueva en Aries, qué temas estabas manejando, cuál era tu intención en ese momento y trae la conciencia al punto que te encuentras ahora).

....

....

....

....

OCTAVA ESTACIÓN: PLUTÓN

Del 21 de octubre al 20 de noviembre
Mis mayores transformaciones

> *"Nos deleitamos en la belleza de una mariposa, pero raramente admitimos los cambios a través de los cuales ha pasado para alcanzar esa belleza".*
>
> MAYA ANGELOU

> *"Solo yo puedo cambiar mi vida; nadie más lo puede hacer por mí".*
>
> CAROL BURNETT

¿Cómo te empoderas a través de Plutón?: Por medio de los procesos transformacionales profundos que experimentamos en la vida.

ARQUETIPO Y ESCUELA QUE RIGE PLUTÓN: ESCORPIO Y LA CASA 8

Este octavo encuentro nos conduce al mundo oculto y oscuro del alma, de la psique y del destino. Plutón, el chamán o psicopompo, nos conducirá al reino del inframundo, descenderemos a nuestro infierno, este paso es inevitable e ineludible, más vale no resistirse. Aquí nos encontraremos con aspectos ocultos o no vistos y nos despojaremos de todo aquello que no nos sirve y que necesitamos dejar atrás. El cambio y la transformación es inminente, puede ser un paso cargado de dolor y temores, pero es un paso que el alma está dispuesta y necesita dar. Como el águila real, nos encerraremos en nuestra cueva para despojarnos de todo aquello que nos ha proporcionado seguridad, pero que nos tiene limitados. Es una decisión: o nos renovamos o morimos. En la oscura y alejada cueva, quitaremos el viejo, retorcido y desgastado pico a golpes contra las paredes. Esperaremos vulnerables a que un nuevo pico emerja para entonces, una a una, con el pico rejuvenecido, quitar las uñas largas y débiles que ya no permiten agarrar el alimento y nos despojaremos de las rotas y pesadas alas que no nos dejan alzar el vuelo. Lo haremos a solas, estaremos aisladas y vulnerables, pero todo habrá valido la pena. En poco tiempo estaremos listas para iniciar una nueva vida, es una segunda oportunidad. Este proceso de transformación es también como el de la legendaria y mitológica ave fénix que se sumerge en el fuego transmutador para ser convertida en cenizas y luego renacer en un acto alquímico y triunfal. En este proceso confrontaremos los miedos más profundos, viviremos el temor a dejar de existir en el cuerpo físico, ¿para quién es fácil vivir en la oscuridad, sola, sin protección y sin una base sólida? Pero si aceptamos ese reto que nos presenta la vida de diversas formas (con una muerte, una pérdida, un divorcio, una decepción, una quiebra, un cambio radical, una pérdida de empleo, etc.) emprenderemos el vuelo triunfal, con alas nuevas y empoderadas, podremos saborear el dulce néctar del poder, la medicina, y ya nada más podrá derrumbarnos.

PLUTÓN

Plutón (Hades en la mitología griega) era el dios del inframundo y de los muertos, hijo mayor de los titanes Cronos (Saturno) y Rea. Hades fue, al igual que todos sus hermanos, devorado por Cronos y posteriormente rescatado por Zeus (Júpiter). Al hacer la repartición de los bienes del universo que ahora les pertenecían, Zeus le concedió el inframundo. En mitología griega, el infierno no era un lugar de castigo como se conoce en el mundo cristiano, sino el lugar al cual viajaban las almas de los muertos. Hades era altruista y conocido por ser uno de los dioses más imparciales de todos. Se dice que Hades vivió siempre en el inframundo, subiendo a la superficie sólo en dos oportunidades. Una cuando estaba enfermo y otra cuando se enamoró de una doncella y decidió tomarla como esposa. Así se desencadenó el mito más famoso que nos muestra cómo actúan los procesos plutonianos: el rapto de Perséfone.

La primavera y la fertilidad exuberante de la tierra eran atribuidas a los menesteres de la diosa Deméter (Ceres). Su hija, Kore (que significa doncella), se alejó un día de su madre para ir tras una bella flor que vio en el campo. Al querer tomar aquella bella flor una grieta se abrió en la tierra y Hades se apoderó de Kore llevándola con él al inframundo.

Ceres se derrumbó tras la desaparición de su hija. Movió cielo y tierra para encontrarla, pero nunca volvió a ver un rastro de ella. Ceres fue advertida del robo de Kore a manos de su hermano Hades. Deméter, quien amaba profundamente a Kore y que era todo en su vida, se deprimió y la tierra sufrió las consecuencias. La tierra se cubrió de hielo y sobrevino un gran y eterno invierno que reflejaba el estado de oscuridad y tristeza en el que se sumergía Deméter. Su corazón estaba en duelo y nada podía animarla. Zeus, dispuesto a intervenir para evitar la devastación de la tierra y de la raza humana, mandó al hábil Mercurio a hablar con Hades. Después de extensas negociaciones, Hades aceptó permitir que Kore, ya convertida en mujer y llamada ahora Perséfone, subiera al reino terrenal para vivir con su madre por seis meses y volver como reina del inframundo por los otros seis meses. Es así como el mundo cambió y nacieron las estaciones. Cuando Perséfone está con su madre, la tierra es fértil y verde, abunda la comida (primavera y verano) y luego cuando ella regresa al inframundo a ocupar su lugar como esposa de Hades, entra en un período de enfriamiento hasta cubrirse de nieve (otoño e invierno).

Plutón (Hades) es el que crea la grieta a través de la cual Perséfone es raptada, hecho que causa un dolor desgarrador de Ceres. Plutón crea la grieta por la que caemos al inframundo y el estado desarrollado por Ceres muestra la vulnerabilidad y el dolor con el cual nos enfrentamos a las pérdidas, quizás nos derrumbemos y nos venguemos del mundo. Después de ese paso ya nunca más volveremos a ser las mismas ni el mundo volverá a ser el mismo para nosotras.

Plutón es el planeta más pequeño que tenemos en astrología y en astronomía fue catalogado como planeta enano. Se dice que su tamaño es menor al de la bella Luna. Su tamaño no guarda relación con su poder. Plutón es la energía nuclear devastadora contenida en un átomo, es la capacidad de contagio masivo de un virus, aunque su tamaño es casi imperceptible. Plutón es el planeta más lento del sistema solar y el primero de los planetas transgeneracionales. Toma 248 años en dar un giro completo alrededor del Sol. Su elíptica, al ser excéntrica, hace que su tiempo en cada signo varíe, pudiendo pasar entre 12 a 32 años en un arquetipo.

En este momento del viaje dejamos atrás los planetas personales (Sol, Luna, Venus, Mercurio, Marte), planetas rápidos que dan características a nuestra personalidad e individualidad y nos adentramos con Plutón al mundo de los planetas transgeneracionales, planetas lentos que influencian toda una generación, de los cuales hacen parte también Neptuno y Urano, que exploraremos próximamente.

Plutón en la carta natal por Casa y arquetipo es ese punto donde nos encontramos con la grieta, donde confrontaremos las inseguridades, los miedos, donde tendremos que despojarnos del ego, entregar todo de lo cual necesitamos despojarnos y que nos hará darnos cuenta de lo que somos capaces de hacer para sobrevivir. Plutón es el chamán que prepara su propia medicina, entra a la cueva, a la oscuridad, afronta su sombra y los demonios y va a la búsqueda de los pedazos perdidos de su alma. Donde está Plutón por Casa y arquetipo hace referencia a cómo nos transformaremos y saldremos victoriosas, rejuvenecidas y empoderadas.

Los tránsitos de Plutón son lentos e intensos, provocando transformaciones drásticas en las civilizaciones. A nivel personal nos enfrenta con la sombra, con los temores más profundos, con las heridas de la infancia, nos rompe en mil pedazos y nos conduce al inframundo. Las decisiones conscientes de ir a través de los cambios que propone Plutón harán más sencillo el proceso de transformación, mientras que resistirnos nos llevará a los estados de victimismo, sufrimiento, dolor, enfermedad y muerte. Si afrontamos este tiempo con conciencia podemos usar su fuerza para transformarnos, para liberarnos de todo lo que nos encierra, nos limita y retomar nuestro gran poder interior. Este no es un poder que tú construyes, este es un poder que te ha sido otorgado por destino, que te han otorgado la tierra y el cielo al momento de nacer y el cual tienes el derecho y el deber a reclamar. Plutón te dice que tomes tu poder y te empoderes o te destruyes. Si la apuesta es por el empoderamiento y asumir la vulnerabilidad a la que nos exponemos en este proceso, el resultado positivo es inevitable.

El poder de Plutón, una vez lo saboreamos y podemos manejarlo (consciente o inconscientemente), puede ser tentador. Este poder podemos usarlo para controlar, manipular, lograr beneficios individuales y egocéntricos, esto igual nos lleva a experimentar la sombra de Plutón y mostrar la otra cara de la víctima, al perpetrador.

Plutón es la acción de limpiarse, purgarse, eliminar las toxinas, lo que nos quita poder. Plutón nos hace vomitar todo. Plutón muestra que, aunque pienses que no puedes más, aún eres capaz de continuar. Plutón te abre las heridas, sin anestesia, para que puedan sanar.

Plutón es el mundo subterráneo, lo invisible, lo desconocido, lo oculto. Plutón está relacionado con los deseos más básicos y de supervivencia. Está relacionado con la sexualidad y con la reconciliación con la parte oscura, con el abuso y con lo que consideramos malo.

Reconoce los viajes a tu cueva interior, para visitar la parte más oscura de tu conciencia, como los viajes para encontrar los tesoros de tu poder interior y para, al final, amarte y amar incondicionalmente.

ASÍ TE EMPODERAS CON PLUTÓN

Plutón en los arquetipos y Casas	Símbolo	Cómo se expresa el poder y la transformación
Aries o Casa 1	♈	El poder está en sí misma, en la persona que es. Tiene una personalidad que llama la atención, para algunos es carismática, para otros quizás sea atemorizante. Vive en constante cambio y transformación. Tiene un alto poder de autoobservación y autoconocimiento. Es una líder natural, es importante no reprimir este poder personal instintivo. El poder se verá en la manera como se enfrenta al mundo, descubriendo cualidades desconocidas o escondidas a lo largo de su vida.
Tauro o Casa 2	♉	Es el poder expresado a través de los recursos materiales, financieros y los valores personales y talentos. El poder puede expresarse construyendo una fortuna, un imperio quizás de algo muy pequeño o de recursos provenientes de la tierra o exponiendo al mundo sus múltiples talentos. Tiene el poder de la perseverancia y podrá ir tras todo aquello que desea. Es una energía desbordante para el trabajo y la creatividad para generar recursos.

Plutón en los arquetipos y Casas	Símbolo	Cómo se expresa el poder y la transformación
Géminis o Casa 3	♊	Es una mente sagaz e inteligente, quizás quiere saber y controlar todo a su alrededor como si de eso dependiera su vida. Es profunda en el conocimiento, explora los secretos del poder de su propia mente y la de los otros. Es una buena investigadora, quizás de temas ocultos y secretos. Tiene el poder de seducir y persuadir. Es una poderosa vendedora, comerciante, oradora o negociadora.
Cáncer o Casa 4	♋	El poder radica en la inteligencia emocional y psicológica. El poder pudo haberlo aprendido o tomado de su padre o de alguno de sus ancestros y ahí ya tiene una base sólida para crecer. Su familia es un pilar fundamental y puede que use su poder para dar seguridad emocional a los suyos. Es importante transmutar lo que se ha percibido como sombra o secretos familiares o del árbol genealógico; o temas que hayan quedado en el inconsciente durante la infancia.
Leo o Casa 5	♌	El poder se expresa en la creatividad de manera profunda. Es una gran creadora, capaz de sumergirse en las profundidades del arte. Con esta posición, los hijos llegan para cambiar la vida, igual puede suceder con los proyectos creativos que lidere, en ellos encontrará su poder. Puede ser muy atractiva y misteriosa para las otras personas. Es poderoso trabajar con la niña interior, conectar con los hobbies, y usar el juego como mecanismo de transformación.

Plutón en los arquetipos y Casas	Símbolo	Cómo se expresa el poder y la transformación
Virgo o Casa 6	♍	Desarrolla y expresa su poder en el trabajo, ambiente laboral y sirviendo a la humanidad. Quizás trabaje en temas de investigación o que no sean públicos o notorios o trabaje en la noche, queriendo permanecer en la sombra. Puede haber una necesidad de cambiar su ambiente laboral y transformar a lo que se dedica. La salud y la enfermedad pueden ser un camino de transformación. Es poderosa sirviendo a la transformación de otros. Puede ser una sanador que integre el cuerpo y el inconsciente.
Libra o Casa 7	♎	El poder se expresa en poder vivir de forma independiente y se alcanza a través de las relaciones que establece. Puede ser una pareja, socia, jefe o amiga poderosa, intensa, influyente y transformadora. Tendrá en su vida personas plutonianas que la acompañarán a descubrir su poder. Las relaciones promueven la transformación profunda a nivel personal, así como también en la otra persona. Su poder se expresa logrando la armonía y la paz y construyendo puentes para que las personas se encuentren.
Escorpio o Casa 8	♏	Plutón está en su domicilio y su energía aquí se manifiesta de forma intensa, es carismática e influyente. Las mujeres con esta ubicación son excelentes manejando las crisis, situaciones difíciles, son intuitivas y tienen la capacidad de analizar muy bien las profundidades de los otros con apenas una mirada. Puede ser muy influyente en el sector financiero. Logra la transformación a través del análisis de su inconsciente, vidas pasadas, superando sus miedos y su sombra y de la sexualidad.

Plutón en los arquetipos y Casas	Símbolo	Cómo se expresa el poder y la transformación
Sagitario o Casa 9	♐	El poder es expansivo y se magnifica. Se transforma en la búsqueda incansable e inquisitiva de la verdad, del universo y de Dios. Busca explorar y profundizar en culturas que tengan características plutonianas y los viajes que emprenda serán transformadores. El poder puede despertar o incrementarse fuera de su país de origen. Puede ser una líder espiritual, experta guía turística, antropóloga o maestra poderosa e influyente.
Capricornio o Casa 10	♑	El poder de Plutón se manifiesta en la ejecución de la profesión, la consecución de metas y la vida pública. Su legado es visto y reconocido, pudiendo generar cambios significativos y estructurales en la sociedad. El uso de su magnetismo, intuición y de lo misterioso y oculto en su carrera resulta poderoso. Se transforma en el camino de ir trás el éxito y de entregar su legado al mundo.
Acuario o Casa 11	♒	El poder reside en promover el cambio social y crear una sociedad futurista, más equitativa e inclusiva. Tiene una visión intuitiva del futuro, pudiendo ver lo oculto y lo oscuro. Tiene poder para liderar proyectos innovadores, ecológicos, altruistas, tecnológicos que integren polaridades. Las amistades son importantes, estratégicas, apoyan el camino de transformación y son acompañantes en las crisis. Con su magnetismo puede movilizar grandes masas. Sus proyectos y sueños la transforman y son transformadores para la sociedad y los grupos con los que interactúa.

Plutón en los arquetipos y Casas	Símbolo	Cómo se expresa el poder y la transformación
Piscis o Casa 12	♓	Esta es una posición misteriosa, profunda y se manifiesta de formas que no podemos ni siquiera explicar. Existe una conexión profunda con el inconsciente, un poder interior que se manifiesta de manera inexplicable o de forma divina. Puede acceder al mundo oscuro o a los temores más inconscientes y transformarlos. Conecta y transforma el inconsciente colectivo. Su poder le permite a otros transitar los temores asociados a la muerte y dejar ir el yo para fundirse con la energía universal. Otorga también inspiración divina, especialmente cuando se transitan momentos de gran transformación, crisis, oscuros o dolorosos.

Tabla 19. El poder de Plutón en los arquetipos y las Casas.

EL ARQUETIPO ESCORPIO

Sol en Escorpio: 21 de octubre al 20 de noviembre.

Planeta regente: Plutón y Marte.

Elemento: Agua.

Modalidad: Fijo.

Medicina: La transmutación y transitar la sombra.

Frase: Enfrento mi sombra y tomo mi poder.

Escorpio–Tauro: El eje de las posesiones.

Arquetipos: la chamana, la alquimista, la bruja, la mujer fatal.

Libra es el arquetipo que rige las relaciones, la unión romántica con el otro, el compromiso y el matrimonio. En Escorpio, la relación entra a un nivel más íntimo, se consuma en la unión íntima de la noche de bodas. La interacción inicialmente romántica en Libra se hace física e intensa en Escorpio y se ratifica el compromiso de "hasta que la muerte nos separe".

El equinoccio ha pasado y las noches libranas comienzan a hacerse más cortas. En Escorpio ya tenemos señales claras del paso a una nueva estación. Las hojas han cambiado su color: se han tornado amarillas, naranjas, rojizas. Empieza el proceso de la naturaleza de mudar sus vestimentas en preparación para el invierno. Las hojas viejas caerán en la tierra y serán compostadas para producir nueva vida; serán el material donde se sembrará la nueva semilla. Toda la energía de los árboles se vuelca hacia adentro. Lo superficial, lo que no es vital para la vida, es liberado de manera natural. La naturaleza nos muestra con su sabiduría que es también el proceso del hombre para desvestirse, cambiar de piel, dejar todo lo que no está soportando la vida.

Escorpio nos invita a eso, a liberarnos de todo lo que ya no nos apoya en un deseo profundo de autenticidad y evolución. Nos lleva a volcar la mirada adentro y sostener solo aquello que es vital para sobrevivir. Todo lo que acumuló el verde y florecido Tauro (su arquetipo opuesto y complementario), provisionándose para asegurar su estabilidad y seguridad, en Escorpio es ahora cuestionado: ¿Es esto lo que tu vida necesita para continuar? Si la respuesta es no, Escorpio llama a la liberación de esa energía. Si estás demasiado identificada con Tauro, el gocetas y acumulador del zodíaco, las emociones serán intensas, el proceso no será nada fácil, pero será necesario para continuar el ciclo de la vida.

Para encontrar el verdadero sustento de la vida, Escorpio nos lleva a reunirnos con nuestra sombra, que es parte de la naturaleza humana. Más allá del miedo o la negación, yace ese punto donde se encuentran escondidos el poder, la regeneración, la liberación sexual y una profunda sanación.

Escorpio tiene la facilidad de visitar el inframundo, el inconsciente. Es el chamán que nos guía con su sonaja para encontrar las partes perdidas del alma, es el Caronte que por una moneda nos lleva en su barca al mundo de los muertos o el ermitaño del Tarot que con su pequeña luz nos guía en la oscuridad. Para esto, Escorpio está dotado de un gran poder y de una gran intuición que le permite ver más allá. El arquetipo de Escorpio ha sido estigmatizado y, a veces, mal entendido, conectándolo con aspectos "malignos". Recordemos la cara oscura de las celebraciones como el Halloween, el Día de los Muertos, de todas las almas. En ocasiones no es fácil para los nacidos bajo este arquetipo expresar su verdad, lo que viven en su interior, lo que pueden ver o lo que sienten por miedo a ser rechazados. Escorpio vive emociones intensas y turbulentas, se conecta con las emociones de los otros, de los espacios y necesita transgredir sus miedos para vivir y entender su mundo interior.

Escorpio es capaz de vivir en las condiciones más extremas, su instinto de supervivencia lo hace extremadamente perceptivo y podría estar preparado para sacar su aguijón e inyectar su veneno a la más mínima señal de peligro. Escorpio intuye el peligro, la falta de autenticidad y la mentira a kilómetros de distancia. Es importante ser consciente de estos hechos para no tornarse destructivo con los otros ni consigo mismo.

Luz del arquetipo Escorpio	Oscuridad del arquetipo Escorpio
El empoderamiento por medio de la transformación personal y su capacidad de renacer de las cenizas.	La necesidad de poseer y su forma de amar intensa pueden llevarlos a los celos, la envidia y la venganza y vivir relaciones tóxicas y conflictivas.
El poder de transmutar sus miedos y su propia sombra.	Puede restringirse en expresar lo que siente o percibe por la dificultad de que los otros entiendan su intuición, profundidad y oscuridad.
La necesidad de ir profundo en todos los aspectos de su vida, explorar su propia psique y la de los demás.	Su instinto de supervivencia puede llevarlos a la destrucción de los otros o de sí mismo.
Unión profunda con el otro que se manifiesta en una sexualidad sagrada que trasciende lo físico.	
Su extraordinaria intuición que lo hace ver más allá y más profundo.	

Tabla 20. Luz y oscuridad del arquetipo Escorpio.

LA CASA 8: EL PODER, LA TRANSFORMACIÓN Y EL MISTERIO

La Casa 8 está llena de misterio, tabúes y riquezas y trae transformación y evolución a la vida. Es la cara oculta del mundo o de nosotras, la Casa de todo lo que no es visible a los ojos o los ojos de los demás y lo que no se puede conocer a no ser que vayamos a nuestra oscuridad, a la psique o a las profundidades de la Tierra. Representa el poder que se ve ejemplarizado en recursos financieros, la influencia, el sexo o la capacidad de controlar la psique humana.

En esta Casa se estudian las capacidades psíquicas y los procesos de transformación por los que pasaremos, las muertes que viviremos, la sexualidad, las riquezas ocultas bajo la tierra y los secretos.

Puede existir mucha complejidad psicológica y obsesión, lo que también puede llevar a la adicción en los temas que rige esta Casa: adicción al poder, a la riqueza, al sexo, a las drogas, al control. En esta Casa se estudian las emociones profundas: la rabia, el dolor, los deseos de venganza, los celos, todas ellas asociadas a la necesidad de controlar y poseer.

Es la Casa donde se estudian los bienes que compartimos con otros o que llegan de mano de otros, como el dinero, lo que trae el cónyuge al matrimonio, las herencias y los impuestos.

LUNACIONES EN LA ESTACIÓN ESCORPIO

Luna nueva en Escorpio

Consideraciones para la Luna nueva en Escorpio y temas a sembrar en esta lunación:

La Luna nueva más intensa del año viene acompañada del elemento agua y de la modalidad fija, algo que no va tan bien con la cualidad del agua de fluir y adaptarse al terreno. Hablamos entonces de las aguas estancadas donde la podredumbre crece, pero la bella flor de loto emerge. Es una Luna que nos llama con fuerza y sin excusas a tomar el poder personal y para ello requieres de la valentía para vivir la transformación y el proceso que implica. Aprovecha la energía de esta Luna para explorar tus emociones profundamente, deshacerte de prejuicios, liberar miedos, creencias que te limitan, apegos que te estancan, liberar energías tóxicas y soltar todo aquello —sea en el plano físico, mental o espiritual— que te impide seguir creciendo y retomar tu poder interior. En esta Luna el cambio es inminente, así que, aunque no sea fácil, permítete fluir con la energía transformadora. La Luna nueva en Escorpio es misteriosa, intuitiva y psíquica, recurre a ella para explorar tus profundidades, tu sombra, descubrir secretos o partes de ti que están ocultas, detecta tus mecanismos de protección obsoletos y establece intenciones para sanar y evolucionar. Es buen tiempo para reconocer lo tóxico en tu vida y para explorar tus emociones más profundas y oscuras. Es una buena Luna para iniciar una terapia.

Escribe aquí tu intención:

....

....

....

....

Luna llena en Tauro

Esta lunación trae frente a ti el eje representado por Escorpio y Tauro: el eje de la transformación o del ciclo vida-muerte. El Sol en Escorpio que te pide dejar lo viejo atrás te pone frente a lo que valoras de la vida en Tauro.

Temas que la Luna llena en Tauro podría traerte a la luz

Podrías ver qué cosas importantes han cumplido un ciclo, ya no te generan disfrute y tal vez es el momento de dejarlas ir, esto incluye eso que en el pasado representó un valor para ti, algo que conseguiste con mucho esfuerzo o dedicación e incluso un lugar que en algún momento fue tu base y representó seguridad. Quizás sientas que necesitas volver a poner los pies en la tierra o la necesidad de estar en la naturaleza o en un lugar seguro para procesar lo que está muriendo dentro de ti. También puede que quieras cambiar algo de raíz rápidamente, pero la energía de la Luna te dice que hay que ir lento, pues es un proceso que no puedes acelerar.

Las emociones predominantes que dispara esta Luna son el miedo, la inseguridad. Permítete ser vulnerable y viajar al inframundo con ellas, tienen regalos para ti.

Esta Luna llena cierra el ciclo de seis meses que comenzaste con la Luna nueva en Tauro. La clave de este mes es el agradecimiento. Da gracias a eso que estuvo en tu vida y que ahora necesitas dejar ir.

Escribe aquí lo que celebras y lo nuevo que ves en esta Luna llena:

....

....

....

....

....

....

AFIRMACIÓN:

"Soy el poder de la transformación y la renovación. Conecto con mis partes oscuras y con mis miedos más profundos para renacer expandida".

VIAJE CHAMÁNICO AL MUNDO BAJO CON PLUTÓN

Este es nuestro tercer viaje chamánico y el segundo al mundo inferior, bajo o el inframundo, a los reinos del dios Plutón. Te sugiero, en lo posible, que realices esta meditación durante la Luna nueva en Escorpio, aunque también puedes hacerlo en el momento que sientas la grieta de Plutón abrirse o cuando estés en medio del dolor de una pérdida. Prepara tu altar, enciende una vela, coloca la representación de tu animal de poder en el altar, enciende salvia blanca o el sahumerio de tu preferencia para limpiar el espacio y pásatelo también por todo el cuerpo. Antes de iniciar, realiza el saludo a las siete direcciones que aprendiste a hacer en la meditación con tu Luna. Ahora accede al código QR que encuentras a continuación:

PREGUNTAS SOBRE LA MEDITACIÓN

¿Cómo fue el contacto con mi animal de poder, qué cualidades percibí en la danza? (Recuerda que estas son cualidades que posees).

....
....
....
....

¿Cómo fue mi experiencia en el encuentro con Caronte, el río de los muertos y Plutón?

....
....
....
....

¿Qué es aquello que no veo y que me fue revelado durante el tránsito por el río?

....
....
....
....
....

¿Qué decidí soltar para permitir mi regreso al mundo de los vivos?

....
....
....
....

¿Cuál fue el regalo que recibí y qué representa?

....

....

....

....

(Luego de este viaje, pásate salvia blanca o un sahumerio por el cuerpo, usa un aceite esencial de flores o regálate un baño con sales. Así cerrarás bien la experiencia).

REFLEXIONES

¿En qué Casa se encuentra ubicado Plutón, con qué planetas personales tiene contacto en mi carta natal? Si aplico mis conocimientos de estos planetas en este viaje y mi intuición, ¿qué me dice este emplazamiento?

....

....

....

....

¿En qué Casa de mi carta natal se encuentra el arquetipo de Escorpio? ¿En qué área de mi vida se potencializan las características de este arquetipo y en qué áreas de la vida y actividades he podido experimentar su brillo y su sombra?

....

....

....

....

¿Cómo experimento el poder en mi vida? ¿Lo experimento desde la luz o la sombra?

Cuando he vivido "la noche oscura" o "bajado al inframundo", ¿cuál fue la grieta? ¿Cómo viví esa experiencia y cuál fue el regalo que me trajo? ¿Podría haberla vivido diferente?

En este momento, ¿en qué área necesito empoderarme? ¿Cómo podría usar el poder que me otorga Plutón en mi carta natal? ¿Cómo puedo vivir mejor estos procesos transformadores y empoderadores?

NOVENA ESTACIÓN: JÚPITER

Del 21 de noviembre al 20 de diciembre
Donde me expando y busco mi libertad

> *"De ti he aprendido a tomar notas, a expresarme en vez de rumiar en secreto, a moverme, a dibujar todos los días, a hacer, a decir en vez de meditar, a no disimular la conmoción y me siento fuerte por esta abundancia de actividad, este sentimiento de expansión y de plenitud".*
>
> ELENA PONIATOWSKA

¿Cómo te empoderas a través de Júpiter? Buscando expandirte y reconociendo el camino, generalmente espiritual, que te lleva a encontrar tu verdad y libertad.

ARQUETIPO Y ESCUELA QUE RIGE JÚPITER: SAGITARIO Y LA CASA 9

Después de bajar al inframundo en Escorpio, donde literalmente morimos, evolucionamos para gestar una nueva vida. Es el momento de abrir las alas rejuvenecidas que pacientemente esperamos a que emergieran en la oscuridad del alma para lanzarnos al espacio en un victorioso salto de fe. Este vuelo lo realizamos aún en la oscuridad del invierno de Sagitario mientras nos encaminamos hacia el solsticio, cuando el Sol invicto ganará la batalla a la sombra e iniciará así el camino triunfal hacia la luz: el ciclo de la vida continúa.

En Escorpio enfrentamos nuestros miedos, el lado inconsciente y más oscuro, bajamos a la temida oscuridad donde Plutón nos regaló una nueva oportunidad, una nueva visión esperanzadora. Ahora el arquetipo de Sagitario nos invita a volver a la superficie de la Tierra con optimismo y continuar este viaje humano-salvaje al lado del centauro. Este arquero, con su maestría y sabiduría, nos pide apuntar de manera certera la flecha a ese nuevo propósito que nos expandirá y nos hará libres.

JÚPITER

En esta estación volvemos al plano del aquí y el ahora para continuar el recorrido por los planetas que en la astrología chamánica conforman el mundo medio, el mundo de la realidad que vivimos en el día a día y del cual hacen parte Saturno y los planetas personales o de recorrido rápido: la Luna, el Sol, Venus, Marte y Mercurio. Con Plutón en la estación nueve exploramos el mundo subterráneo, en astrología chamánica el mundo bajo, del cual hace parte también la bella Lilith, y ahora con Júpiter y Saturno (estación 9 y 10) nos adentraremos en la realidad del mundo como lo conocemos: del tiempo y el espacio. Más adelante en este viaje planetario con Urano y Neptuno, exploraremos el tercer mundo chamánico, el mundo de arriba o alto y entraremos al elevado reino de los cielos, al mundo superior, donde las leyes del mundo como lo conocemos no aplican más.

Con Júpiter exploramos ese lugar donde nos sentiremos expandidas, un lugar benevolente, el área donde se posiciona Júpiter se convierte en un recorrido espiritual en el que aprendemos lecciones con optimismo, con gozo, y nos adentramos para entender el verdadero sentido que tiene la vida. Debido a su poder de atracción gravitacional, donde se encuentra Júpiter en la carta natal tenemos una protección del cielo, un ángel guardián que nos guía y nos acompaña.

Júpiter tarda aproximadamente 12 años en orbitar el Sol y recorrer toda la rueda zodiacal por lo que su paso por cada casa astrológica puede durar un año, más o menos. Los tránsitos de Júpiter por la carta natal son siempre muy esperados, ya que Júpiter trae gozo, optimismo, expansión, crecimiento, prosperidad y buena fortuna en el área que toca.

El retorno de Júpiter en la carta natal (cuando vuelve al mismo lugar que ocupa en la carta natal, aproximadamente cada doce años) es un año de crecimiento espiritual, de retomar el rumbo del propósito de vida, de vivir experiencias que nos hacen evolucionar y, si hemos hecho bien nuestro trabajo, si hemos plantado las semillas correctas en tierra fértil, será un tiempo muy afortunado. Júpiter expande todo lo que toca, en ese sentido debemos ejercer cautela para que no expanda sus aspectos de sombra, indulgencia y fanatismo.

El planeta Júpiter es el más antiguo y el más grande del sistema solar, su masa es más de 2.5 veces la masa de todos los planetas juntos. Júpiter, después de la madre Luna y la bella Venus, es el cuerpo más luminoso que vemos en el cielo. Júpiter ha sido observado desde tiempos prehistóricos y su nombre fue dado en memoria al gran dios Júpiter debido, por supuesto, a su gran tamaño y luminosidad. Júpiter es un gigante de gas conformado por hidrógeno y helio y no tiene una superficie sólida muy definida, característica que en astrología se compara con su poder expansivo. Júpiter tiene una gran atracción gravitacional. Alrededor de él gravitan 100 lunas conocidas y multitud de meteoros y otros cuerpos que, si no fueran atraídos por su fuerza gravitacional, muy seguramente chocarían con la Tierra, de ahí su conocido rol como protector personal y de la humanidad.

En la mitología, Zeus (Júpiter) era el gobernante de la tierra desde el cielo, el más poderoso de todos los dioses del Olimpo. Todos los otros dioses se referían a él como padre y se levantaban en su presencia. Zeus fue el hijo menor de Cronos y Rea. Cronos (Saturno) engullía a sus hijos tan pronto nacían porque había escuchado de Gaia y Urano que uno de sus hijos lo derrotaría y tomaría su trono. Zeus fue ocultado por su madre, quién engañó a Cronos para que no lo engullera. Ya adulto, Zeus subió al Olimpo y en combate con Cronos —en la conocida Titanomaquia— liberó a todos sus hermanos del estómago de Cronos y también a los cíclopes y titanes engullidos por él. Los cíclopes le obsequiaron a Zeus el rayo, lo que le dio el nombre de dios del rayo y a su vez su aura de dominio y poder.

Zeus, ante los ojos de los otros dioses, fue considerado un dios generoso, justo y prudente. Se casó con Hera (Juno) y fue conocido por su tormentosa relación con ella y todos sus *affairs* y su vida indulgente. Fue así, independiente de su relación con Hera, un dios próspero que dio vida a hijos muy poderosos, entre ellos: Apolo, Artemisa, Atenea, Hermes, Perséfone, Dionisio, Perseo, Hércules, Helena, las nueve musas, Ares, Hefesto.

ASÍ TE EMPODERAS CON JÚPITER

Júpiter en los arquetipos y las Casas	Símbolo	Así me expando y busco mi libertad
Aries o Casa 1	♈	La expansión de Júpiter se expresa en la personalidad. Se presenta al mundo como una persona grande, alegre y generosa. Se expande al aire libre donde se vive en libertad, así que es probable que sea viajera, aventurera o practicante de deportes de riesgo al aire libre y viva muchas experiencias extremas.
Tauro o Casa 2	♉	Se expande en todo lo material y sensorial, lo que podría ser la razón de su vida. Disfruta construyendo su seguridad a través de los bienes materiales y el éxito monetario. La expansión se expresa siendo poseedora de múltiples talentos. El dinero va más allá de lo material, es un camino de libertad y descubrimiento espiritual. Sabe que tiene derecho a la materialización de la abundancia.
Géminis o Casa 3	♊	Se expande a través del conocimiento y el aprendizaje de todo lo que le rodea. Es prolífero con la palabra, el lenguaje y la comunicación. Se siente libre expresando lo que piensa con inteligencia y carisma y su vida es un libro abierto a todos a su alrededor. Es una mente expansiva y amplia y no se restringe por las creencias de otros.

Júpiter en los arquetipos y las Casas	Símbolo	Así me expando y busco mi libertad
Cáncer o Casa 4	♋	Se expande estando en su hogar, que usualmente es un lugar grande, con espacios al aire libre y para el disfrute suyo y de la familia. La búsqueda de la verdad y libertad se dirige a explorar de dónde viene, sus raíces y sus tradiciones. Es una madre benefactora y abundante. Es un lugar que da mucha fe en la vida y un crecimiento personal sano.
Leo o Casa 5	♌	Se expande irradiando su propia luz y energía y desarrollando sus múltiples talentos artísticos. Su corazón ya amoroso es en extremo generoso y se expande aún más compartiéndolo con el mundo. El juego y los hobbies le dan un sentido de libertad personal y son una forma de autoexploración y crecimiento. La búsqueda del amor y su relación con los hijos le dan sentido a su vida.
Virgo o Casa 6	♍	Se expande en el trabajo y, en general, estando al servicio del mundo. Disfruta sirviendo a los demás, lo que le dará la sensación de ser libre. Quizás tenga varias fuentes de empleo y así manifiesta su abundancia. Se siente libre y expansivo con una vida equilibrada y una agenda y casa organizadas. Encuentra el sentido de la vida a través del trabajo, temás relacionados con la salud, lo sagrado y los rituales de la vida.

Júpiter en los arquetipos y las Casas	Símbolo	Así me expando y busco mi libertad
Libra o Casa 7	♎	Se expande en el ámbito de las relaciones, su vida social es exuberante. Estar en pareja le hace vibrar y es una pareja y/o socia generosa y divertida. El sentido de vida lo encuentra interactuando con los otros, quienes la llevan a vivir aventuras y descubrimientos. La expande todo lo bello y parte de su camino espiritual está asociado a construir un mundo más justo y armonioso en el cual vivir.
Escorpio y Casa 8	♏	Tiene un mundo interno y espiritual muy rico. La expande y la hace sentir libre el autodescubrimiento y explorar todo aquello que no se ve a simple vista en ella y en los demás. Esta puede ser una posición en la que Júpiter, siendo el dios del Olimpo, no se siente muy a gusto, aun así ayuda a superar crisis y establecer conexiones muy profundas con otras personas. Su camino espiritual es a través de la exploración del propio poder, de superar miedos, combatir la propia sombra o a través de la sexualidad.
Sagitario o Casa 9	♐	Júpiter está en el signo que rige y en casa. Su fuego y optimismo están en total expansión y se siente libre. Está en búsqueda permanente de la verdad de la vida y de la fe. Se siente expandido en una biblioteca o en las aulas de una universidad, entre textos, maestros y estudiantes o meditando, en una iglesia o una sinagoga. Toda su vida es un viaje espiritual, lo que le permite explorar culturas, expandir su conocimiento y sabiduría para luego compartirlos.

Júpiter en los arquetipos y las Casas	Símbolo	Así me expando y busco mi libertad
Capricornio o Casa 10	♑	Se expande trabajando duro, con entrega, seriedad y sin duda alcanzan el estatus, el éxito y el reconocimiento. Busca que la vida tenga sentido y entregar un beneficio a la sociedad. Se expande siendo un guía para otros y generando un impacto que perdura en el tiempo. La verdad y la libertad las encuentra en su viaje a la cima.
Acuario y Casa 11	♒	Se siente expandida formando parte de grupos, en los colectivos y con sus amigos. Júpiter aquí expande la visión del futuro y todo lo que representa novedad, incluyendo la ciencia y la tecnología. Es protectora de los amigos y de las causas sociales. Es libre al expresar su autenticidad y originalidad. Es muy optimista y su camino espiritual se dirige a realizar cambios significativos en el establecimiento de un mundo mejor y más equitativo.
Piscis o Casa 12	♓	Se expande en un mundo infinito de posibilidades y de magia y busca la libertad y la verdad a través del amor y el encuentro con lo sagrado. Se expande meditando, viajando a lugares de poder o en conexión con la música, la escritura. Es un ser protegido e inspirado por el cielo.

Tabla 21. El poder de Júpiter en los arquetipos y las Casas.

EL ARQUETIPO SAGITARIO

Sol en Sagitario: 21 de noviembre al 20 de diciembre.
Planeta regente: Júpiter.
Elemento: Fuego.
Modalidad: Mutable.
Medicina: Cultivar la fe y viajar.
Frase: Develo la verdad del universo.
Eje Géminis–Sagitario: El eje de la sabiduría y el conocimiento.
Arquetipos: La viajera, la sacerdotisa, la visionaria.

Después del paso por Escorpio, donde hemos enfrentado nuestra sombra y confrontado la oscuridad del alma, escuchamos el llamado de Sagitario para dejar el inframundo, encaminarnos al mundo de la luz y así continuar el camino de una vida nueva y renovada. Esto podemos experimentarlo como un proceso de despertar espiritual, el encendido de una llama interna que nos dice adónde tenemos que ir, o quizás como un simple llamado del cielo.

Sagitario es el tercer y último arquetipo de Fuego. Aries es la chispa que da inicio a la vida, Leo el Fuego que abriga el corazón, Sagitario las brasas que reviven para recordarnos que hay un sentido de vida mucho más alto y debemos ir en su búsqueda. Como tercer signo de fuego, Sagitario es alegre, optimista, espontáneo. En Sagitario se experimenta la alegría de enfrentar la vida como una maravillosa aventura que nos lleva más allá de este mundo terrenal a experimentar el cielo o el mundo del espíritu.

Sagitario es el arquetipo de la libertad y la verdad. La libertad de expresar quiénes somos y en lo que creemos, de soñar un sueño y de ir tras de él, de disparar la flecha con certeza hacia ese propósito que eleva el espíritu y que quizás se encuentra en las estrellas.

Sagitario es el arquetipo del viajero que escucha el llamado del espíritu para dirigirse por un camino guiado por las estrellas, quizás el mismo camino de fe que siguieron los tres reyes magos o tres sabios astrólogos para llegar a Belén en busca de ese ser que traería esperanza y amor al mundo.

Luz del arquetipo Sagitario	Oscuridad del arquetipo Sagitario
Ama la libertad de pensamiento y del espíritu.	Creer que su verdad es la única verdad de la vida puede llevarlas al dogmatismo y al fanatismo.
Búsqueda constante de la verdad, del sentido de la vida, de la visión y de altos ideales.	Dificultad para manejar la depresión y la parte oscura de la vida, lo que las lleva a vivir a veces un optimismo fantasioso.
En la búsqueda de la verdad, los estudios y los viajes forman una parte fundamental de su vida.	Imposibilidad para medir la verdadera magnitud de las cosas y de comulgar con la verdad de otras personas y diferentes a la suya.
Exploración de las culturas, las filosofías y los idiomas.	Duda y pérdida de la fe.
Sabiduría y conocimiento que las convierte en guías o maestras.	

Tabla 22. Luz y oscuridad del arquetipo Sagitario.

LA CASA 9: UN VIAJE HACIA LA EXPANSIÓN Y LA LIBERTAD

En el ciclo astrológico de la vida, la Casa 9 se asocia con el periodo de gestación. En la Casa 8 la pareja enamorada y comprometida se unió sexualmente para concebir vida, también morimos y finalizamos un ciclo; en la Casa 9 el óvulo fecundado se expande exponencialmente y el espíritu se eleva para dar inicio a un nuevo ser. La Casa 9 corresponde a las siete primeras semanas de gestación, un punto de despertar espiritual que es descrito como la entrada a *la octava trascendente* del zodíaco o a un nuevo estadio más elevado de conciencia. Es así como la Casa 9 es una casa espiritual, en la que buscamos un sentido más profundo y significativo de la vida y el mundo, se estudian las filosofías, las religiones, los viajes físicos o mentales como vías para encontrar la autenticidad y las verdades trascendentales de visiones más amplias y de propósito de vida.

La Casa 9 es también el mundo académico, los estudios superiores, la enseñanza de alto nivel, todo lo que nos lleve a entender el mundo, a llegar a una verdad más grande y a una visión global del mundo.

LUNACIONES EN LA ESTACIÓN SAGITARIO

Luna nueva en Sagitario

Consideraciones para la Luna nueva en Sagitario y temas a sembrar en esta lunación:

La Luna nueva de noviembre nos conecta con el elemento fuego al estilo sagitariano y con la modalidad mutable, lo que la hace muy dinámica y le otorga mucho movimiento. Quizás estés de viaje, tomando algún curso o estés programando alguno. Con Sagitario puede ser difícil mantener la quietud y la contemplación a la que nos invitan las Lunas nuevas. Probablemente estés invadida por una sensación de alegría y optimismo y tengas fe de que buenas noticias llegan del cielo. En caso contrario, tendrás un llamado muy grande a expandir tu visión y conectar con tu propósito de vida, con algo que te llene el alma. Aproximándose el final del año tradicional, y a tres lunas de finalizar este camino de empoderamiento, es una buena oportunidad para reflexionar en lo que has alcanzado hasta la fecha, observar qué tanto has crecido, qué esperas de lo que falta de camino y hacer algo muy atrevido y aventurero en este mes regido por el maravilloso Júpiter.

Escribe aquí tu intención:

....

....

....

....

Luna llena en Géminis

Esta lunación trae frente a ti el eje representado por Sagitario y Géminis: el eje del conocimiento. El Sol en Sagitario se encuentra frente a la Luna en Géminis para traer a la luz aspectos de tu estructura mental que necesitan ser analizados para continuar el camino hacia la verdad, el propósito y la libertad.

Temas que la Luna llena en Géminis podría traerte a la luz

Tu actividad mental puede estar acelerada, con ánimos de aprender cosas nuevas, puede que tu actividad social se active en este período para traer algo de ligereza a tu vida o por el contrario te haga ver que llevas una vida cargada de frivolidades que hace que no tenga un sentido claro.

Esta Luna llena te hará cuestionar y analizar creencias, de lo que has aprendido y de tu vida que son trascendentales y de larga envergadura. Tómalo con calma y da espacio para reírte un poco de ti misma y de todos esos pensamientos que te abordan. Puede que te sientas nerviosa, ansiosa o confundida. Lee algo ligero, ve a un *stand-up comedy* (o crea el tuyo) o práctica algún *hobby* que te ayude a disipar la mente.

Esta Luna llena cierra el ciclo de seis meses que comenzaste con la Luna nueva en Géminis. Revisa las intenciones que definiste para ver el ciclo que cierras y tómate el tiempo de celebrar con tus amigos, un viaje podría ser una buena forma de hacerlo.

Escribe aquí lo que celebras y lo nuevo que ves en esta Luna llena:

Afirmación

"Soy el fuego expansivo que enciende mi visión para llevarme por el camino que me conduce a mi propósito. Con fe escucho los mensajes que llegan del cielo y me aventuro a seguirlos".

REFLEXIONES

¿En qué Casa de mi carta natal se encuentra el arquetipo de Sagitario? ¿En qué área de mi vida se potencializan las características de este arquetipo y en qué áreas de la vida y actividades he podido experimentar su brillo y su sombra?

....

....

....

¿En qué Casa se encuentra ubicado Júpiter, con qué planetas en mi carta natal tiene contacto? Si aplico mis conocimientos de estos planetas y mi intuición, ¿qué me dice este emplazamiento?

....

....

....

¿Qué es aquello que me hace sentir expansiva, afortunada, optimista y en qué áreas se manifiesta? ¿Cómo he vivido estas experiencias en el pasado? ¿Cómo deseo continuar esta expansión?

....

....

....

....

¿Cuál considero que ha sido mi camino espiritual? ¿Cuál es la iluminación o la verdad trascendental que estoy buscando?

....

....

....

....

¿Hacia dónde quiero disparar mi siguiente flecha? ¿Cuál es la visión tras la que voy en los siguientes 18 meses?

....

....

....

....

DÉCIMA ESTACIÓN: SATURNO

Del 21 de diciembre al 20 de enero
Donde requiero disciplinarme para ser exitosa

> *"La disciplina es la mejor amiga del hombre*
> *porque ella le lleva a realizar los anhelos más profundos de su corazón".*
> MADRE TERESA DE CALCUTA

¿Cómo te empoderas a través de Saturno?: Reconociendo cómo y dónde requieres disciplinarte para alcanzar tus metas y ser exitosa.

ARQUETIPO Y ESCUELA QUE RIGE SATURNO: CAPRICORNIO Y LA CASA 10

En esta estación daremos una mirada al cielo justo arriba de nuestras cabezas, en astrología, al Medio cielo (MC). Este punto astrológico representa el lugar donde el Sol del mediodía despliega su luz más potente y está representado por la cúspide de la Casa 10 o el grado 0 de la Casa 10 que está regida por el gran maestro-padre Saturno y representada por el arquetipo de Capricornio, la cabra-pez.

Es una etapa interesante de este viaje donde confluyen muchos aspectos importantes para el proceso de empoderamiento femenino, aunque esto podría sonar contradictorio en primera instancia. Saturno es quizás la representación más patriarcal de todos los planetas de la rueda zodiacal y la Casa 10 simboliza (entre otros aspectos) las estructuras más antiguas y tradicionales de la sociedad como el gobierno, la monarquía, las organizaciones y sus estructuras piramidales. Todas estas estructuras con las que Lilith se enfrentó y por lo cual se alejó del paraíso y le generó tanto dolor. Capricornio representa los valores asociados con la polaridad masculina: el enfoque, la disciplina, el liderazgo, la dirección, la autoridad, la consecución de objetivos y el éxito personal. Así que hagámonos unos cuestionamientos para aclarar esa aparente contradicción:

¿No son el cuerpo y la energía una combinación de dos polaridades, positiva y negativa, es decir femenina y masculina? ¿Cuál es el eje opuesto a la Casa 10 o al Medio cielo? ¿No es precisamente la amada Luna en la Casa 4 quien encierra todos los conceptos de la energía femenina más tradicionales y fundamentales para la humanidad?

Nos encontramos frente al eje con la polaridad más *yin-yang* del zodíaco y para embeber todo el poder que nos da la Luna, la identidad femenina, el zodíaco nos invita a visitar Saturno, a explorar Capricornio y a estudiar la Casa 10, entender sus valores, apropiarnos de ellos, integrar la energía del padre o masculina que nos mueve a la acción y a transmutar aspectos de sombra de la Luna que muchas veces nos hacen caer en la dependencia emocional que nos roba poder, independencia y libertad de elegir.

El poderoso Saturno, nombre que se le dio al planeta destino, es en la mitología el padre de los grandes dioses y diosas del Olimpo: Júpiter, Neptuno, Plutón, Juno, Ceres y Vesta y contribuyó, a través del enfrentamiento con su padre cielo, Urano, al nacimiento de la más bella diosa que jamás ha existido: Venus. Estas fuerzas maravillosas fueron concebidas con el aporte de esta energía saturnal. ¿Qué pasaría si integráramos las polaridades masculina y femenina? El poder de los deseos más profundos y de valorarnos que representa Venus con la esencia maternal, emocional y nutridora que nos imprime la Luna; con el poder de cuidar y conservar el fuego interior que representa Vesta; con el talento de relacionarnos y comprometernos de Juno y con los deseos de independencia, creatividad y visión de Lilith. ¿Qué pasaría?

Saturno entra aquí en juego en su rol de padre para ponernos límites, enseñarnos disciplina y pedirnos enfoque para no perdernos en la emocionalidad de la Luna, en los deseos de venganza de Lilith, en la infinidad de oportunidades y opciones que nos trae Júpiter, en la niebla y el mar infinito de Neptuno, en el oscuro mundo subterráneo de Plutón, en el rol de esposa abnegada de Juno que nos hace perder en el otro, en los ritos y la total independencia de la energía masculina de Vesta o la indulgencia y el mundo de los placeres terrenales en el que a veces nos hundimos con Venus.

En esta estación exploramos también aspectos importantes para materializar la realidad que deseamos, cerrando el gran triángulo de la manifestación o de las Casas de Tierra conformado por las Casas 2, 6 y 10.

En esta estación concluimos el paso por todas las Casas cardinales, cerrando así la maravillosa Cruz Cósmica, esa cruz que decidimos cargar para nuestro aprendizaje en esta Tierra.

SATURNO

Saturno sigue en tamaño al planeta Júpiter, es el cuarto cuerpo más luminoso en el cielo y puede verse a simple vista en un cielo descubierto, razón por la cual ha sido observado por la humanidad desde tiempos antiguos y ha sido adorado por las distintas civilizaciones. En la antigüedad recibió diversos nombres (Phainon Shani y Shabbathai, entre otros). Fue bautizado como la "estrella de Saturno" por los romanos. El anillo que lo circunda, y que es una característica única de este planeta, fue observado por Christiaan Huygens en 1655 con la ayuda del telescopio. En la época moderna se han realizado muchas expediciones que continúan en curso para estudiar a Saturno y su sistema de lunas y anillos que lo rodean.

En astrología, al ser el planeta más distante que puede ser visto a simple ojo humano, representa el límite de nuestra realidad. Júpiter y Saturno simbolizan el límite entre lo individual y lo colectivo. Ambos representan aspectos que involucran a toda la sociedad y por esta razón son llamados también los planetas sociales. Sus movimientos predestinan el curso de la humanidad y sus conjunciones, que suceden cada 20 años, son vistas como espacios de tiempo en los que se presentan eventos que marcan y reestructuran a la humanidad. La última vez fue en el fatídico año 2020, año de la pandemia por Covid-19 (conjunta con Plutón, dios del inframundo), cuando nos dejó una huella e influencia que recordaremos por largo tiempo.

Con Saturno y Júpiter terminamos la exploración de los planetas que representan el mundo material, el aquí y el ahora o el mundo medio para la astrología chamánica. Júpiter y Saturno trabajan de cierta manera en conjunto: Júpiter busca y expande la verdad y Saturno pide que esa verdad sea concreta y esté ajustada a la realidad. Júpiter quiere ir más allá y Saturno dice "hasta aquí hemos llegado", siempre pone un límite.

Saturno representa la realidad consensual, es decir, aquello que como colectivo reconocemos como real. Representación de esa realidad son las formas físicas, lo tangible, las estructuras, los límites, las reglas, las leyes, las organizaciones y la estructura social. Saturno nos obliga a tomar la visión que descubrimos con Júpiter, concretarla en acciones, traducirla en un cronograma, un plan de acción y manifestar así la visión o un ideal en algo concreto en el mundo del tiempo y de las formas.

Saturno en la carta natal representa ese lugar donde necesitamos disciplinarnos, establecer reglas personales para lograr el éxito y cumplir nuestro destino. Júpiter expande todo nuestro universo, nos muestra infinidad de opciones, de oportunidades, y Saturno nos pide tomar una decisión y enfocarnos: ¿cuál de todas esas opciones y alternativas que nos ofrece el mundo de Júpiter escogeremos para focalizar la energía e ir tras aquello que vinimos a realizar en este mundo?

Saturno tarda cerca de 29 años en orbitar el Sol y dar la vuelta completa a la rueda zodiacal. Eso quiere decir que su paso por cada casa astrológica dura dos años y medio aproximadamente. Contrario a los tránsitos de Júpiter, los tránsitos de Saturno son vistos como retadores, épocas difíciles, de mucho esfuerzo, de escasez y restricción. La invitación en este viaje de empoderamiento es incorporar la presencia de Saturno y sus tránsitos como la oportunidad de disciplinarnos en el área que visita, organizarnos, construir estructuras sólidas y duraderas para que el siguiente retorno de Júpiter expanda un área de la vida que está bien estructurada y no en el caos, que al final del día es lo que Saturno desea eliminar. A medida que Saturno transita por nuestras Casas va llenándonos de sabiduría y enseñanzas, recordemos que Saturno es un gran maestro y favorece que desarrollemos todo el potencial de la Casa donde se encuentra en el mapa natal o la que visita en sus tránsitos.

A Saturno no le gustan los desvíos para acortar camino, él va a escoger el camino más largo y difícil, pues siempre tiene un reto que vencer, una montaña que escalar o un trabajo a realizar que trae al final una gran recompensa. Saturno nos pide que hagamos lo que tenemos que hacer y que dejemos de lado lo que no podemos alcanzar, visto de otra manera, a ser realistas y pragmáticos.

Saturno es un planeta serio y muestra su sombra cuando confunde el concepto de realidad con el concepto de verdad que transmite Júpiter. Saturno dice que la realidad es lo que es y que las leyes no cambian, son fijas y estables, liberándonos así del caos, de la incertidumbre. Sin embargo, a veces el cambio de reglas, límites, estructuras, también es necesario adaptarlas a nuevas verdades y así se pueden edificar nuevas estructuras y realidades. Saturno puede, si no lo entendemos bien, volverse demasiado rígido, limitante o impedir el crecimiento y la adaptación a nuevas realidades del individuo y la sociedad.

En la mitología, Saturno (Cronos para los griegos) fue el hijo menor de Urano, titán dios del cielo, reinante de todo el universo y de la deidad Tierra o Gea. Su hermano mayor, llamado

Titán, cedió su derecho a gobernar a Saturno siempre y cuando no engendrara hijos; así, a la muerte de Saturno, serían los hijos de Titán quienes reinarían en el cielo y la tierra. Esta fue una de las razones por las cuales cuando los hijos de Saturno nacían, él los devoraba cumpliendo así lo prometido a su hermano Titán. Urano, su padre, dejaba embarazada a Gea, quien daba a luz terribles seres conocidos como hecatónquiros y cíclopes. Urano, avergonzado de sus deformes y horribles hijos, los mandaba al Tártaro, un lugar aún más terrible que el inframundo (otros hablan de que eran devueltos al vientre de Gea). Gea, cansada de engendrar estas criaturas y de ver cómo eran lanzadas a ese lugar (o devueltos a su vientre), creó un plan para castrar a su esposo. Finalmente, Saturno aceptó llevar a cabo el plan de su madre y con una hoz cortó los genitales de su padre. De la espuma que cayó al mar y formó el esperma derramado de sus genitales, nació Venus: la más bella creación, diosa de la armonía y el amor. La época de Urano fue un periodo de caos en el que reinaban seres terribles. Saturno, al vencer a su padre y tomar el poder, estableció una época de armonía y crecimiento para la humanidad, reinó la edad de oro.

Estudiar estos mitos nos lleva a identificar dos temas arquetípicos importantes que nos ayudan a analizar la presencia del padre Saturno en la carta: Saturno controló el caos de su época al quitarle el poder reproductivo a Urano y organizó y estructuró su tiempo llevándolo a la prosperidad y la armonía. Por otro lado, Saturno experimentó mucho temor de perder su reinado si no cumplía la palabra dada a su hermano Titán y por tener que tragarse sus propios hijos para esconderlos.

Así, cuando analizamos la posición de Saturno en la carta, podemos analizar cuál es el caos que Saturno quiere eliminar y quizás ahí en la Casa donde está se experimente una sensación de temor o miedo que hace que la tarea de Saturno sea aún más retadora.

ASÍ TE EMPODERAS CON SATURNO

Saturno en los arquetipos y Casas	Símbolo	Dónde necesito disciplinarme
Aries o Casa 1	♈	Saturno pide disciplinar los instintos, la necesidad de ir a la acción sin reflexionar y sin un plan. Saturno quiere disciplinar el ego para no actuar como el bebé recién nacido y pide enfocarse y reafirmarse en sí misma, en materializar el fuego que arde dentro de sí. El regalo de Saturno en esta posición es una personalidad estructurada, una líder autodominada con iniciativa, comprometida y llamada a ser guía para otros.
Tauro o Casa 2	♉	Saturno pide disciplinar el manejo de los recursos materiales y los valores que posee, a su vez, pide disciplinar los sentidos para evitar dejarse manejar por ellos y convertirse en indulgente. Saturno pide enfocarse en lo que se desea y en el amor propio para construir una base sólida donde el potencial materializador puede florecer. El resultado de esta combinación es una persona metódica, estructurada, pujante, que sabe con certeza lo que desea y hacia dónde se dirige, capaz de materializar la riqueza y lo que se proponga.

Saturno en los arquetipos y Casas	Símbolo	Dónde necesito disciplinarme
Géminis o Casa 3	♊	Saturno pide disciplinar la mente, la palabra, el pensamiento y el intercambio de ideas, lo que pienso, lo que digo y como lo hago. Saturno pide enfoque en la comunicación para poner en el escenario al pensador y comunicador que ahí yace. Saturno la apoya para que construya y fortalezca sus habilidades de influenciar, negociar, tomar decisiones inteligentes y evaluar las opciones de forma pragmática.
Cáncer o Casa 4	♋	Saturno quiere estructurar y poner en orden el instinto y las emociones. Saturno pide que se discipline para ser autónoma emocionalmente. Saturno quiere que estructure su hogar, el lugar donde habita y su concepto de familia. Saturno pide establecer límites a la necesidad de nutrir y ser nutridos para que el adulto emerja. Saturno también pide disciplinarse en el rol de madre para establecer límites sanos y bases sólidas a la familia que se crea para proveer la seguridad, la nutrición y el apoyo que se requiere.
Leo o Casa 5	♌	Saturno quiere disciplinar la capacidad de expresión creativa para develar al ser auténtico y su brillo. Saturno hace que la focalización en sí misma se agudice para conectar con el fuego del corazón, la esencia del ser. Saturno quiere que la niña interior, que pide tanta atención, camine a la madurez. La disciplina de Saturno hace una líder creativa, inspirada desde el corazón y que brilla por sí sola y con esa luz ilumina al mundo.

Saturno en los arquetipos y Casas	Símbolo	Dónde necesito disciplinarme
Virgo o Casa 6	♍	Saturno potencializa las habilidades de seriedad, concentración y responsabilidad en el trabajo, lo que genera la capacidad de realizar labores complicadas y extenuantes. Se deben disciplinar las rutinas diarias, el cuidado del cuerpo, de la energía y del fuego interior para mantener el equilibrio y la salud. Saturno pide enfoque en sí misma para que, en armonía, pueda servir a otros; se requiere una estructura sólida para que luego se manifieste con éxito en el trabajo.
Libra o Casa 7	♎	Saturno pide disciplina en la manera de relacionarse con los otros para que la entrega hacia el otro no haga que la individualidad se pierda. El trabajo con Saturno se proyecta en el otro o la pareja porque ellos son un espejo a través del cual se reconoce a sí misma, la pareja es un maestro de vida. Saturno quiere que se relacione como una mujer adulta, madura y comprometida. El regalo de esta posición puede ser un matrimonio o una asociación armoniosa, equitativa, comprometida y de larga duración.
Escorpio o Casa 8	♏	Saturno quiere que discipline las emociones y la relación íntima con el otro, lo que incluye las emociones llevadas al extremo, miedos, dependencias y la sexualidad. Saturno quiere que las relaciones se desarrollen con pragmatismo y evita así crisis que le hagan tocar fondo.

Saturno en los arquetipos y Casas	Símbolo	Dónde necesito disciplinarme
Escorpio o Casa 8	♏	Saturno hace que se enfoque en su evolución, diluya la sombra del ego y construya un ego sano y poderoso. El regalo de Saturno en esta posición es una mujer con un gran poder personal, profunda, pragmática que puede navegar en el mundo de Plutón sin dejar de lado las responsabilidades y la realidad material de la vida.
Sagitario o Casa 9	♐	Saturno quiere disciplinar la búsqueda de visión y hacer que la verdad de la vida se haga con seriedad, de manera estudiada, estructurada y metódica. Saturno le pide enfoque para que el viaje tenga un destino, una misión, que no sea el mero hecho de la exploración. Saturno, pragmático, evita que el optimismo sea desenfrenado y que se genere fanatismo. Saturno en esta posición da como resultado exploradoras científicas, grandes maestras para la humanidad, buscadoras de la verdad en la teoría y en la práctica y viajeras con sentido.
Capricornio o Casa 10	♑	Saturno en esta posición facilita la disciplina y la estructura, hace líderes incansables para alcanzar las metas, materializar el destino y permite que se conviertan en maestros o autoridades. El enfoque de Saturno es hacerla avanzar con ahínco, determinación y pragmatismo para que obtenga los objetivos propuestos. El premio que da Saturno es el éxito, el reconocimiento y el aprecio social.

Saturno en los arquetipos y Casas	Símbolo	Dónde necesito disciplinarme
Acuario o Casa 11	♒	Saturno le pide disciplinar la mente y el fluir de sus ideas geniales y de cambio para que se estructuren y se consoliden los ideales innovadores y futuristas. La disciplina va más allá de lo individual para ser una persona integrada a lo colectivo y acabar con el caos social. El regalo de esta posición es de inspiración para la comunidad, el colectivo, y el reconocimiento de la sociedad como una líder o estratega social.
Piscis o Casa 12	♓	Saturno quiere que se discipline en la comprensión de las leyes del universo y la energía, así como en la entrega incondicional y el servicio al mundo para crear un mundo más sostenible. El enfoque es que se adentre en este mundo considerando las leyes físicas que gobiernan la materia y las necesidades e intereses de otros y sus límites. El regalo de Saturno en esta casa es la comprensión de las fuerzas tanto físicas como espirituales del universo y la manifestación de los sueños en la Tierra.

Tabla 23. El poder de Saturno en los arquetipos y las Casas.

EL ARQUETIPO CAPRICORNIO

Sol en Capricornio: 21 de diciembre al 20 de enero.
Planeta regente: Saturno.
Elemento: Tierra.
Modalidad: Cardinal.

Medicina: La responsabilidad y el compromiso.
Frase: Con disciplina y paso a paso llego a la cima.
Eje Cáncer-Capricornio: El eje de la estructura.
Arquetipos: La matriarca, la reina, la jefa de Estado.

Una vez hemos explorado el camino, descubierto la multiplicidad de opciones y encontrado la verdad en Sagitario, estamos listas para definir una meta y comprometernos con ella. Este es un camino muy individual, pero que nos llevará de frente al mundo, es el camino de la realización personal.

Del fuego del espíritu de Sagitario entramos al mundo material y de la forma de Capricornio. El cambio es dramático y requerirá de esfuerzo, pues se trata de convertir la visión de Sagitario en algo tangible y real. Para esto Capricornio goza de muchas cualidades: estrategia, planeación, disciplina, paciencia, madurez, compromiso, enormes deseos de alcanzar la cima y que su trabajo sea valorado y apreciado por los demás. Capricornio tiene la convicción de que está en este mundo por una razón y es su responsabilidad cumplir ese destino.

Capricornio cierra el grupo de los signos del elemento Tierra. La Tierra de Tauro nos provee del alimento básico, de bellas flores en el jardín y de un espacio donde vivir. La Tierra de Virgo se integra con el cuerpo físico para ser labrada y cultivada, la hacemos aún más productiva para asegurar el pan de cada día. En la Tierra de Capricornio sentamos las bases y estructura de nuestra vida y la sociedad y establecemos los límites de lo que es real y concreto.

Las cualidades de Capricornio son muchas y muy útiles en el mundo real, pero demasiado o muy poca de su energía nos lleva a vivir su oscuridad que puede ser, asimismo, igual de contundente. Quizás la premisa "el fin justifica los medios" pueda ayudarnos a entender cómo este ético arquetipo puede moverse a una zona peligrosa por su alcance, poder y consecuencias. En la oscuridad de Capricornio se puede llegar a experimentar dificultad para aceptar la autoridad y los límites encargados de traer el orden a la sociedad. El enfoque en la tarea, en el trabajo y en la acción pueden hacer que el éxito se convierta en el único motivador de la vida dejando de lado otros aspectos del ser humano que son necesarios para el equilibrio como podrían ser la familia, la pareja o los espacios de diversión y juego. Capricornio puede tornarse demasiado exigente con los demás al pedir que estén a su nivel y exigirles el trabajo duro al cual está acostumbrado. Su pragmatismo y contacto con la realidad lo pueden llevar a negar sus emociones y las de los demás, haciéndolo un ser frío y distante.

Otro aspecto a considerar en su oscuridad es el amor y respaldo al *statu quo* y a la tradición, esto la hace estar demasiado arraigada al pasado y a estructuras antiguas y, quizás, desgastadas y le haga difícil aceptar nuevas ideas y promover y procesar los cambios que son necesarios.

Luz del arquetipo Capricornio	Oscuridad del arquetipo Capricornio
Disciplina y enfoque para emprender y alcanzar el éxito y su destino o misión en la vida.	Su enfoque en alcanzar el éxito puede llevarla a aplicar el lema "el fin justifica los medios".
Persistencia para conducir y estructurar empresas difíciles y vencer la adversidad.	Exceso de racionalidad y rigidez.

Luz del arquetipo Capricornio	Oscuridad del arquetipo Capricornio
Capacidad para establecer límites.	Dificultad para manejar sus emociones y ser empática con las de los demás.
Aproximarse a la vida con practicidad y sabiduría.	Potencial manejo no ético del poder y de la autoridad.
Aprecio por las cosas finas y perdurables en el tiempo.	Tomar la vida demasiado en serio olvidándose del juego y tendencia al sacrificio.
Apoyo a las estructuras patriarcales y la tradición.	Necesidad de reconocimiento.
Disciplina y enfoque para emprender y alcanzar el éxito y su destino o misión en la vida.	Su tradicionalismo le dificulta abrazar las nuevas tendencias.

Tabla 24. Luz y oscuridad del arquetipo Capricornio.

LA CASA 10: AL ENCUENTRO DE LA PLENITUD

La Casa 10 es el sector de la realización personal, el éxito y la entrega del legado a nuestros nietos y al mundo ¿No representa esto la plenitud en la vida?

La cúspide de la Casa 10 o MC es el lugar a mirar en el mapa natal para determinar cómo el éxito nos acompañará en la vida. La Casa 4, su opuesta, nos habla del hogar, el lugar de donde venimos y de los regalos que nos dejaron nuestros ancestros y que nos apoyan para ir hacia el MC. La Casa 10 nos muestra hacia dónde nos dirigimos y el legado que entregaremos a la humanidad.

Si la Casa 9 representaba el viaje, el camino, la Casa 10 representa la meta, a dónde debemos llegar. La Casa 9 es un sitio de exploración, la Casa 10 es un punto de enfoque. Esta Casa simboliza la profesión porque representa aquello que aprendemos con constancia, disciplina y dedicación. El tiempo dedicado y la experiencia ganada nos dan el título de expertos y por eso la sociedad nos reconoce y nos admira.

La Casa 10 nos pide que salgamos al escenario con todos los dones, aprendizajes y experiencias y nos entreguemos al público, que subamos la montaña y coloquemos la bandera en la cima, el premio serán los aplausos y la satisfacción personal de haberlo logrado. La Casa 10 representa lo tradicional, lo material, el sistema patriarcal, las estructuras, lo que ha requerido tiempo y esfuerzo para ser construido. En esta Casa se estudian los gobiernos, las leyes, las estructuras organizacionales y todo aquello que nos provee de una base sólida para que la sociedad viva de manera armónica y no reine el caos.

EL GRAN TRIÁNGULO DE LA MANIFESTACIÓN

El mapa, además de estar formado por Arquetipos, planetas y Casas, es un gran mandala de formas y disposiciones que se dan por las interacciones entre puntos y planetas. Estas interacciones generan conversaciones entre los planetas y dan lugar a la formación de numerosas composiciones y formas geométricas que es interesante analizar porque nos hablan de aspectos que pueden ser armónicos, como los triángulos (trígonos) o aspectos que representen retos y temas que tendremos que trabajar con más profundidad y atención como los cuadrados (cuadraturas). Las interacciones convertidas en figuras geométricas, los triángulos, rectángulos, estrellas y cometas dibujan en el cosmos una infinidad de posibilidades y nos traen mensajes adicionales. Vamos a analizar un trígono muy específico que se encuentra en todas las cartas, que es importante en este camino de materializar el poder y la prosperidad.

El Gran Triángulo de Manifestación o Materialización está conformado por aspectos que involucran las tres Casas de Tierra y que representan el mundo material. La Casa 2, simplificada como la Casa de los recursos materiales, la Casa 6 o Casa que simboliza el servicio y el trabajo y la Casa 10 que representa la profesión, la realización y el éxito.

En esta estación del viaje cerramos este trígono, nos expandiremos en él dada la importancia que tienen en la vida la seguridad material, el trabajo y alcanzar el éxito, cualquiera que sea la definición que tengamos de este.

El poder de este triángulo radica en que integra todos los aspectos que involucran las Casas de Tierra y los arquetipos y planetas que las rigen: la tenacidad y el trabajo duro de Tauro, la rutina diaria, el análisis, la capacidad de servir a otros de Virgo y la habilidad de establecer metas e ir tras de ellas de Capricornio. Involucra apreciar la belleza de Venus, el enfoque y dedicación de Vesta, la habilidad de comunicar de Mercurio y el carácter serio, comprometido, riguroso y disciplinado de Saturno.

Mucha de la información de cómo materializamos las ideas, los sueños, usamos los talentos para el trabajo, ganamos recursos y alcanzamos la plenitud y el reconocimiento depende de los arquetipos y los planetas que se encuentran en estas casas de nuestro mapa. Al analizar este triángulo podemos mirar los recursos y valores con los que contamos, de qué manera po-

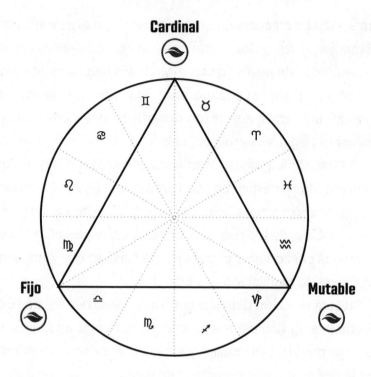

Fig. 5. Triángulo de la Manifestación.

demos servir al mundo y ser más efectivos y, finalmente, con cuál arquetipo debemos vestirnos para lograr el éxito social y el reconocimiento que todos buscamos. Así que toma tu mapa de viaje, revisa cuáles son los arquetipos que coronan estas Casas y prosigue a descubrir algunas pautas de cómo puedes aplicar la energía de este triángulo para materializar tus ideas y proyectos.

Triángulo de Fuego: Casas 2, 6 y 10 en Aries, Leo y Sagitario

La materialización ocurre a través de lo que te apasiona, de tu fuego interno, la creatividad y la capacidad de ir tras lo que deseas. Para lograr el éxito en este triángulo necesitas perseverancia y no ceder a la tendencia de abandonar los proyectos al menor tropiezo o por distracción con otros temas mundanos.

Triángulo de Tierra: Casas 2, 6 y 10 en Tauro, Virgo y Capricornio

Otorga todos los recursos, perseverancia, disciplina, enfoque y talentos para concretar y materializar la vida de tus sueños. El trabajo consiste en bajar la inspiración del cielo y conectar con eso que realmente deseas o necesitas en cada momento de la vida para ir con determinación tras ello.

Triángulo de Agua: Casas 2, 6 y 10 en Cáncer, Escorpio y Piscis

La inteligencia emocional, la intuición, la capacidad de cuidar, la empatía y entender lo que otros necesitan son herramientas indispensables que tienes para traer las ideas a la realidad tangible. Puedes materializar con facilidad proyectos profundos y transformativos y también relacionados con aspectos femeninos. Es indispensable el pragmatismo para pasar de la ensoñación a la acción, para concretar lo que se desea.

Triángulo de Aire: Casas 2, 6 y 10 en Géminis, Libra y Acuario

Tienes talento innato para comunicar, influenciar y relacionarte con otros y la capacidad de comercializar y vender tus ideas, proyectos y productos. Generas ideas que puedes concretar con herramientas comunicativas y con la tecnología. Los proyectos que materializa este grupo son generalmente innovadores y buscan contribuir a una gran cantidad de personas o a la sociedad. Es importante mantener los pies puestos sobre la tierra para que las ideas se manifiesten en la realidad.

LUNACIONES EN LA ESTACIÓN DE CAPRICORNIO

Luna nueva en Capricornio

Consideraciones para la Luna nueva en Capricornio y temas a sembrar en esta lunación:

Llega la última Luna nueva del año gregoriano cargada del elemento Tierra y la energía de la modalidad cardinal que le imprime iniciativa y actividad al mes lunar. Con el estructurado Saturno como regente del mes es un buen tiempo para evaluar con pragmatismo dónde estás y con enfoque definir a dónde quieres llegar. La Tierra ya tiene las condiciones necesarias para que la semilla que plantes germine, crezca y dé jugosos frutos. Puede que al conectar con esta Luna nueva sientas que las estructuras sobre las cuales basas tu vida no son lo suficientemente sólidas o empiezan a derrumbarse o la tierra donde vas a sembrar no está lista aún, recuerda que Saturno es muy duro juzgando.

No lo tomes como una limitante. Es la oportunidad para iniciar de nuevo, esta vez sobre bases más sólidas y una tierra mejor abonada y labrada. En esta Luna alista todo aquello que necesitas para ser disciplinada, siembra tu semilla, haz el análisis de dónde estás y a dónde vas a llegar y ponte manos a la obra en la medida que la Luna va ganando tamaño en el cielo.

Escribe aquí tu intención:

....

....

....

....

Luna llena en Cáncer

Esta lunación trae frente a ti de nuevo el eje representado por Capricornio y Cáncer: el eje de las estructuras. El Sol capricorniano ilumina a la abuela Luna en su arquetipo Cáncer. Esto trae a la luz aspectos que no habías considerado relacionados con lo femenino, el hogar, la maternidad, las emociones o tus ancestros.

Temas que la Luna llena en Cáncer podría traerte a la luz

De pronto algo te hace ver que no todo se trata de cumplir metas y ser pragmático. Puede que frente a ti se presenten situaciones con personas muy sensibles, mujeres o familiares donde cuidar y empatizar se haga una necesidad inminente. Quizás sientas la necesidad de estar en casa, de ser abrazada y nutrida con amor, algo muy raro en ti, o añores tu lugar de origen y a los abuelos. Aspectos de tu feminidad con los cuales no te sientes muy a gusto pueden aflorar. Esta Luna puede hacerte poner en contacto con la intuición, si tienes dudas, permite que la Luna te muestre el camino.

Esta Luna llena cierra el ciclo de seis meses que comenzaste en el solsticio de verano con la Luna nueva en Cáncer. Revisa las intenciones que definiste en ese momento, fíjate en qué ciclo cierras, tómate el tiempo para agradecer y celebrar desde tu energía femenina y prepárate a celebrar las festividades decembrinas y de Año Nuevo.

Escribe aquí lo que celebras y lo nuevo que ves en esta Luna llena:

....

....

....

....

Afirmación

"Con enfoque y disciplina voy camino a la cima, nada me detiene".

REFLEXIONES

¿En qué Casa de mi carta natal se encuentra el arquetipo de Capricornio? ¿En qué área de mi vida se potencializan las características de este arquetipo y cómo he podido experimentar su brillo y su sombra?

....

....

....

....

¿En qué Casa se encuentra ubicado Saturno y en qué área de mi vida necesito disciplinarme y enfocarme?

....

....

....

....

¿Cómo fue mi primer tránsito de Saturno? ¿Qué pasó alrededor de mis 29–30 años que me llevó a madurar y tomar compromisos serios de vida? Si ya ocurrió el segundo retorno (alrededor de los 58-60 años), ¿cómo viví esta experiencia?

....

....

....

....

¿Cómo he sentido el llamado a estructurarme y comprometerme para llevar a cabo mi visión o mi propósito de vida? ¿Cómo estoy viviendo la disciplina y el enfoque en relación con el emplazamiento de Saturno en mi mapa natal?

....

....

....

Revisa el Triángulo de la Materialización en tu carta natal y responde: ¿Qué elementos rigen mi Triángulo de las Casas 2, 6 y 10? ¿Qué planetas hay y cómo me benefician? ¿Cómo puedo usar esta información para materializar mis sueños, ideales y proyectos?

UNDÉCIMA ESTACIÓN: URANO

Del 21 de enero al 20 de febrero
Dónde necesito hacerlo diferente

> *"Prefiero ser rebelde que ser esclava.*
> *Insto a las mujeres a la rebelión".*
> MERYL STREEP

> *"Siento la necesidad de tomar a mi madre como ejemplo*
> *y de respetarla; es cierto que en la mayoría de los casos mi madre*
> *es un ejemplo para mí, pero más bien un ejemplo a no seguir".*
> ANA FRANK

¿Cómo te empoderas a través de Urano? Reconociendo el cómo y dónde necesitas innovar y hacer las cosas diferentes a los demás.

ARQUETIPO Y ESCUELA QUE RIGE URANO: ACUARIO Y LA CASA 11

En la undécima estación continuamos el viaje por el cielo y nos encontramos nada menos que con el dios de la mitología griega que lo personaliza, Urano. En esta etapa traspasamos el límite del tiempo y del espacio o la realidad que vivimos en el plano de las formas y la materia física, demarcados por Júpiter y Saturno, y nos adentramos a los mundos sutiles y misteriosos del universo y la conciencia superior, donde lo que creemos real a los ojos se diluye para dejarnos maravillar por fuerzas y energías que están más allá de nuestro control. Esto es lo que se conoce como el mundo alto o superior de la astrología chamánica o el mundo de los planetas transgeneracionales, que por su recorrido lento y el tiempo que permanecen en cada Casa, tienen una influencia más allá del individuo y sobre la humanidad. El mundo alto es un mundo fascinante que resulta maravilloso, misterioso e inesperado. Nos adentramos en él para encontrar no un componente más de este viaje, sino un atributo único que contribuirá a consolidar el conocimiento de nosotras mismas y del poder que reside en el interior y el de las fuerzas invisibles que operan fuera de nuestro alcance.

El planeta Urano en la carta natal es un rayo de luz que nos señala el lugar donde irradiamos originalidad. Urano nos da la libertad de expresar la individualidad, de hacer las cosas a nuestra manera y así expresar toda la creatividad como una manera de rebelión contra las reglas, la tradición o lo que nos ha sido impuesto por la sociedad. Urano en el mapa muestra el punto de genialidad (que algunos llaman locura) y donde hay una necesidad profunda de cambio, de mostrar autenticidad y sentirnos únicas y libres.

Aquí, del arquetipo de Capricornio que simboliza la disciplina y la perseverancia que conduce hasta la cima de la montaña por mérito propio, nos movemos al arquetipo de Acuario donde el éxito individual deja de ser relevante y, con humildad, decidimos entregar lo que somos y formar comunidad con una intención humanista, altruista e incluyente.

En esta estación cerramos el triángulo de los arquetipos de Aire, que simbolizan la mentalidad, la lógica y la socialización. Géminis es el Aire del pensamiento, es la comunicación y el despertar de la intelectualidad; Libra es el Aire mental que sopesa las ideas y los principios para valorarlos y tomar decisiones; finalmente, Acuario es el viento que llega de repente, las ideas geniales que iluminan la mente, el aire huracanado del inconformismo y de la revolución social.

URANO

Urano, junto con Neptuno y Plutón, hace parte de la astrología moderna. Contrario a lo que se podría creer con un hallazgo de esta envergadura para la humanidad, Urano fue identificado por un astrónomo amateur, sir William Herschel. Su descubrimiento, en 1781, revolucionó la astronomía al ubicarse más allá de Saturno, el último planeta en el sistema solar conocido hasta esa fecha. Su descubrimiento presentó aspectos únicos y geniales, cualidades que representa este planeta en astrología. Ocho años después del descubrimiento de Urano se concretó la revolución francesa, un hito de rebelión (que luego se expandió al mundo entero), llevó el lema de libertad, igualdad y fraternidad, temas que representan este arquetipo. Al ser un planeta de la modernidad, Urano en astrología exhibe una pasión particular por todo lo que es moderno y futurista, la ciencia ficción, la innovación y la tecnología.

Urano juega un papel importante en el despertar de la conciencia humana y es aquí cuando podemos vivenciar la aparición de Urano en nuestras vidas como un cataclismo para asegurar el despertar. Urano nos mandará a lo largo de la vida señales de los cambios que necesitamos implementar para expandirnos. Lo hará como lo hace el dios del cielo: primero oscurecerá el horizonte, luego traerá nubarrones, seguidos de lluvias y fuertes tempestades y, en caso de que ignoremos sus señales, mandará finalmente el poderoso rayo de luz que por un instante nos permitirá ver en la oscuridad y que demolerá todas las estructuras desgastadas y obsoletas, dividiendo así la vida en dos. Cuando decidimos no escuchar el llamado de Urano, experimentamos drásticos sucesos que catalogamos como "inesperados", como accidentes, enfermedades, pérdidas. Vale la pena preguntarnos: ¿Qué tanto escuchamos las señales de Urano?

El retorno de Urano en la carta natal toma aproximadamente 84 años. Pasará una generación y será solo hasta cuando cumplamos los 84 años que Urano regresará a la posición original de la carta natal. Viviremos tres o cuatro eventos importantes con los tránsitos de Urano. La primera cuadratura, aproximadamente a los 21 años; la oposición al Urano natal, a los 40–42 años; la última cuadratura, alrededor de los 62 años y, si tenemos una vida longeva, el retorno uraniano a los 84 años. La manera como experimentemos sus tránsitos dependerá de qué tanto nos resistamos al cambio, a la liberación y a iluminarnos con su genialidad.

Es imposible hablar de Urano sin hablar de Saturno, el planeta que lo precede, porque estas dos energías necesitan trabajar juntas. La creatividad y genialidad de Urano necesitan la forma y la estructura de Saturno para que se materialicen. En la astrología, el dios del cielo o del caos, Urano, es el padre de Saturno, el dios del tiempo y lo tradicional. No podemos olvidar el pasaje de la mitología donde Saturno, incentivado por su madre Gea, castra a Urano para quitarle su poder de crear compulsivamente e inicia así un nuevo tiempo, una nueva historia y una nueva generación de dioses del Olimpo. Mientras que Saturno se toma su tiempo para persuadirnos a enfrentar la realidad, Urano le da otra dimensión al tiempo para acelerarlo y para que tomemos riesgos y nos paremos de cara frente al cambio. Sus tránsitos pueden generarnos mucha inestabilidad e incertidumbre y nos harán sentir insatisfechos con la rutina y el confort que esta conlleva, lo que nos movilizará a tomar acciones que algunos consideran actos de rebeldía e incluso de irresponsabilidad.

ASÍ TE EMPODERAS CON URANO

Urano en los arquetipos y Casas	Símbolo	Dónde necesito hacerlo diferente
Aries o Casa 1	♈	Urano insta a una personalidad diferente que se presenta al mundo como un ser auténtico y único. Las ansias de libertad se exhiben con una personalidad exuberante que rompe las barreras del común. Esta personalidad se percibe como disruptiva y diferente para el entorno y época. Es una pionera innovadora y, aunque primero busca el beneficio personal, en el trasfondo tiene un gran interés por la comunidad.

Urano en los arquetipos y Casas	Símbolo	Dónde necesito hacerlo diferente
Tauro o Casa 2	♉	Urano insta a hacer las cosas diferentes en la generación y conservación de recursos materiales para no sentir que lo material coacciona sus deseos de libertad. Los múltiples talentos exhiben genialidad, innovación y capacidad creativa. Además de un interés personal, Urano otorga un interés social por la tierra y sus recursos para que contribuyan con el medio ambiente, la armonía del mundo y la sociedad.
Géminis o Casa 3	♊	Urano concede una mente genial y futurista. Lo hace diferente en el mundo de las comunicaciones y los negocios y busca la libertad al expresar las ideas que pueden sonar geniales para unos, pero revolucionarias y disruptivas para otros. Busca hacerlo diferente a como lo hace el entorno inmediato y el entorno familiar cercano, quizás con rebeldía. Es la "oveja negra" o la mente diferente entre los hermanos. Urano lo hace diferente también en los métodos de aprendizaje y enseñanza. Necesita mecanismos de aprendizaje poco convencionales.
Cáncer o Casa 4	♋	Urano te hace la persona diferente en tu familia y una madre con ideas innovadoras y futuristas buscando crear nuevas dinámicas familiares y rompiendo las tradiciones que se han venido siguiendo a lo largo de tu historia generacional. La casa es diferente en su construcción y decoración y ahí se siente la libertad y autenticidad. La emocionalidad se vive a grito vivo.

Urano en los arquetipos y Casas	Símbolo	Dónde necesito hacerlo diferente
Leo o Casa 5	♌	Urano te regala genialidad en tus proyectos y creaciones. Busca ser libre y muestra su rebeldía en la manera como expresa su creatividad y talento artístico. Es la niña divina y única de la familia o hace todo por ocupar esa posición. Hace las cosas diferentes en la crianza de los hijos. Es una madre revolucionaria con los métodos de enseñanza infantil.
Virgo o Casa 6	♍	Urano lo hace todo diferente en el trabajo o forma de trabajar, en los hábitos y rutinas (quizás rutina no sea exactamente la palabra para esta posición de Urano) y necesita actividades muy variadas y que den espacio a la innovación y los cambios. Necesita diversidad de actividades, tareas y roles para sentirse libre en el trabajo, quizás trabaje como independiente o como parte de una organización innovadora y tecnológica. En la salud, busca enfoques fuera de la medicina tradicional y quizás contribuya o incorpore la tecnología como medio para lograr el equilibrio del cuerpo físico.
Libra o Casa 7	♎	Urano motiva a que las relaciones no sean convencionales: quizás las relaciones se den a distancia o sean relaciones de tres o un amor que trascienda la tradición heterosexual. Probablemente, el matrimonio o cualquier tipo de contrato te suene como algo que va en contra de lo que representa el amor, una buena relación o la libertad. Se compromete de manera no tradicional para sentir que mantiene su libertad, y fomenta la libertad e independencia de la pareja.

Urano en los arquetipos y Casas	Símbolo	Dónde necesito hacerlo diferente
Escorpio o Casa 8	♏	Urano se expresa con cambios y transformaciones repentinas y radicales a lo largo de la vida. Lo hace diferente, rompiendo tabúes y exponiendo temas ocultos o poco ortodoxos sin ningún filtro. A muchos sus ideas les parecen salidas de ultratumba o de novelas de Sherlock Holmes o de una película de drama o ciencia ficción. Se siente diferente y libre pasando a través de sus procesos evolutivos y de transformación.
Sagitario o Casa 9	♐	Urano busca una visión única, futurista e innovadora del mundo. Necesita la libertad de explorar filosofías para crear al final su propia visión original de lo que es la vida, el mundo y el concepto de Dios y la espiritualidad. Adquiere conocimiento de formas no convencionales: quizás no vaya a una universidad tradicional ni estudie una profesión usual. Recorre caminos no explorados antes. Busca lo nuevo y diferente y lo hace de una manera muy poco tradicional y nada ortodoxa.
Capricornio o Casa 10	♑	Urano lo hace diferente en la manera como se proyecta al mundo y en su profesión. Esta es una posición algo compleja de manejar. Urano está en el arquetipo y la Casa de lo tradicional, lo clásico y las estructuras que le incomodan tanto, son valores que están en contra de lo que el revolucionario Urano es. Existe tensión al querer derrumbar estructuras que considera obsoletas, carentes de sentido y que le

Urano en los arquetipos y Casas	Símbolo	Dónde necesito hacerlo diferente
Capricornio o Casa 10	♑	impiden moverse con la libertad que tanto busca. Urano aquí busca dejar un legado de innovación y libertad a la sociedad en la forma como está estructurada.
Acuario o Casa 11	♒	Urano está en el arquetipo y Casa que rige así que actuará en todo su esplendor como humanista rebelde, buscando una sociedad justa y equitativa. Es diferente y se muestra como alguien original en su círculo de amigos, en su comunidad y en todos los medios en los que se desenvuelve. También muestra su diferencia al participar de grupos poco convencionales, excluidos, dispares y diversos.
Piscis o Casa 12	♓	Urano se mueve muy bien en las aguas sin límites de Piscis y el caos del universo infinito que representa la Casa 12. Urano lo hace diferente, buscando la trascendencia y expresando su genialidad en un mundo sin límites. Lo hace a nivel psicológico o espiritual. Urano en esta posición puede ser difícil de gestionar, puede ser una necesidad de libertad inconsciente o que se sienta que proviene de su parte de sombra y se sentirá fuerte. Urano muestra un ingenio especial cuya inspiración baja del cielo. La libertad se manifiesta al liberar su psique o lo que vivieron sus generaciones anteriores. Necesita gestionarse adecuadamente a través de un ego fuerte y sano para evitar el desborde de la energía uraniana.

Tabla 25. El poder de Urano en los arquetipos y las Casas.

EL ARQUETIPO ACUARIO

Sol en Acuario: 21 de enero al 20 de febrero.
Planeta regente: Urano.
Elemento: Aire.
Modalidad: Fija.
Medicina: La entrega a la humanidad.
Frase: Soy única y lo hago a mi manera.
Eje Leo-Acuario: El eje de la creatividad.
Arquetipos: La visionaria, la humanitaria, la madre comunitaria.

En la estación pasada, en Capricornio, logramos a través del esfuerzo y tesón, alcanzar la cima de la montaña, donde experimentamos la sensación anhelada del logro personal. En lo alto, y desde una perspectiva más amplia, divisamos el maravilloso paisaje que nos circunda, dirigimos la mirada al cielo, cuyas nubes algodonadas casi pudimos tocar, y ahí, frente a tanta belleza, doblamos las rodillas para caer rendidas ante la asombrosa creación divina. Con esta perspectiva más amplia, una nueva visión del mundo, con la experiencia ganada, la sabiduría que nos dio escalar la montaña y la humildad que emanó de conectar con algo más grande que nosotras, ahora en Acuario estamos dispuestas a bajar la montaña, integrarnos de nuevo a la sociedad y servir a ella. Acuario es un signo idealista y humanitario que se interesa por construir un mundo con las mismas oportunidades para todos y con una visión de futuro. Acuario trabaja por la libertad, la inclusión y la unión, y como signo del elemento Aire, lo hace desde un nivel intelectual que le permite mantenerse ajeno a la influencia de las emociones. Acuario actúa desde la mente, los ideales, la visión y su inteligencia llega a tocar los terrenos de la innovación y de la genialidad.

La estratégica creación de la sociedad acuariana puede tener algunos riesgos que asociamos con su sombra al estar enteramente gobernada por la mente y el idealismo y carecer de la comprensión de lo terrenal del ser humano, de la necesidad de los límites y la emocionalidad de las personas. Es así como una idea genial y un plan perfectamente construidos pueden fallar en su implementación en la vida real y dejar una sensación de distanciamiento y vacío en la comunidad. Es aquí donde se hace importante conectar con el corazón de Leo que se encuentra al otro lado del eje, pues es la polaridad que necesita integrar Acuario.

Luz del arquetipo Acuario	Oscuridad del arquetipo Acuario
Intelectualidad, inteligencia y lógica.	La búsqueda de libertad que lleva a la rebeldía sin causa.
Saben poner límites. Son prácticas y efectivas.	Resistencia a la autoridad y la tradición.
Con visión del futuro, despiertan la conciencia colectiva.	Pueden moverse en extremos, ser impredecibles y cambiar en cualquier momento el rumbo.
Las mueve la libertad y la independencia.	Buscan pertenecer a grupos donde no encajan por su necesidad de pertenencia.
Progresistas, amantes de lo nuevo, lo futurista y lo tecnológico.	Negar su sombra porque creen que la espiritualidad es solo luz.

Luz del arquetipo Acuario	Oscuridad del arquetipo Acuario
Las motiva pertenecer.	Demasiado directas.

Tabla 26. Luz y oscuridad del arquetipo Acuario.

LA CASA 11: LA TRIBU Y LA UNIÓN CON LA COMUNIDAD

Para entender esta Casa podemos remontarnos a analizar las comunidades tribales, estructuras generalmente matriarcales que operaban de manera circular. La estructura de estas comunidades es opuesta a las estructuras jerárquicas o patriarcales que encuentran su máxima expresión en la Casa 10, la Casa precedente. Para las comunidades tribales el beneficio común prima sobre el beneficio individual y todos los miembros de esta estructura social contribuyen desde sus dones y sus talentos al crecimiento y fortalecimiento de la sociedad. Una tribu tiene como raíz un mismo ancestro, pero ¿no somos todos hijos de un mismo Dios? ¿No formamos todos partes de una misma tribu? Tribu es una palabra cuyo uso se ha extendido en la actualidad (tenía que serlo, estamos en la Era de Acuario) para representar ese grupo de personas con el cual nos sentimos identificados, con el cual compartimos gustos e ideales. La connotación moderna de la palabra tribu, desde el punto de vista del marketing, está relacionada con ese grupo de personas con las que tenemos algo en común y, por ende, tenemos un mismo lenguaje y podemos entregar de una manera orgánica y efectiva un servicio, medicina o propósito. Son las personas que más fácilmente se van a identificar con nosotras y con la contribución que podemos llevar a sus vidas. Esta es una Casa interesante para analizar y entender mejor cuál es la tribu, grupo, hermandad o sociedad a la que pertenecemos y donde podemos poner en juego la genialidad para entregar nuestra contribución o medicina a la humanidad.

A este sector de la carta astral se le conoce como la Casa de los amigos, las asociaciones, las hermandades y la comunidad. Es ese grupo de personas (por fuera de la familia de origen) con el cual nos sentimos identificadas y donde podemos sentirnos más a gusto y expresarnos libremente.

LUNACIONES EN LA ESTACIÓN ACUARIO

Luna nueva en Acuario

Consideraciones para la Luna nueva en Acuario y temas a sembrar en esta lunación:

La Luna nueva en Acuario viene acompañada de vientos nuevos y huracanados dispuestos a mover cosas de su lugar y de crear el espacio para construir algo nuevo, original e innovador. La modalidad fija de esta Luna hará que nada te haga cambiar de opinión y que vayas por el cambio en contra de todo a tu alrededor. Sentirás el espíritu rebelde de Acuario actuando en ti. Si aún no tienes las cosas claras, dedica un tiempo a solas contigo, medita con la luz de una vela o haz una caminata en la montaña y pide la visión de futuro que necesitas, muy seguramente te llegará como venida del cielo.

Escribe aquí tu intención:

....

....

....

....

Luna llena en Leo

Esta lunación trae frente a ti de nuevo el eje de tu mandala representado por Leo y Acuario: el eje de la creatividad. Esta vez el Sol en Acuario ilumina la Luna en Leo para mostrarte aspectos relacionados con tu niña interior, tu capacidad de brillar con luz propia y tus proyectos creativos. Aprovecha todo esto para revisar las intenciones de la Luna nueva en Acuario.

Temas que la Luna llena en Leo podría traerte a la luz

La Luna llena en Leo te pondrá en contacto con proyectos y personas que llegan para tocar y hacer latir tu corazón y en los que tendrás la oportunidad para salir del montón y brillar de la manera auténtica que tanto deseas. Sentirás el coraje para expresar tu voz e ir tras lo que te vitaliza. La energía de Leo te mostrará aspectos que puedes disfrutar incluso en el invierno más frío y sentirás la necesidad de darte algunos lujos o visitar el spa para consentir tu cuerpo. Observa tu niña interior, quizás haya situaciones donde ella quiera salir a la luz para recordarte que es importante a veces ser niña o para que la cuides y la consientas. Observa las ideas innovadoras que llegan para que las incorpores en tus proyectos creativos.

Observa las situaciones en las que no te sientas con libertad de ser tú, o en las que la llama de tu corazón se apague o que tu brillo se esté extinguiendo para hacer ajustes. Esta Luna llena cierra el ciclo de seis meses que comenzaste con la Luna nueva en Leo y la conexión con el Sol. Revisa las intenciones que definiste en ese momento, ve el ciclo que cierras, celebra al estilo leonino y agradece.

Escribe aquí lo que celebras y lo nuevo que ves en esta Luna llena:

....

....

....

....

Afirmación

"El cielo guía mis pasos, voy al encuentro de mi visión del mundo y del mejor lugar para plantarla".

REFLEXIONES

¿En qué Casa de mi carta natal se encuentra el arquetipo de Acuario? ¿En qué área de mi vida se potencializan las características de este arquetipo y cómo he podido experimentar su energía?

....

....

....

....

¿En qué Casa se encuentra ubicado Urano y de qué manera he logrado ser y hacer las cosas diferente? ¿Cómo vivo mi Urano: desde la luz o desde la sombra?

....

....

....

....

Con esta posición de Urano ¿cómo he logrado expresar mi originalidad, mis deseos de ser diferente y mi genialidad?

....

....

....

....

De acuerdo con el arquetipo que gobierna la cúspide de mi Casa 11 ¿cómo describo mi tribu?

....

....

....

....

¿Cómo puedo aprovechar la información que he identificado de mi tribu para conectar con las personas/clientes que se beneficiarían de mi propósito de vida o de mis proyectos?

....

....

....

....

DOCEAVA ESTACIÓN: NEPTUNO

Del 21 de febrero al 20 de marzo
Mi fuente de inspiración

"Las mejores y más bellas cosas del mundo no pueden ser tocadas o vistas, deben ser sentidas con el corazón".

HELEN KELLER

"Por encima de todo, sé la heroína de tu vida, no la víctima".

NORA EPHRON

¿Cómo te empoderas a través de Neptuno? Conectando con la fuente desde donde emana tu inspiración divina y la trascendencia.

ARQUETIPO Y ESCUELA QUE RIGE NEPTUNO: PISCIS Y LA CASA 12

Y finalmente estamos aquí. El último destino en este viaje chamánico de reencuentro con nuestra esencia femenina y de empoderamiento en este recorrido por la galaxia. En este viaje de conexión con la esencia hemos estado acompañadas de personajes extraordinarios de la mitología griega y romana que dieron nombre al sistema planetario y de sus historias inverosímiles que nos han conectado con memorias muy antiguas de la humanidad, nos han hecho explorar el inconsciente colectivo y conectar con nuestro inconsciente. Estas memorias antiguas se manifiestan en el diario vivir, en los sueños y anhelos y cuando no los hemos logrado comprender y trascender, se nos presentan en forma de temores, miedos, frustraciones, limitaciones, fracasos etc., pero, una vez mirados, se convierten en una fuente inagotable de poder. En este viaje a través de las constelaciones y del sistema solar hemos conectado con ellos y hemos visto cómo esa huella que el alma dejó registrada en el firmamento al momento de nacer nos permite, al volver los ojos al cielo, descubrir esas pistas escritas en forma de símbolos, esas historias ancestrales, esos personajes milenarios, para que los traigamos de vuelta a la memoria y tengamos la oportunidad de reconocerlos como parte de nosotros y de nuestra historia para integrarlos, trascenderlos y tener la vida plena que merecemos.

En este momento del viaje hemos comprendido que no somos solo un signo solar y que la suerte no está marcada por un solo planeta en una Casa específica. Hemos comprendido que somos un poco de todo, que en el mandala zodiacal están reflejados los signos, los planetas, las Casas, las experiencias humanas y que, en últimas, somos una parte del todo, somos una gran alma, y es este el mensaje que nos deja este paso por el misterioso y lejano planeta Neptuno, por el arquetipo de Piscis y por la Casa 12 de la rueda zodiacal.

En esta doceava y última estación cerramos el ciclo que iniciamos en el equinoccio de primavera/otoño en Aries en marzo del año anterior. Ahora se hace necesario volver al interior para procesar el aprendizaje, retomar las experiencias vividas, asimilarlas y mirar quizás eso último que está aún invisible y que necesita ser visto con una mirada que está fuera de este mundo para continuar el camino de trascendencia e iniciar un nuevo ciclo en la espiral de la vida en el próximo equinoccio. La Casa 12 representa los nueves meses antes del nacimiento. Aquí volvemos a las aguas del útero, a la seguridad y comodidad del vientre materno; volvemos al paraíso, la tierra prometida donde todo nos es dado. Un ciclo de la vida se cierra para iniciar una nueva vida.

Cerramos el camino con el arquetipo de Piscis, el signo más humano y amoroso de todos, que no por nada representa a Jesucristo, el Dios hecho hombre y redentor de la humanidad, quien entregó su legado de amor incondicional al mundo y cuya doctrina habla de los atributos asociados a este signo: la fe, la caridad, el perdón, el sacrificio, la entrega. El hijo de Dios hecho hombre también nos mostró los otros aspectos asociados a la energía pisciana: el dolor, el sufrimiento, el pecado, todos ellos aspectos propios de la humanidad.

Piscis es el último arquetipo de los signos de agua: Cáncer, el agua somera de las costas, aquellas donde el río se encuentra con el mar. Escorpio es el agua de los pantanos, rica de materia orgánica, donde el loto, la flor de la espiritualidad, emerge. Piscis domina el agua de los océanos, inmensa, infinita y poderosa en cuyas profundidades se encuentran inimaginables seres vivientes, seres extraordinarios y místicos que son la inspiración de poetas, cantantes y escritores, aguas azules claras y mansas que cuando se enfrentan a la furia de Neptuno se convierten en tsunamis que todo lo arrasan.

La Casa 12 es la más misteriosa de todas, difícil de descifrar para muchos, es la Casa de Dios, del universo, de la magia, del alquimista, del inconsciente colectivo, de los secretos, lo escondido, lo que no puedo ser visto por el ojo humano y que solo puede ser entendido cuando entramos a descifrar mensajes simbólicos, aquellos que presenciamos en los sueños, en los viajes chamánicos, en las nubes o que están embebidos en los mitos, los arquetipos, la poesía y las canciones.

Con Neptuno, dios de los mares, el regente de Piscis y la misteriosa Casa 12 llegamos a los confines del sistema solar donde ninguna ley del mundo terrenal gobernado por las formas y el tiempo, aplica. Es el reino de lo desconocido, de lo misterioso; es el estado alterado de conciencia del chamán cuando va de viaje. Este planeta puede regalarnos la energía más sublime o devastadora. Neptuno es el planeta más difícil de comprender si usamos el lado racional y masculino. Desde este lugar, Neptuno nos mostrará el caos, la incertidumbre, la confusión y tendremos la tentación de caer en el escapismo y las adicciones. Desde la mirada de empoderamiento femenino, sin embargo, Neptuno en la carta natal es un lugar maravilloso, fuente inagotable de inspiración divina y de conexión con el universo.

NEPTUNO

Neptuno es el planeta más alejado del sistema solar y, junto a Urano, son los gigantes de hielo del sistema; es 17 veces más grande que la Tierra y, por su diámetro, es el cuarto planeta más grande. La composición principalmente de hielo de estos dos planetas, considerados del mundo alto (el cielo) en la astrología chamánica, difiere de la composición gaseosa de Júpiter y Saturno, planetas del mundo medio, o de la composición mayormente rocosa de los planetas personales. Galileo Galilei hizo observaciones de la ubicación de este cuerpo celeste, pero lo había identificado como una estrella fija debido a su movimiento tan lento. Su descubrimiento, en 1821, por Alexis Bouvard nos da importantes señales de las características asociadas a Neptuno. Es el único planeta que no se descubrió por observación directa, contrario a los demás: su descubrimiento fue deducido al observarse una perturbación en la órbita de Urano y por medio de predicciones matemáticas de algunos astrónomos. Hasta que el 23 de septiembre de 1846 se comprobó su existencia como planeta a través de la observación con telescopio. Esto explica por qué la energía de Neptuno es intuitiva, perceptiva, a veces borrosa y finalmente mágica.

Neptuno, como Urano, es una unidad independiente de las barreras de tiempo y espacio. Neptuno, al ser el planeta más distante del sistema solar, no conoce los límites, representa el infinito. Neptuno podría ser considerado la contraparte del maestro Saturno, el guardián de la estructura. Neptuno está asociado a la física cuántica, que es un nuevo concepto del ser difícil de comprender para la mente lógica.

A Neptuno le toma 164.8 años orbitar alrededor del Sol, razón por la cual nunca experimentaremos sus tránsitos completamente en nuestra vida y eso explica por qué se le conoce como un planeta transgeneracional y colectivo. El paso de Neptuno por cada Casa toma aproximadamente 14 años. El primer tránsito importante de Neptuno, que afecta nuestra vida, es la primera cuadratura que pasará aproximadamente a los 48 años y que viviremos como un período de mucha confusión y caos,

Pero si logramos canalizar y gestionar su energía será un momento para encontrarnos con la inspiración, la magia, el amor, los milagros y la poesía.

Los mensajes que recibimos de Neptuno vienen de dónde procedemos (el alma, el vientre de la madre) y a dónde iremos (la paz de la muerte), dos lugares desconocidos y que la mente no recuerda de manera consciente. Neptuno es la voz de los que no tienen voz, la voz de las sirenas. Neptuno es las mareas, los tsunamis y las masas humanas.

Neptuno recibió su nombre debido al asombroso color azul cobalto que de inmediato conecta con el azul intenso del mar. Neptuno es la deidad romana de los mares (Poseidón, en la mitología griega). Cuando Júpiter distribuyó los reinos de su padre Saturno a sus hermanos, Neptuno eligió el mar como su morada y construyó allí su majestuoso castillo dorado. Neptuno viaja por los mares en sus inseparables caballos blancos y sus delfines, provocando así el oleaje marino. Neptuno era una deidad muy temida en el Olimpo y entre los mortales por su emocionalidad e inestabilidad que solía provocar terribles tormentas, maremotos y tsunamis.

Neptuno no fue un amante tan proclive como lo fue su hermano Júpiter, sin embargo, se le conocieron varios amoríos y romances. Su esposa principal fue Anfítrite, una nereida. Dentro de las otras esposas y amores se conoce a Halia, Amimone, Toosa, Ceres, Clito y Medusa.

Quizás su relación más tóxica, como suelen ser las relaciones neptunianas cuando no se manejan adecuadamente, fue la constituida con Medusa. Medusa era una gorgona muy bella, se decía que poseía una belleza superior a la de Venus, razón por la cual había suscitado envidias a su alrededor. Medusa era sacerdotisa con votos de castidad en el templo de Atenea, diosa de la guerra, quien nació de la cabeza de Júpiter, su padre, y fue una fiel defensora del patriarcado y maravillosa exponente de las cualidades de la energía masculina.

Dicen que el inestable Neptuno se sintió seducido por la belleza de Medusa y la tomó a la fuerza para hacerla suya dentro del templo de Atenea. A pesar de que Medusa fue víctima del acecho de Neptuno, Atenea, furiosa por lo que había sucedido en su templo, dio su apoyo a Neptuno, el hermano de su padre, en la contienda y castigó a Medusa, convirtiéndola en el monstruo de cabellos de serpientes más horripilante y temible que jamás se haya conocido. La mirada de este monstruo creado por Atenea era tan poderosa que convertía en piedra a aquellos que se atrevieran a mirarla a los ojos. Más adelante, Atenea apoyó al héroe Perseo para acabar con Medusa y es así como Perseo, usando del reflejo de Medusa en su brillante escudo, logra evitar su mirada y darle muerte, decapitándola.

Pero ¿quién es entonces Medusa en relación con Neptuno? Medusa representa la parte salvaje o la locura de la mujer, la parte no domesticada en su naturaleza animal más pura y vulnerable que busca defenderse y sobrevivir. El mito la describe como un monstruo horrible al que los hombres temen y cuya mirada los deja paralizados como una piedra. ¿Y es que acaso no hay algo más terrible que la ira desatada de una mujer cuando se siente víctima del engaño y el abuso? Dentro de la historia contada en el poema de Ovidio, el abuso de Neptuno queda invalidado al ser otra mujer, Atenea, la que imparte el castigo a Medusa. Es por eso que donde aparece Neptuno en la carta natal hay una historia que hace brotar nuestra emocionalidad desenfrenada, que carece de sentido. Hay un abusador y una víctima y una sensación de que perdemos la cabeza y no hay nadie que nos salve.

Neptuno es un lugar sensible en la carta natal y que a veces nos toma tiempo entender y manejar porque no está regido por las leyes del mundo físico que habitamos y eso causa confusión y, muchas veces, preferimos huir o usar sustancias que nos anestesien antes de conocer esa energía mística e incierta que nos conecta con un todo, con la magia y la confianza en la vida misma. Solo podremos conectar con el poder y el regalo que nos da Neptuno si hemos logrado consolidar un ego sano, si hemos logrado construir la individualidad y autonomía, vistos desde este recorrido que hemos realizado, y si hemos logrado conectar con el poder que nos regalaron los planetas personales o del mundo medio. De lo contrario, nos sentiremos víctimas de la vida, caeremos en el engaño, seremos abusadas y llegaremos a la locura, perderemos la cabeza, tal como le sucedió a Medusa.

Pegaso, el hermoso hijo alado que nació de la relación entre Neptuno y Medusa, tenía el poder de hacer brotar manantiales por donde pisaba y su agua otorgaba el don de la inspiración y la escritura a quienes bebieran de ella. En esta estación, permítete confiar en la vida, conectar con el todo, el universo, la espiritualidad y la magia, es decir, trascender el mundo terrenal del arquetipo y la Casa donde habita para recibir el regalo más hermoso de Neptuno: el poder de la inspiración y la trascendencia.

ASÍ TE EMPODERAS CON NEPTUNO

Neptuno en los arquetipos y Casas	Símbolo	Cómo me inspira y busco trascender
Aries o Casa 1	♈	La influencia de Neptuno genera una personalidad ensoñadora y misteriosa. Es un ser inspirado e inspirador por naturaleza al estar en contacto con la emocionalidad colectiva. Se puede sentir una lucha con Neptuno en esta posición porque él busca diluir el ego, y en Aries y en la Casa 1 el ego se manifiesta en su máxima expresión. Neptuno busca trascender el ego y conectar con el alma colectiva en lugar de guerrear con él.
Tauro o Casa 2	♉	Neptuno inspira a desarrollar los talentos artísticos y los sentidos para otorgarlos al colectivo o los más necesitados. Se puede sentir inspirado al manejar temas financieros y de prosperidad y abundancia. Neptuno tan espiritual puede que no compagine tan bien en este arquetipo y Casa terrenal e invita a trascender los aspectos materiales y terrenales a través del desapego y tener fe y confianza en que la vida proveerá.
Géminis o Casa 3	♊	Neptuno inspira a aprender, explorar el potencial infinito de la mente y comunicar mensajes en un lenguaje más allá de las palabras. Esto es simbólico, metafórico, subliminal y poético, haciendo que llegue al inconsciente de las masas, las cuales atrae fácilmente con su voz. Neptuno invita a trascender lo lógico y lo racional y conectar con la mente divina.

Neptuno en los arquetipos y Casas	Símbolo	Cómo me inspira y busco trascender
Cáncer o Casa 4	♋	Neptuno inspira a conectar con el rico y quizás turbulento mundo emocional, permitiendo nadar en sus aguas neptunianas y llegar a aguas profundas y tranquilas. Neptuno invita a trascender la seguridad que da pertenecer a un clan familiar, la relación con el linaje femenino, con el pasado ancestral y la necesidad de cuidar a todo el mundo, entendiendo que la vida por sí misma cuida de todos.
Leo o Casa 5	♌	Neptuno bendice con la inspiración artística y creativa que llega como un regalo divino y otorga un gran corazón, generoso y compasivo. Neptuno invita a trascender el ego leonino y permitir que el brillo se refleje y diluya en la superficie del mar para mostrar, a través de las creaciones, la inmensidad de la divinidad.
Virgo o Casa 6	♍	Neptuno inspira a ofrecer un servicio trascendente, artístico y humanístico a los demás. La inspiración llega a la luz de una vela, en los rituales y en el quehacer diario, escuchando la música que llena el alma. Neptuno invita a trascender el orden y la rigidez de rutinas y estructuras y permite que el caos emerja para que la inspiración aflore. Un ambiente relajado y artístico ayuda a mantener el equilibrio y la salud.
Libra o Casa 7	♎	Neptuno inspira la búsqueda de la armonía y el amor universal y el encuentro con la pareja perfecta y el amor verdadero.

Neptuno en los arquetipos y Casas	Símbolo	Cómo me inspira y busco trascender
Libra o Casa 7	♎	Inspira la vida en pareja y compartir con el ser amado desde un lugar profundo del alma. Neptuno invita a trascender la necesidad de un otro que complete o salve y la de establecer un vínculo legal y perfecto. Establecer límites en las relaciones y no idealizar a la pareja es importante para Neptuno en esta posición.
Escorpio o Casa 8	♏	Neptuno regala el don de la inspiración en conexión con la intuición, la espiritualidad y el misticismo por medio de prácticas esotéricas, ocultas y misteriosas. Encuentra inspiración en el proceso de transformación y empoderamiento, de vencer los miedos y transmutar la sombra. Neptuno invita a trascender el deseo de profundizar en los misterios de la vida y la muerte y permitir que actúen las fuerzas divinas sin intentar entenderlas. Neptuno regala habilidades psíquicas y el poder de conectar con el mundo alto y con el inframundo.
Sagitario o Casa 9	♐	Neptuno otorga inspiración a través del conocimiento profundo del alma y la espiritualidad y motiva a aventurarse a realizar viajes a lugares místicos, sagrados y de poder o a través de la imaginación y los sueños para conectar con la verdad, la iluminación y la trascendencia. Neptuno regala la mágica experiencia de conectar con Dios en cada elemento de la naturaleza y en cada lugar del mundo. Neptuno invita a trascender la necesidad de mostrar el camino y el concepto de Dios y a comprender que ese es un camino personal y que cada ser humano camina en su propia búsqueda.

Neptuno en los arquetipos y Casas	Símbolo	Cómo me inspira y busco trascender
Capricornio o Casa 10	♑	Neptuno da inspiración para liderar y entregar un legado trascendental a las siguientes generaciones. Neptuno lleva a trascender la necesidad de controlar y establecer estructuras rígidas y límites muy marcados. El reconocimiento está enmarcado más en temas de contribución a la humanidad que el que viene a través del éxito en la carrera, a nivel personal o social. Trascender la tradición, la continuidad y confiar en las fuerzas del universo son un apoyo en el recorrido a la cima de la montaña.
Acuario o Casa 11	♒	Neptuno inspira con ideas geniales, que son como bajadas del cielo, encaminadas a solucionar los problemas sociales y establecer un mundo igualitario, compasivo y sin sufrimiento. Neptuno exalta la mente creativa y divergente. Neptuno lleva a trascender los ideales y la necesidad de cambiar el mundo para entender que existen muchos mundos dentro de este y todos son igualmente válidos. Neptuno busca trascender la necesidad de originalidad para recordar que al final todos somos iguales.
Piscis o Casa 12	♓	Neptuno está en su domicilio y la inspiración llega al observar un romántico atardecer o al leer un libro de realismo mágico; ella llega a través de mensajes encriptados en una cueva, en la música, la poesía, la meditación y el rico mundo de los sueños.

Neptuno en los arquetipos y Casas	Símbolo	Cómo me inspira y busco trascender
Piscis o Casa 12	♓	La soledad y los lugares místicos conectan con la divinidad, la inspiración y la creatividad, la cual llega para crear mundos fantásticos y mágicos. Esta posición otorga una alta intuición y la capacidad de predestinación. Tomar el control de la soberanía personal y el contacto con lo terrenal es importante para lograr el equilibrio y que no reine la confusión. Trascender lo mundano hacia la espiritualidad y el amor incondicional es la tarea que pone Neptuno.

Tabla 27. El poder de Neptuno en los arquetipos y las Casas.

EL ARQUETIPO PISCIS

Sol en Piscis: 21 de febrero al 20 de marzo.

Planeta regente: Neptuno.

Elemento: Agua.

Modalidad: Mutable.

Medicina: La inspiración divina, el amor incondicional y la magia.

Frase: Lo doy todo por amor.

Eje Virgo-Piscis: El eje del servicio y la entrega.

Arquetipos: La maga, la alquimista, la poeta.

En esta estación damos un gran salto para sumergirnos en el universo emocional de las aguas piscianas. El pensamiento lógico y estructurado de Acuario se disuelve en la inmensidad para que emerjan la intuición, el instinto y la imaginación sin límites de Piscis. La energía de la compasión, de la cual carecía Acuario, se integra en Piscis con la conciencia colectiva y se desborda en la humanidad entera. Piscis nos conecta con la profunda y misteriosa esencia del ser, con el alma.

Piscis es una de las constelaciones más grandes en el cielo. De origen babilónico, nos muestra dos peces celestiales unidos en sus colas por un cordón. Los peces representan en la mitología romana a Venus y su hijo Cupido, quienes se sumergieron en las aguas del río Éufrates para escapar del monstruo Thypon de cientos de cabezas de dragón, una criatura abominable. Venus, quien nació de las espumas del mar, está exaltada en Piscis y es por eso que los románticos nativos de este signo tienen un especial amor al mar y tienen la capacidad de fluir y de moverse al vaivén de las aguas.

El cordón o nudo que ata los dos peces se une en la estrella Al Rischa, y aunque no es la estrella más brillante de la constelación, es notable por la posición que ocupa. Debido a la triple conjunción de esta estrella con Júpiter y Saturno que ocurrió en el siglo 7 a.C., Al Rischa ha sido asociada con la llegada del hijo de Dios hecho hombre y la estrella de Belén. El signo de Piscis está indiscutiblemente ligado a Cristo, a su época y al legado de amor, compasión y perdón, así como a su entrega y sacrificio para liberar al hombre del sufrimiento y el pecado. Todas estas cualidades están representadas en el arquetipo de los dos peces.

Luz del arquetipo Piscis	Oscuridad del arquetipo Piscis
Capacidad de percibir lo invisible, lo sutil y lo oculto.	Victimismo. Culpar a los demás de lo que pasa.

Luz del arquetipo Piscis	Oscuridad del arquetipo Piscis
Poder observar todo el bosque. Visión de la unidad.	Codependencia. Se funde con el otro.
Naturaleza relajada, amigable y carismática.	Sacrificio. Ponerse en último lugar.
Inspiración divina, habilidad artística y para la música.	Escapismo. Huir y no afrontar situaciones conflictivas.
Capacidad de ensoñación y de recibir mensajes en sueños.	Dificultad para poner límites.
Intuición.	Tendencia al sufrimiento.
Amor y entrega incondicional.	Dificultad para comprometerse.

Tabla 28. Luz y oscuridad del arquetipo Piscis.

LA CASA 12: EL MISTERIO DE LA CREACIÓN

Para adentrarnos en el entendimiento de esta Casa tenemos que desapegarnos de todo lo que conocemos, de la lógica, de lo que nos proporciona seguridad y nos conecta con el mundo terrenal. Necesitaremos soltar todo lo aprendido, liberar los temores más ocultos, adentrarnos en el mundo de lo desconocido y confiar en la divinidad. Es el mundo alto o superior chamánico. En la Casa 12 se encierran todos los misterios, incluyendo el más interesante explorado e indescifrado por el hombre: el misterio de la creación y la vida. En la Casa 12 estudiamos el espacio de tiempo en que una nueva vida es concebida hasta el momento en que esa vida deja el vientre materno e inicia su recorrido; como también el momento en el que el alma trasciende y abandona el cuerpo humano. La Casa 12 es, por lo tanto, el principio y el fin, el alfa y el omega. La actividad en esta Casa es impredecible, podemos percibirla como caótica y se manifiesta por medio de un lenguaje simbólico que solo puede ser descifrado por la intuición y el instinto. Es una Casa turbulenta donde se guarda toda la memoria colectiva inconsciente, en especial, aquella que negamos y no deseamos ver o que queremos mantener oculta, es el punto ciego de la visión humana.

Para entrar a explorar esta Casa, necesitamos conectar con nuestra emocionalidad, en especial con aquella con la que nos sentimos menos cómodos (dolor, rabia, sufrimiento, miedo, caos, incertidumbre). Requerimos hacer uso de herramientas místicas y misteriosas y conectar con la intuición, ver con el tercer ojo, observar los instintos más primitivos, meditar, interpretar los símbolos asociados a lo que nos acontece en el día a día y los que aparecen en los sueños. Necesitamos también descifrar, desde el alma, qué significan las personas, cosas y situaciones que nos acompañan, emprender viajes chamánicos, conectar con los cuatro elementos de la naturaleza, con el sonido de una sonaja o el tambor, recurrir a la energía sagrada del útero, de una cueva, de un templo, elevar rezos al cielo para que una fuerza más grande que nosotros mismos nos escuche y nos guíe.

En esta Casa se estudia el alma, la energía cuántica, el universo, los milagros y los hechos que suceden sin la intervención directa del hombre. Es la Casa de Dios y de la fe. Debido a la naturaleza de esta Casa y la necesidad del hombre de liberarse de las emociones oscuras e intentar explicar el misterio de la vida, esta Casa otorga el regalo de la sanación del alma. Esta es la Casa de los magos, alquimistas, profetas, artistas, músicos, chamanes, sanadores, todos ellos bañados con luz divina y que calman el dolor de la humanidad.

LUNACIONES EN LA ESTACIÓN DE PISCIS

Luna nueva en Piscis

Consideraciones para la Luna nueva en Piscis y temas a sembrar en esta lunación:

Hemos llegado a la última Luna nueva del año astrológico que cae en el místico arquetipo de Piscis. Estás ante la puerta de los milagros. El elemento Agua y la cualidad mutable y flexible del mes harán que te sientas como un pez moviéndote a tus anchas en el mar. Si nadas hacia lo profundo puede que la oscuridad del océano te asuste y que pienses en volver a aguas someras. ¡Nada de eso! Sumérgete en la oscuridad, afronta tus temores y emociones, nada junto a los seres del mundo mágico del fondo marino, seguramente hay un tesoro perdido esperando por ti. En esta Luna también puedes aprovechar para deleitarte con el espectáculo del cielo y las estrellas y soñar despierta, estarás dando el primer paso para crear la vida que quieres a futuro. Escribe o conecta con la música y recita un poema a la Luna. Encontrarás mensajes del cielo que vienen como claves de los siguientes pasos que debes dar. Regálate una lectura de tu carta natal o una lectura de tarot, o lee un texto sagrado y descifra los mensajes que llegan a través de ellos. Si todo esto es demasiado para ti, solo tiéndete y haz una siesta, prográmate para tener sueños reveladores, sanadores o proféticos. En esta Luna, ábrete para recibir los regalos del cielo.

Escribe aquí tu intención:

....

....

....

....

Luna llena en Virgo

Esta lunación trae frente a ti de nuevo el eje de tu mandala, representado por Virgo-Piscis: el eje del servicio y la entrega. Es la última Luna llena que observarás como parte de este viaje, así que conecta con su belleza mística, agradece y celebra el final de este viaje.

El Sol hace que la Luna en Virgo ilumine aspectos relacionados con tu cotidianidad, el servicio que prestas a la humanidad, tu fuego interior, el orden, la ritualidad, la salud.

Temas que la Luna llena en Virgo podría traerte a la luz

En la temporada del Sol en Piscis, donde todo puede ser magia o ensoñación o victimismo y dolor, la Luna llena en Virgo llega para ponernos en tierra firme y mostrarnos las cosas con practicidad terrenal. Quizás quiera mostrarte que lo que sembraste en la Luna nueva en Piscis era demasiado etéreo y ensoñador y que tengas que hacer un plan más concreto, o que hay acciones que debes desarrollar para que el cielo pueda ayudarte con ese milagro que le pediste. Tu salud y el trabajo te harán reorganizar las rutinas y poner orden, invitándote a tomar el control de tu vida y no dejar todo a tu Dios, todo esto será más fácil si tienes presente qué es lo que mantiene la llama del alma encendida y si tienes claro los "sacrificios" que demanda el deseo incondicional de servir a otros.

Esta Luna puede ser muy emocional, revolver experiencias muy profundas y del pasado. Observa también cómo tu cuerpo te habla con malestares, dolores o alguna enfermedad. Escucha los mensajes que te están entregando.

Esta Luna llena cierra el ciclo de seis meses que comenzaste con la Luna nueva en Virgo. Revisa las intenciones que definiste en ese momento para ser consciente del ciclo que has cerrado, tómate el tiempo de celebrar y, más que nada, de agradecer al universo todo el camino que te trajo hasta este punto.

Escribe aquí lo que celebras y lo nuevo que ves en esta Luna llena:

....

....

....

....

Afirmación

**"Soy el milagro más grande del mundo,
el cielo tiene reservados grandes regalos para mí,
me abro para recibirlos".**

VIAJE CHAMÁNICO AL MUNDO SUPERIOR CON NEPTUNO

Este es el último viaje chamánico que emprenderemos en este camino. Espero que en este momento la relación con tus elementos y tu animal de poder, así como con tu Luna y el cielo se hayan fortalecido. Ahora vamos a emprender un viaje al mundo del cielo o al mundo de arriba o mundo alto del cual Neptuno hace parte en la astrología chamánica. Iremos a él para conectar con los mensajes del cielo y con la inspiración que de él baja. Puedes considerar realizar este viaje cerca del mar o de un cuerpo de agua o en un lugar alto como la cima de una montaña donde sientas la cercanía con el cielo.

Prepara tu altar, enciende la vela e incienso. El palo santo es una buena opción para este momento. Te sugiero que incluyas en tu altar un cristal de cuarzo transparente con punta, un cristal maestro. Asegúrate de limpiarlo con agua de manantial, agua de mar o agua con sal por una noche. Este cristal actuará como un guía y te apoyará en la canalización de mensajes del cielo. Saluda a las siete direcciones que aprendiste en tu viaje chamánico con tu Luna, define tu intención y ahora a disfrutar el viaje.

REFLEXIONES

¿En qué Casa y arquetipo se encuentra ubicado Neptuno y cómo he vivido la confusión y el caos de esta energía? ¿Cómo me conecto con la belleza poética de Pegaso, su hijo, y el regalo de inspiración que trae para mí?

....

....

....

....

¿En qué Casa de mi carta natal se encuentra el arquetipo de Piscis? ¿En qué área de mi vida se potencializan las características de este arquetipo y cómo he podido experimentar su energía?

....

....

....

....

Tomo un tiempo para estar a solas en mi altar y meditar sobre aquello que causa caos, confusión y lo que no puedo ver. ¿Qué temas aparecen? ¿Cómo podría reconciliarme con ellos y que contribuyan a reforzar mi poder femenino?

....

....

....

....

Busco un mensaje divino en las nubes, en una canción, en una carta del tarot, en mis sueños, etc. para el tema que estoy trabajando ¿Qué me dice?

PALABRAS DE DESPEDIDA

Espero que este viaje por el universo planetario, mitológico y por los mundos chamánicos haya sido una experiencia de descubrimiento personal, apertura de conciencia, de romper paradigmas y de empoderamiento para ti y que hayas experimentado la generosidad y la abundancia del cosmos. Sea que hayas hecho el viaje a lo largo del año astrológico o lo hayas realizado a tu propio ritmo y tiempo, estoy segura de que algunas partes se iluminaron para que pudieras apreciar y ver mejor el camino de tu alma por la galaxia.

Mi deseo es que nunca dejes de mirar el cielo, que en tus días y noches de oscuridad levantes la mirada al firmamento y observes a quién encuentras. Esa constelación, esa estrella, esa luminaria o ese planeta que ves muy seguramente está ahí enviándote un mensaje. Lleva siempre tu Luna y a Lilith en tu corazón, de vez en cuando vuelve la mirada a ellas, realiza un viaje chamánico, pues seguro que cada vez que lo hagas descubrirás algo nuevo de ellas y también de ti.

Cuando las emociones afloren sin control, cuando te sientas en dolor y confundida o desolada y perdida vuelve la mirada al cielo o simplemente hazlo cuando necesites abrir una nueva puerta, encontrar una nueva visión. Siempre encontrarás un guía, una luminaria, un dios o un regalo que te mostrará el siguiente nivel al que te diriges y te guiará en cómo hacerlo.

Recuerda mantener contigo a tu animal de poder, pasear con él, alimentarlo, hablarle y danzar con él, ya que esta es una fuente de sabiduría y salud infinita dentro de ti y sus cualidades te darán fortaleza cuando la necesites.

Ha sido un placer acompañarte como tu guía chamánica-astrológica y contadora de cuentos. Recuerda siempre: en las estrellas está contada la historia de tu vida, pero puedes añadir nuevos capítulos y, si así lo deseas, también cambiar el final.

APÉNDICE I:
RECURSOS ADICIONALES

Otros recursos para calcular tu mapa natal:
www.astro.com

Apps para apreciar el cielo y la posición de los planetas:
Skyview
Estelarium
Star Discovery

Recursos para seguir los ciclos de la luna:
Mi fase lunar (Moon phase)

APÉNDICE II:
CONVERSACIONES ENTRE LOS PLANETAS

Aunque este libro no pretende ser un tratado teórico de astrología, sino la aplicación de conceptos tomados de la astrología y el chamanismo para aplicarlos de una manera sencilla al empoderamiento femenino —para la mujer que vibra con estas prácticas o está dispuesta a aprender de ellas— considero conveniente incluir este apéndice para hablar de algunos puntos importantes sobre las relaciones y conversaciones entre los planetas para las mujeres curiosas que quieren explorar lo que significan esas líneas rojas y azules y figuras que se forman en su mandala y están deseosas de ir más allá y develar lo que las relaciones y conversaciones de estos dioses y diosas develan en su mapa.

Que no haya incorporado este aspecto no quiere decir que no sea relevante, por el contrario, la información que ahí se devela es de extrema importancia en astrología y puede ayudarte a entender distorsiones, a intuir cómo funcionan en ti los arquetipos y los planetas o cuando tu nivel de consciencia o conocimiento lo requieren. Estas conversaciones entre planetas podrían considerarse diálogos que sostenemos internamente —a veces en el inconsciente— y que, si no son atendidas podríamos perder un enorme potencial de crecimiento o ser fuente de conflictos en la vida. La calidad de esas conversaciones puede moldear la vida que tenemos, de la misma manera que la calidad de las conversaciones y la conectividad que tenemos con las personas y las situaciones del entorno tienen influencia en nosotros. Estas conversaciones tendrán la tonalidad de los planetas, Casas y arquetipos involucrados en la conversación y será difícil separarlas. A su vez, la complejidad y la respuesta dependerán del nivel de conciencia y desarrollo personal del consultante o estudiante de astrología. Las figuras que se forman entre las líneas son analizadas dentro de los conceptos de geometría sagrada y son fuente de información en la cual no ahondaremos ahora.

Desde la práctica del chamanismo, mi propuesta es conectar con aquella relación, conversación o figura que se presenta o llama tu atención y empezar un proceso de interacción con ella. Puede ser a través de la meditación o la visualización: pedir que a través de los sueños se nos devele lo que significa, emprender un viaje chamánico con los personajes (planetas) para dialogar con ellos acerca de sus intenciones y necesidades y para que a través de señales y la intuición puedas develar el mensaje que esa conversación tiene para ti.

Incluyo una pequeña descripción de cómo se dan las cinco principales interacciones entre los planetas y lo que cada conversación o aspecto implica: existen aspectos o diálogos en los que los planetas se aportan y apoyan entre sí, produciendo como resultado un talento o facilidad en el tema tratado y otros aspectos que se consideran retadores cuando las conversaciones entre ellos son tensas dado que cada uno tiene su propia agenda y es distinta y opuesta al otro o dado que los planetas involucrados ni siquiera tienen la opción de verse para dialogar y cada uno sigue su propio camino sin considerar al otro.

Estos aspectos retadores tienen un gran potencial de aprendizaje y crecimiento personal en la medida en que se requiere un esfuerzo consciente para incorporar todos los puntos de vista de los planetas involucrados y llegar a una solución que genere comprensión y la disolución de conflictos.

CONVERSACIONES PLANETARIAS

Conjunción

Los planetas se encuentran en la misma posición de la carta o a una distancia máxima de 10 grados. Se considera una relación neutral o armoniosa entre los planetas en la que sus energías se entremezclan. La influencia de la conjunción dependerá de los planetas involucrados en la conversación. Por ejemplo, la energía de Marte o Urano podría llevar a los planetas cercanos a la acción (Marte) o les dará una chispa de genialidad (Urano).

Sextil

Los planetas se encuentran ubicados a una distancia de 60 grados +/- 10 grados. Los astros están en elementos que son compatibles entre sí, lo cual promueve su crecimiento y desarrollo. Es una conversación armónica que trae potencial y oportunidades.

Cuadratura

Los planetas están ubicados a 90 grados entre sí +/- 10 grados en Casas de la misma modalidad, pero los elementos no son compatibles. Se considera el aspecto más tenso de todos y puede ser una situación difícil de resolver. Imaginemos una esquina. Cada planeta situado en una calle diferente donde no se pueden ver y cada uno lleva un camino diferente que es interceptado en un punto (la esquina), pero no genera ninguna interacción, cada uno lleva una ruta trazada y no tiene interés en la ruta del otro. Sin embargo, hay una necesidad de cada planeta de ser escuchado. Este es el contacto que, aunque difícil, genera el mayor crecimiento para el consultante.

Trígono

Los planetas se encuentran a una distancia de 120 grados +/- 10 grados. Esta es una relación armoniosa, ayudada porque los planetas se encuentran en arquetipos del mismo elemento. Se considera el diálogo más auspicioso y armónico ya que todos los planetas hablan un lenguaje en común y contribuyen con sus cualidades a la conversación.

Oposición

Los planetas se encuentran ubicados a una distancia de 180 grados entre sí +/- 10 grados, es decir, opuestos el uno al otro, en arquetipos opuestos pero complementarios. En este caso, los planetas pueden verse frente a frente y están en disposición al diálogo, es posible balancear los puntos de vista para encontrar una solución a la situación.

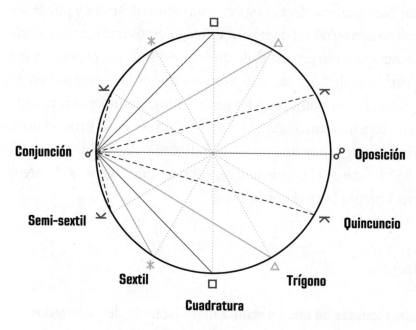

Fig 6. Aspectos o conversaciones entre los planetas.

BIBLIOGRAFÍA

Avery, Jeanne. *Astrological aspects. Your inner dialogues*. American Federation of Astrologers. Inc. 1995.

Falcón, Karina. *Carpa Lunar*. Material de certificación astrología con enfoque chamánico y evolutivo. 2020.

Gallagher, Kirsty. *Lunar Living*. Yellow Kite, Great Britain. 2020.

George, Demetra y Bloch, Douglas. *Asteroid Goddesses*. Ibis Press. Florida. 2003.

George, Demetra y Bloch, Douglas. *Astrology for yourself*. Ibis Press. An imprint of Nicolas-Hays, Inc. Berwick, Maine.

Harner, Michael. *La senda del chamán*. Editorial Kairós. 2016.

Herrera, Hayden. *Una biografía de Frida Kahlo*. Penguin Random House.

Houlding, Deborah. *The houses temples of the sky*. The Wessex Astrologer Ltd. 2006.

Sasportas, Howard. *The twelve houses*. Flare Publications. The London School of Astrology.

Silva, Mari. *The moon in astrology*. 2021.

Tedlock, Barbara Ph.D. *The woman in the shaman's body: Reclaiming the femenine in religion and medicine*. Bantam Dell, a division of Random House, inc. 2005.

Wadsworth, John. *Your Zodiac Soul*. Orion Publishing Group Ltd. Great Britain. 2018.

Williams, Mark H. *Embracing Lilith*. Círculos Tenebris Matrem Arcanas. 2019.

Wolf, Rhea. *The light that changes*. Lorecroft press. Portland, Oregon. 2012.